새로운 성경해석

한국적 해석 서론

정중호 지음

머리말

수천 년이 지났지만 성경은 오늘도 살아 힘 있는 메시지를 전달하고 있다. 설교 강단에서도 그리고 지하 감옥에서도 성경은 그 능력을 발휘하고 있다. 성경이 이렇게 살아 움직일 수 있는 것은 성경이 끊임없이 해석되고 있기 때문이다. 성경 해석은 학자나 성직자의 전유물이 아니다. 성경을 대하는 모든 사람이 모두 해석자이다.

문제는 성경이 어렵다는 것이다. 쉬운 한글로 번역을 했지만 내용을 이해하기 힘들다는 것이다. 신약은 그래도 어느 정도 이해가 되는데 구약에는 이해가 되지 않는 내용이 너무 많다는 불평이다. 당연하다. 왜냐하면 성경은 삼천여년 전부터 기록되어 온 내용으로 그 시간적 간격이 크고, 또 중동지역이라는 공간적 거리가 멀기 때문이다. 문화와 관습과 언어의 차이가 있어 많은 내용이 생소하다. 따라서 이러한 간격을 극복할 수 있도록 도와주는 것들이 필요하다. 즉 성경을 이해하려면 안내자나 참고서가 필요하다는 것이다.

한 걸음 더 나아가 성경을 설교하거나 가르치기를 원한다면 전문적인 해석 능력이 있어야 한다. 본 저서는 이러한 필요를 충족하기 위해 저술 되었다.

지난 20여 년간 대학 강의실에서 그리고 설교 강단에서 성경을 해석하고 연구하며 가르치는 과정에서 해석 방법론을 안내할 저서가 필요하다는 것을 절감하였다. 물론 기존의 해석 방법론 저서들이 도움을 주고 있지만 새로운 해석 방법론에 대한 안내가 없거나 충분하지 못한 면이 있다.

본 저서는 기존의 해석 방법 뿐 만 아니라 새로운 해석 방법을 소개하고, 실제로 그 방법론을 활용해서 해석한 실례를 첨부하였다. 따라서 손쉽게 해석 방법을 터득할 수 있고 실제로 활용할 수 있도록 저술되었다. 뿐 만 아니라 각 해석 방법론을 평가하여 그 장단점을 알려주고 있기 때문에 종합적인 해석을 할 때 각 해석 방법을 적절히 활용할 수 있게 될 것이다.

새로운 해석 방법 가운데 감성적 해석을 주목할 필요가 있다. 감성적 해석 방법은 감각언어 분석에 관한 학자들의 연구를 토대로 필자가 개발한 연구방법이다. 그동안 학술지에 발표한 연구 논문들을 종합하여 소개하였는데 이 방법의 장점은 전문가가 아니라도 쉽게 활용할 수 있다는 점이다. 이 방법은 논리적인 해석 방법에 치우친 단점을 보완하면서 균형 잡힌 해석을 할 수 있도록 인도해 줄 것이다.

이와 더불어 본 저서에서 새롭게 시도하려는 것은 한국적 성경 해석에 관한 것이다. 아직 한국적 해석 방법이 정립되지 않았기 때문에 이러한 해석 방법을 개발하는데 도움이 되도록 한국적 성경 해석의 역사를 간략하게 제시하였다. 그리고 한국에서 숭상되는 각 종교의 경전들이 한국에서 어떻게 해석되고 있는지를 연구하여, 한국적 성경 해석 방법론 개발을 위한 기초 작업으로 삼았다. 그리고 이야기 비평에서 한국적 성경 해석의 가능성을 설명하였다.

한 가지 설명할 것은 본문비평(Textual Criticism)을 소개하지 않은 점에 대한 것이다. 본문비평 방법을 실제로 활용하도록 안내하기 위해서는 긴 설명이 필요한데 이 책의 분량으로서는 감당하기 힘들다는 판단으로 포함시키지 않았다. 그러나 필요한 해석 방법론이기에 서론에서 본문비평에 대한 안내서들을 소개할 예정이다.

마지막 결론 부분에서 다양한 해석 방법론들을, 실제로 어떤 단계를 거치면서 어떻게 활용하는지에 대한 종합적인 안내를 할 예정이다.

말씀을 해석하는 방법론을 연구하고 검토하는 여정에 하나님의 인도하심이 함께 하였음을 고백하면서 먼저 하나님께 깊이 감사드린다. 그리고 지금까지 성경 말씀을 해석하면서 살아있는 말씀의 체험을 함께 나누어온 계명대학교 대학원 학생들과, 설교 가운데 은혜를 나눈 여러 성도들에게 감사의 마음을 전한다. 특히 해석방법론에 대해 함께 고민하면서 자료를 정리해 준 최은영 박사와 자료 수집과 교정을 도운 박창열 연구조교에게 감사의 마음을 전한다. 또한 본 저서의 출판을 위해 성심을 기울여 주신 계명대학교 출판부 여러분께 감사드린다.

중요한 것은 해석의 열매를 맛보는 것이다. 본 저서가 성경 해석의 여정에 요긴한 디딤돌이 되기를 기대하며, 살아있는 하나님의 말씀을 해석을 통해 실제로 체험하는 기쁨을 맛볼 수 있기를 진심으로 기대한다.

2010년 4월

계명대학교 연구실에서 정 중 호

차례

서론

성경을 해석하는 목적에는 성경을 좀 더 깊이 알고 싶은 개인적인 목적도 있고 성경학자들의 학문적 탐구도 있겠지만, 대부분 성경을 가르치기 위해서 그리고 설교하기 위해서 성경을 해석하려는 경우가 많다. 성경해석학이 상아탑 안에 한정되어 있고 학자들의 전유물로 남아있는 한 성경해석학은 생기를 잃어버린다. 성경이 살아 숨 쉴 수 있는 곳은 신앙공동체가 있는 곳이며, 그 안에서 성경이 설교를 통해 전달되어지면서 성경은 생명력을 발휘하게 된다. 성경해석학은 학문과 설교현장의 상호 역동적인 작용 속에서 발전할 수 있는 것이다.

성경해석학이 이러한 방향으로 나아가야하는 또 다른 이유가 있다. 성경의 많은 부분이 설교로 이루어졌다는 점을 들 수 있다. 성경에는 청중이나 독자가 없는 상태에서 허공을 향하여 소리친 내용은 없다. 반드시 어떤 시대에 특정한 상황에서 특정한 청중이나 독자에게 하나님의 말씀을 들려준 내용이 성경을 이루고 있는 것이다. 헤이스(J. H. Hayes)는 아모스 주석과 이사야 주석을 집필하면서 책 제목에 "그(예언자)의 시대와 그의 설교(His Time and His Preaching)"라는 부제를 달았다.[1] 성경이 설교의 형태로 선포된 본문이라면 설교의 상황을 염

---

1) J. H. Hayes, *Amos, the Eighth-Century Prophet: His Time & His Preaching* (Nashville: Abingdon, 1988); J. H. Hayes and S. A. Irvine, *Isaiah, His Times & His Preaching: The Eighth-century*

두에 두면서 해석을 시도하는 것은 당연한 것이다.

필자의 경험에 비추어 보건데 연구실에서 성경을 해석하지만, 설교를 염두에 두면서 해석할 때와 학문적인 작업에만 몰두할 때 그 결과에 차이가 있음을 발견하게 된다. 설교를 염두에 두면서 해석할 때 평소에는 상상할 수 없었던 창의적인 시각을 얻을 수 있게 되는 것이다. 이것은 설교자가 누릴 수 있는 축복이다. 이 묘약을 흙 속에 덮어 둘 이유가 없다. 그러므로 본 저서는 설교의 상황을 염두에 두면서 혹은 성경을 가르치기 위해서 성경을 해석하는 모든 분들을 위해 도움을 주기위해 저술될 것이다. 동시에 이러한 열매가 개인적으로 성경을 해석하려는 모든 사람에게도 크게 도움이 될 것으로 믿는다.

성경을 해석하는 과정은 때로는 더디고 때로는 장벽으로 인해 힘겨워할 때도 있다. 그러나 진흙에서 옥구슬을 찾아내듯이 깊은 우물에서 생수를 길어 올리듯이 성경을 해석하는 사람들은 성경을 해석하면서 새로운 환희와 감동을 경험할 수 있다. 이러한 결과를 얻기까지는 꾸준한 노력과 성경에 겸허히 다가가는 성실한 자세가 필요하다. 한 걸음 더 나아가서 성경을 통해서 말씀하시는 하나님과의 만남의 체험을 갈망하며 기도하는 심정으로 성경해석에 임해야 한다.

성경은 문학작품 이상의 의미가 있다. 신앙공동체가 경전으로서, 하나님의 말씀으로 받아들이는 책이 바로 성경이다. 따라서 각 신앙인이나 각 신앙공동체는 자신의 삶의 현장에서 성경을 독특하게 바라볼 수 있으며 그 삶의 정황 속에서 성경을 독특하게 해석할 수 있다. 이 뜻은 성경이 귀에 걸면 귀걸이요 코에 걸면 코걸이라는 뜻이 아니다. 성경은 살아있는 책이다. 수천 년을 지나는 동안 다른 책들은 이미 박물관에 가 있지만 성경은 오늘도 여전히 살아 영향을 미치는 것은 새

Prophet (Nashville: Abingdon Press, 1987).

로운 상황을 만날 때 마다 성경을 새롭게 해석해 왔기 때문이다. 전에는 발견하지 못했던 의미가 새로운 정황에 처해 있으면 새롭게 발견되는 경우가 허다하다.

문화와 풍습이 변천되고 언어가 달라짐에 따라 성경본문을 새로운 상황에 적용하기 위해 그 원래의 의미와 새로운 의미를 밝혀낼 필요가 있으며, 이러한 작업의 결과는 성경에 생동감을 불어넣어 주는 것이다.

필자의 지도교수였던 에모리 대학의 헤이스 교수는 성경해석의 필요성을 다음과 같이 요약하고 있다.[2)]

1) 성경은 현대의 독자 또는 주석자를 그 직접 수신자로 삼은 것이 아니라, 성경의 최초 독자인 히브리인(구약) 혹은 유대인이나 기독교인(신약)을 그 수신자로 삼고 있기 때문에 고대인의 사상적 배경을 이해해야 한다.
2) 성경의 원전은 현대어가 아닌 히브리어(구약)와 헬라어(신약)로 기록되었기 때문에 이들 언어에 대한 세밀한 연구가 필요하다.
3) 현대의 독자와 성경이 기록될 당시의 독자 사이에는 엄청난 문화적 장벽이 존재하기 때문에 문화의 보편성과 함께 특수성을 고려한 성경해석이 필요하다.
4) 성경기록 당시와 현대 사이의 역사적 장벽은 길게는 3천년 이상이나 되기 때문에 역사적 맥락에서 성경은 해석되어야 한다.
5) 성경(특별히 구약)은 일순간 혹은 단시일에 이루어진 것이 아니라, 오랜 전승을 통해 형성된 여러 문헌이 경전 안에 포함된 것이기 때문에, 그 경전화 과정을 염두에 두고 해석되어져야 한다.
6) 성경의 원본은 현대인의 손에 있지 않으며, 가장 오래된 사본이라고 할지라도 원본이 기록된 지 오랜 시간이 지난 후에 필사된

2) J. H. Hayes and C. R. Holladay, 김근수 역, **성경주석학**(서울: 나단출판사, 1988) 19-24.

것이므로, 가장 가까운 원본의 독법을 추적하기 위한 본문비평 작업이 필요하다.

7) 성경은 오랜 시간을 통해 형성된 '거룩한' 문서이기 때문에 신앙 공동체의 전승을 반영한 성경해석이 필요하다.

이러한 필요성에 입각하여 본 저서에서는 다양한 성경 해석 방법론을 설명하면서 구체적인 예도 첨부할 것이다. 즉 성경 본문을 선택해서 실제로 각 방법론이 어떻게 활용하는지 그 실례를 보여 줄 것이다. 그러나 성경 해석은 어떤 한 가지의 방법으로는 충분하지 않다. 다양한 방법들이 함께 적절히 사용되면서 조화를 이룰 때 본문의 의미가 확연히 드러나게 될 것이다.

본 저서에는 본문비평(Textual Criticism)이 포함되지 않았다. 본문비평 방법을 실제로 활용하도록 안내하기 위해서는 긴 설명이 필요한데 이 책의 분량으로서는 감당하기 힘들다는 판단으로 포함시키지 않았다. 그러나 필요한 해석 방법론이기에 본문비평에 대한 안내서들을 소개하면 다음과 같다.

본문비평을 간단하게 소개한 것은, 이형원의 **구약성경 비평학 입문**과 이동수의 **구약주석과 설교**를 들 수 있다.[3]

본문비평에 대한 상세한 안내서는, 뷔르트봐인(E. Wurthwein)의 **성경본문비평**과 클라인(R. W. Klein)의 **구약본문비평**이 있다.[4] 그리고

---

3) 이형원, **구약성경 비평학 입문** (침례신학대학교출판부, 1991); 이동수, **구약주석과 설교** (서울: 장신대 출판부, 2000)

4) E. Würthwein, 방석종역, 성경**본문비평**(서울: 대한기독교서회, 1987); R. W. Klein, *Textual Criticism of the Old Testament* (Philadelphia: Fortress Press, 1974), 김기찬역, 구약본문비평 (서울: 임마누엘, 1991)

번역을 위한 저서이지만 본문비평에 대한 실제적인 안내를 할 수 있는 책으로는 민영진의 **히브리어에서 우리말로**라는 책이 적합하다.[5)]

5) 민영진, **히브리어에서 우리말로** (도서출판 두란노, 1996)

제1부

성경 해석사와 한국적 해석을 위한 서론

제1장

성경 해석의 역사

각 방법론을 설명하기 전에 먼저 성경 해석의 역사를 살펴보고자 한다. 특히 본 저서에서 상세히 설명하지 못한 부분, 즉 기독교 초기와 중세시대의 성경 해석 방법을 설명하고자 한다. 그리고 종교개혁 시대와 계몽주의 시대 이후에서 현대에 이르기까지의 성경 해석 방법의 흐름을 짚어 볼 것이다.

성경 해석의 흐름을 시대별로 나누어 본다면, 1) 기독교 초기와 중세시대, 2) 르네상스를 바탕으로 하는 종교개혁 시대, 3) 계몽주의 시대 이후 등으로 나누어 볼 수 있다.

1. 기독교 초기와 중세시대

기독교 초기와 중세시대에는 모든 해답이 성경 안에 있다고 믿었다. 그리고 성경의 문자를 넘어서서 감춰져있는 영적인 의미를 찾고자 하였다. 종교개혁 이전에는 구약 내에서 그리고 신약과 초대교회를 통해 활용된 미드라쉬적 해석방법과, 교부들과 중세시대에 활용된 유형론적 해석방법이 광범위하게 활용되었다.

1) 미드라쉬

'미드라쉬'는 '다라쉬'에서 파생된 명사이다. 다라쉬는 "찾다," "조사하다," "~에 대해 묻다" 등의 의미가 있는 단어이다. 미드라쉬는 포로후기 시대 이래 "교훈이나 깨달음을 얻기 위한 목적으로 성경의 본문에 설명을 다는 작업"을 가리킨다.[6] 미드라쉬란 단어는 역대기하 13장 22절과 24장 27절 등 후대의 책에서 나타나고 있지만 이 해석방법은 이미 구약성경 안에서 광범위하게 사용되었다.

미드라쉬적 해석방법을 보면, 야곱에 관한 전승을 예언자 호세아가 부정적으로 해석하기도 하였고(호세아 1장), 출애굽 전승이 제2이사야를 통해 바벨론으로부터의 귀환의 모델로 재해석되기도 하였다(이사야 40-44장). 신약에서도 미드라쉬적 해석방법이 사용되었다. 예를 들면 미드라쉬적 주해(마 2:1-18), 미드라쉬적 적용(행 1:15-22; 7:42), 미드라쉬적 설교(마 24:37-42; 고전 10:1-13; 히브리서 11장), 미드라쉬적 규정(마 5:32, 19:9; 고전 9:8-10) 등이 그 예들이다.[7]

그리고 구약을 다른 언어로 번역하는데도 미드라쉬적 해석방법이 활용되었다- 헬라어 번역인 70인역(LXX), 아람어 번역인 타르굼, 시리아어 번역인 페쉬타, 헬라어 문자적 번역인 아퀼라, 헬라어 쉬운 읽기

---

6) Renee Bloch, "Midrash," in Approaches to *Anacient Judaism: Theory and Practice* Willaim S. Green ed. (Missoula, Montana: Scholars Press, 1978) 30-31.

7) Renee Bloch, "Midrash," 48-49.

번역인 심마쿠스, 헬라어 70인역을 개정한 테오도션, 헬라어 번역인 옹켈로스 등에 활용되었다. 제롬이 번역한 라틴어역 벌게이트까지 이 모든 번역판들은 일반 평신도가 읽도록 번역된 것이 아니라 교회에서 성직자가 낭독할 수 있도록 번역된 것들이다.

미드라쉬의 구체적인 모습은 각주(annotation), 구절의 인용(quotation), 암시(allusion), 유추(analogy), 알레고리적 풀이(Allegorization), 변형(transformation) 등으로 나타난다.[8] 미드라쉬적 해석방법을 활용해서 유대주의가 만들어낸 작품들을 살펴보면, 주전 3세기에서 주후 5세기에 걸쳐 이루어진 탈무드(Talmuds), 주후 2세기 경에 편집된 미쉬나(Mishnah), 그리고 미쉬나의 부록인 토세프타(Tosefta), 시프라(Sifra) 등이 있고, 미드라쉬 랍바(Midrash Rabah)도 이러한 작품들이다.

미드라쉬는 하나님의 말씀에 대한 명상이며 조사이다. 그리고 그 결과는 설교의 형태로 나타난다. 따라서 미드라쉬는 오늘 여기에서 살고 있는 삶에 구체적으로 적용될 수 있도록 성경을 해석하는 방법이다. 대개 어떤 한 성경 구절에 대한 설명을 다른 성경구절을 참조하여 진행시키고 있다.

미드라쉬 해석방법을 세분하면 본문의 문자적 의미를 캐내는 "페샤트"(peshat)와 상황에 적용되는 의미를 창출해 내는 "데라쉬"(derash)로 구분할 수 있다.[9] 데라쉬는 본문의 문자가 나타내지 않은 비밀스러운 의미를 추구하는 작업이기에 때로는 본문의 문맥과 동떨어진 해석을 하기도 한다. 미드라쉬는 데라쉬적인 해석이 주류를 이루어왔다.

---

8) Michael Fishbane, "Inner Biblical Exegesis: Types and Strategies of Interpretation in Ancient Israel," *Midrash and literature*, G. H. Hartman and S. Budick eds. (New Haven, Conn : Yale Univ. Pr, 1986), 34

9) David W. Halivni, *Peshat and Derash: Plain and Applied Meanin in Rabbinic Exegesis* (New York/Oxford: Oxford University Press, 1991) 23-35.

이러한 흐름에 제동을 걸고 문자적 의미를 중시하는 페샷트적인 해석방법을 주창하는 움직임이 주후 8세기에 일어났다. 바로 유대주의 소종파인 카라이트(Karaites)가 시도한 것이다. 이러한 흐름은 사디아 벤 요셉(Saadia ben Joseph)의 히브리어 문법 연구와 히브리어 사전편찬으로 나타났다. 그리고 11세기와 13세기에 걸쳐 활동한 라쉬(Rashi), 아브라함 이븐 에스라(Abraham Ibn Ezra), 킴히(David Kimhi) 등의 유대인 랍비들의 연구로 페샷트적인 해석이 미드라쉬의 주류를 차지할 수 있게 하였다.

2) 유형론적 해석(Typological Interpretation)

초대교회로부터 중세교회에 이르기까지 가장 광범위하게 활용된 구약해석 방법은 유형론적 해석이다. 유형론은 다른 말로 예표론(豫表論)이라고 하기도 한다. 즉 예수 사건의 원형(proto-type)을 구약에서 찾으려는 해석방법이며 구약의 사건을 예수 사건의 예표로 해석하는 방법이다. 예를 들어 광야에서 장대에 달린 구리뱀을 십자가에 달린 예수의 예표로 해석하는 방법이다. 전체적으로 구약은 예수에 대한 약속이요 신약은 예수를 통한 성취라는 도식에 의해서 구약을 해석하려는 방법론이다.

유형론적 해석은 독자가 해석 작업에 적극적으로 참여하는 방법이며 그로인해 본문에서 울려나오는 소리가 독자의 견해에 의해 막혀버리는 부정적인 면이 있다. 그러나 유형론적 해석은 다음과 같은 몇가지 장점도 가지고 있다; (1) 구약과 신약을 연결시켜 대화의 통로를 열어 놓는다. 구약해석이 구약의 세계에만 한정되어 신앙공동체의 통전적인 신학과 경건에 덕을 끼치기 어려운 면이 있는데 유형론적 해석은 이러한 장애를 제거해 준다. (2) 신약의 종말론적 유비에 대한 고찰은 구약 본문의 메시지를 살아있게 만들어 준다. (3) 하나님을 예수의 아버지로 이해하기 때문에 구약의 본문이 교회에서 선포할 수 있는 케리그마가 되도록 도와준다.[10)]

한 가지 덧붙인다면, 유형론적 해석과 알레고리는 비슷한 면도 있지만 유형론보다 알레고리가 글자 하나 하나에 훨씬 더 완고하게 집착하는 특징이 있다는 것이다.[11)]

비록 안디옥의 교부들이 문자적 해석을 시도하였지만 초대교회와 교부시대를 이끌어간 해석방법은 유형론적 해석과 알레고리적 해석이었다. 알렉산드리아의 클레멘트(Clement, 약 155-215년)와 오리겐(Origen, 185-254년)의 영향을 받아 초대교회는 구약성경을 알레고리적으로 해석했다.

이러한 해석방법은 상당히 오랫동안 영향을 미쳤는데, 적어도 12세기까지는 성경본문이 4중적 의미(fourfold senses)를 갖고 있다고 생각했다. 즉 문자적 의미, 알레고리적 의미, 도덕적 의미, 영적 의미 등이다.

미드라쉬와 유형론적 해석방법이 현대에도 유용한 해석방법이 될 수 있는 것은 이 해석방법들이 구약을 신약과 연결시켜 주며 특정본문을 신구약 전체의 맥락에서 파악할 수 있도록 도와준다는 사실이다. 특히 독자가 능동적으로 참여하여 해석을 창출한다는 의미에서 현대적 해석 흐름과 닮은 면이 있다. 독자 반응적 비평(reader response criticism) 방법과 유사한 모습을 발견할 수 있는 것이다.

---

10) H. W. Wolff, "구약해석학," 문희석 편, **구약성경해석학** (대한기독교서회, 1975) 210-215.
11) G. von Rad, "구약의 모형론적 해석," C. Westermann ed. 박문제 역, **구약해석학** (서울: 크리스천 다이제스트, 1995) 22.

2. 종교개혁 시대

르네상스 시대를 바탕으로 하는 종교개혁 시대에는 성경을 문장으로 보고 분석하는데 중점을 두있다. 물론 성령의 감동이라는 요소를 배재하지는 않았지만 성경의 다양한 의미를 발견하려고 노력하였다. 특히 성경이 영어와 독일어로 번역되었으며 성경의 다양한 독자들은 자신들을 위한 메시지를 발견하려고 노력하였다.

평신도를 위한 영어 번역을 최초로 시도한 사람은 위클리프(Wycliff)였으며(1382년) 그는 라틴 벌게이트를 영어로 번역하였다. 그러나 당시의 교회는 진주를 돼지에게 던진 소행이라 혹평하였다. 틴데일(William Tyndale)은 1525년 라틴어가 아닌 히브리어와 헬라어 성경에서 영어로 번역하였는데 영국교회는 이 번역을 비정통적인 것으로 단죄하였고 결국 그는 이단이라는 죄목으로 화형당했다(1536년). 루터도 원어에서 직접 독일어로 성경을 번역하였다(1522년)

3. 계몽주의 시대 이후

17세기부터 시작된 계몽주의 시대 이후의 흐름은 성경을 고대의 다른 서적을 해석하듯이 동일한 방법으로 해석하려는 것이었다. 이러한 흐름은 역사비평학을 배태시켰다.

계몽주의 시대 이후 성경을 해석하는 방법은 크게 세 단계를 거쳐 진행하고 있음을 발견할 수 있다. 첫 번째 단계는 역사비평학(Historical Criticism)의 단계이다. 역사비평학은 17세기부터 태동되어 19세기에 절정을 이루었으며 아직도 유용하게 사용되고 있는 방법으로 통시적

(通時的 diachronic)인 방법론이라 할 수 있다. 이 단계는 저자 중심의 단계이기도 하다.

두 번째 단계는 경전비평(Canonical Criticism), 수사 비평(Rhetorical Criticism), 이야기 비평(Narrative Criticism), 구조주의 비평(Structural Criticism) 등으로 열거되는 단계로 텍스트(Text)중심의 공시적(共時的 synchronic)인 방법론을 채택하는 단계이다. 이 단계는 20세기 후반부부터 본격적으로 연구되기 시작했다.

세 번째 단계는 최근에 등장하는 방법론으로 본문(Text) 중심에서 읽기(reading) 중심 즉 독자(reader) 중심으로 옮겨가는 단계를 말한다. 독자 중심의 해석 방법 가운데는 "독자 지향적 해석방법(Reader Oriented Interpretation) 혹은 "독자 반응 비평(Reader Response Criticism)"과 "여성학적 비평(Feminist Criticism)" 등이 주목할 만한 방법들이다.[12)]

이 세 단계는 한 줄로 순서적으로 연속되어 있다기보다 차례로 나타난 세 줄기가 중복되면서 현시점에 와서는 세 줄기 모두 발전하고 있는 양상을 보여주고 있다. 3단계가 중복되어 있는 것과 마찬가지로 각 단계 안에도 방법론 상호간에 중복되는 모습을 허다히 볼 수 있다. 다른 말로 표현한다면 여기에 제시된 모든 방법론들은 상호 보완의 역할을 서로 담당하고 있다고 볼 수 있다.

이러한 해석과 더불어 새로운 해석들이 등장하고 있다. 저자 중심이나 본문 중심 혹은 독자 중심이라는 범주에 얽매이지 않고 자유롭게 그 경계선들을 넘나들면서 해석하는 방법론들이 나타나 발전을 거듭하고 있다. 이러한 해석 방법들은 이데올로기 비평, 사회과학적 비

12) Robert Fowler, *Let the Reader Understand - Reader-Response Criticism and the Gospel of Mark*. (Minneapolis: Fortress Press, 1991); E. V. McKnight, "Reader-Response Criticism," McKenzie, Steven L. and Haynes, Stephen R., ed. To Each Its Own Meaning. (Louisville: Westminster/John Knox Press, 1993) 213.

평, 해체주의 비평, 의식적 비평, 감성적 해석 등을 들 수 있다. 그리고 한국적 성경 해석의 독특한 면에 대한 연구가 진행되고 있다. 본 저서에서는 소개되지 않았지만 연구되고 있는 방법론으로는 메타비평을 들 수 있으며 환타지(Fantasy)에 대한 연구도 시도되고 있다.[13)]

---

13) 김상래, "야웨의 '땅' 약속에 대한 아브라함의 믿음의 의미 재해석 - 히 11장 8-10의 해석에 대한 메타 주석," **구약논단** 30집 (2008) 85-102; 환타지 해석에 대해서는 "환타지와 성경(Fantasy and the Bible))"이라는 주제로 1992년에 출간된 *Semeia* 60호를 참조바람.

제2장

한국적 성경 해석의 역사

한국의 성경 해석사를 쓰려고 할 때 중요한 것은 해석사의 기점이다. 한국 성경 해석사를 작성한 대부분의 학자들은 1900년대부터 시작한다. 이것은 한국에 성경이 소개된 것을 한글로 성경이 번역된 사건을 기점으로 보았기 때문이다. 즉 1882년 존 로스(John Ross) 목사가 누가복음과 요한복음을 한글로 번역한 것을 들면서 성경 해석사를 집필하였다. 그러나 당시 식자층에서는 주로 한문을 사용했다는 점을 감안한다면 한문으로 번역된 성경을 주목해야 한다. 한문 성경은 이미 1816년에 조선 사람에게 전해졌다는 기록이 있다. 따라서 한국의 성경 해석사는 적어도 이때부터 시작되었다고 보아야 한다.

그러나 실제로 한문 성경은 1816년 이전에도 조선 땅에 들어왔을 가능성이 있다. 예를 들어 18세기 후반기에 살았던 광암 이벽(1754-1785)은 성교요지(聖敎要旨)을 저술하였는데 그 가운데 구약과 신약을 부분적으로 요약하였고 성경과 유교의 경전을 넘나들면서 상호텍스트적 연구를 하였다. 이벽은 성경을 한국적으로 해석한 것이다. 분명히 그는 한문으로 번역된 성경을 읽고 요약을 했을 것이라 짐작된다. 더구나 성경의 일부분이 발췌된 교리서나 천주실의(天主實義)같은 천주교 관련서적은 그 이전에 이미 조선에 소개되어 있었다. 따라서 한국의 성경 해석사는 적어도 18세기부터 시작되어야 할 것이다.

이벽이 18세기 후반에 한국적 성경 해석을 시도했다면 1920년대에는 김교신이 이러한 해석을 이끌었다. 그는 **성서 조선**이라는 잡지를 창간하면서 "성서 조선아 너는 소위 기독교신자보다도 조선 혼을 가진 조선 사람에게 가라"[14]라고 하면서 조선 혼을 가진 사람을 대상으로 성경을 한국인의 눈으로 해석하면서 선교활동을 펼쳤다.[15]

1960년대 초에는 토착화신학 논쟁이 한국적 성경해석을 자극하였다. 유동식은 통일신라시대의 정신적 지주 역할을 한 풍류도를 한국 고유의 민족적 영성으로 중국을 통해 들어 온 유교와 불교와 도교를 아우를 수 있는 능력을 지닌 영성이라고 주장하였다.[16] 유동식은 이러한 풍류도를 한글로 '멋진 한 삶' 혹은 '한 멋진 삶'을 자아내는 창조적 얼이라고 표기하였다.[17] 그리고 윤성범은 유교를 연구하여 성(誠)의 신학을 주장하였고, 변선환은 불교를 연구하여 타종교와의 대화를 시도하였다.

이들이 기독교를 한국 토양에 뿌리내릴 수 있도록 노력하였음에도 불구하고 기독교인들은 냉담하였고 오히려 이단시하는 분위기도 있었다. 아마도 성경의 권위를 높이 인정하고 있는 일반적인 기독교인들은 성경 해석을 바탕으로 설명해 주기를 바랐지만, 신학만을 주장하였기에 이들의 주장은 귀에 들어오지 않았고 오히려 반발심을 자아낸 것이 아닌가 여겨진다.

---

14) 김정환·김교신, **그 삶과 믿음과 소망** (서울: 한국신학연구소, 1993) 21-22.
15) 노평구 편, **김교신 전집 4: 성서 연구** (서울: 부키, 2001) 120-121, 388-389.
16) 유동식, **風流道와 한국의 종교사상**, 55.
17) 유동식, **風流道와 한국의 종교사상**, 63.

한국적 성경 해석에 새로운 물꼬를 튼 것은 민중신학이라 할 수 있다. 민중신학은 성경에서 그 근거를 찾았다. 성경의 가난한 사람들과 약한 사람들을 주목하면서 이들을 민중이라 부르며 이들을 중심으로 성경을 해석하였다.

안병무는 마가복음서를 '오클로스(민중)'의 개념으로 해석하였으며 성경 전체가 민중의 글이라고 하였다.[18] 그는 한국에서 일어나는 민중운동의 사건들 속에서 예수를 찾으려 했으며 마치 화산의 맥과 같이 민중운동 사건들이 연결되어 있다고 주장하였다.[19]

김정준은 출애굽 사건과 이스라엘의 고대 신앙고백문(신 26:1-11), 왕조 전승에 저항하는 예언자 전승 등에서 민중신학의 근거를 찾았다.[20] 서남동은 해방신학적이며 사회과학적 성경해석방법을 활용하여 성경을 해석하려고 하였다. 그는 민중의 관점에서 한국문학을 해석하려고 하였는데, 예를 들면, 에밀레종, 몽실 언니 등을 분석하였고, 장님 눈뜬 이야기에서 한(恨)을 이야기하였다.[21] 민중신학은 성경을 근거로 새로운 한국적 신학을 주장하였다는 점에서 크게 기여하였지만 민중만을 주목하는 편향적인 시각 때문에 크게 환영받지 못한 면이 있었다.

한국적 성경 해석을 자극한 또 다른 사람은 곽노순이었다. 곽노순은 "한국의 성서학이란 이 나라의 장구한 정신적 유산과 우리들의 특유한 감성, 고유한 사고방식을 성서 본문에 투영할 때 새로운 깊이를 더하자는 시도라고 볼 수 있다"고 주장하였다.[22] 곽노순은 심청전 이

18) 안병무, "마르코 복음의 사회학적 해석," **사회학적 성서해석** 안병무편(한국신학연구소, 1983).

19) 안병무, **민중신학이야기** (한국신학연구소, 1987) 35.

20) 김정준, "민중신학의 구약성서적 근거," **민중과 한국 신학**, NCC 신학 연구위원회편, (서울: 한국신학연구소, 1982) 29-57.

21) 서남동, **민중 신학의 탐구**, (서울:한길사, 1983) 274-303.

22) 곽노순, "한국 성서학의 민족신학적 조명", 조성노 편, **민족신학의 모색,** (서울: 현대신학

야기와 예수의 이야기를 비교하였고, 아브라함과 단군 이야기를 비교하였다.[23] 그는 삼국유사의 이야기들을 읽으면서 성경의 이야기들을 상기시키는 노력도 기울였다.[24] 예를 들면 성스럽고 슬기로운 선덕여왕과 솔로몬의 영특함을 비교하기도 하였으며, 백제가 멸망한다는 징조들과 이집트 땅에 내린 10가지 재앙을 비교하기도 하였다.

박정세의 연구는 성경의 이야기와 한국의 민담을 비교 연구한 것이었다. 그는 성경 이야기와 한국의 민담을 비교 연구할 때 외국의 민담을 함께 비교하여 결국 세 이야기를 비교하였다. 그는 우주와 인간의 기원, 홍수 이야기, 악인에 대한 처벌, 인신 희생 제의, 구원(자)에 관한 예언, 아기 구주의 탄생과 부모, 희생자와 부활, 종교 체험, 마지막 심판 등의 이야기들을 비교 하였다.[25]

박종수는 요셉 이야기와 두 형제 이야기를 연구하였고, 성경의 다양한 이야기를 한국의 이야기와 비교 연구하였다.[26] 그는 구비문학에 뿌리를 두고 있는 성경이 한국의 이야기와 여러 면에서 유사점이 많다는 전제에서 출발하여 성경 이야기를 한국문화의 역동성 안에서 해석하려고 하였다.[27]

최근에는 박신배가 한국 문화적 성서 해석 방법론을 제창하고 있으며, 여러 학자들이 한국적 성경 해석에 관심을 가지고 연구하고 있다.[28]

연구소, 1992) 119.

23) 곽노순, "한국 성서학의 민족신학적 조명," 121.

24) 곽노순, "삼국유사와 성서," **한국의 문화와 신학** (대한기독교서회, 1992) 277-306.

25) 박정세, **성서와 한국 민담의 비교 연구,** (서울:연세대학교 출판부, 1996).

26) Jongsoo Park, "The Process of TransFormation between the Tale of the Two brothers and the Joseph Story in Genesis 39: From the Korean Perspective on a National Folktale", *Theology of Korean Culture*, Seoul: CLSK, 2002, 199-217.

27) 박종수, **히브리 설화 연구-한국인의 문화통전적 성서이해** (글터, 1995) 21.

28) 박신배, "한국 문화적 성서 해석 방법론," **신학사상** 140집 (2008 봄) 41-67.

제3장

한국 경전 해석
– 한국적 성경 해석을 위한 서론

구체적인 독자인 현대 한국인들에게 성경의 진수를 전달하려 할 때 해석이라는 과정을 거치게 된다. 문제는 어떠한 해석방법을 사용하여야 성경의 예언자들이 시도하였던 것처럼 현대의 한국인들을 위한 생동력 있는 메시지가 전달될 수 있겠는가 하는 점이다. 우선 그동안 서구에서 개발한 각종의 해석방법들이 도움이 될 수 있을 것이다. 예를 들면 본문비평, 역사비평, 경전비평, 독자반응비평, 신문학비평, 구조주의 등 다양한 해석기법들이 개발되었다. 그러나 한국의 목회자나 독자들은 이러한 방법론을 사용하여 해석한 주석서들을 크게 환영하지 않고 있다. 물론 한국의 보수적인 성향이 이러한 주석서들을 자유주의적인 해석이라 하여 경원시하는 경향도 있지만 중요한 것은 한국인의 정서와 한국인이 관심하고 있는 부분에 대한 배려가 없다는 것이다. 이러한 문제는 한국이라는 상황을 의식하지 않은 주석이기 때문이기도 하지만 근본적으로 해석방법에 문제가 있는 것으로 짐작할 수 있다.

성경의 고향인 팔레스타인 땅은 서양이 아니라 동양(Orient)이었으며 아시아의 서남단에 위치하고 있다. 동양적인 문화와 사고방식 속에서 배태된 성경을 서구적인 기법으로 해석하기 보다는 동양적인 기법으로 해석하는 것이 더 자연스럽다. 그러나 불행하게도 그동안 동양적인 해석기법을 성경해석에 적용한 예가 희귀하였다. 최근 인도와 동남아시아 신학자들 가운데 성경해석을 동양적으로 해석하려는 노력을 기울이고 있는 예가 나타나고 있다.[29] 그러나 해석방법론 분야에서는 그 발전이 미약한 실정이다.

한편 한국에는 서구와는 달리 다양한 종교적 전통이 있고 다양하게 경전을 해석해 온 흔적이 있다. 본 장의 목적은 한국의 다양한 종교 경전해석 방법론 가운데 성경해석을 위한 적합한 방법론을 발굴하여 한국적 성경해석 방법을 개발하기 위한 기초를 마련하는데 있다. 한국인의 종교적 심성과 사유방법에 바탕을 둔 기본적인 성경해석 방법의 틀 위에 서구의 성경해석 방법론을 원용하여 실제로 현대 한국인들이 활용할 수 있는 한국적 성경해석 방법론을 개발하기 위해 본 연구가 그 기초를 마련해 줄 수 있을 것이다.

---

29) 아시아인의 독자적인 성경해석을 시도하는 학자들과 그 경향들은 다음과 같다; 사마르타(S. J. Samartha)는 종교간의 대화의 관점에서 관계적 해석학(relational hermeneutics)을 주창하였다; S. J. Samartha, "Religion, language and Reality: Toward a Relational Hermeneutics," *Biblical Interpretation* 2 (1994), 344. 곽필란(Kwok Pui Lan)은 대화적 상상력(dialogical imagination)을 주장하였는데 아시아인들의 이야기와 성경이야기의 상호 교역을 창조하는 것을 강조하였다; Kwok Pui-lan, *Discovering the Bible in the Non-Biblical World.* (Maryknoll: Orbis Books, 1995) 12. 이외에도 아치리(Archie C. C. Lee)의 텍스트간 해석(cross-textual hermeneutics), 수기르타라자(R. S. Sugirtharajah)의 다종교적 해석(multi-faith hermeneutics) 등이 있다; Archie C. C. Lee, "Biblical Interpretation in Asian Perspectives," *Asia Journal of Theology* 7 (1993) 35-39. R. S. Sugirtharajah, "The Bible and Its Asian Readers," *Biblical Interpretation* 1 (1993) 54-66.

본 연구는 경전해석 방법론에 주목하기 때문에 일차적인 연구대상은 한국에 있는 종교경전들이다. 구체적으로 본다면 유교와 불교의 경전들과 동학의 경전들이 연구대상이 될 수 있다. 본 연구의 범위는 이 가운데도 해석방법론상 주목의 대상이 되는 조선 후기 실학파의 유교경전해석과 한국불교 역사상 창의성이 두드러진 원효의 해석, 그리고 한국의 토양에서 자생한 동학의 경전을 중심으로 연구할 것이다.

1. 경전 중심의 해석

다산 정약용(1762-1863년)은 유교의 경전을 파격적으로 해석하면서도 그 근거를 먼저 경전 자체에서 찾았다. 정약용은 "경(經)의 뜻이 밝혀져야만 도체(道體)가 드러나고, 도를 얻은 다음에 심술(心術)이 밝아지고, 심술이 바르게 된 뒤에야 덕(德)을 이룰 수 있는 것이니 경학(經學)을 소홀히 할 수 없다"[30]하였다. 즉 정약용은 경전해석을 가장 중요한 것으로 여겼다. 그리고 정약용은 경전해석의 처음과 마지막은 조자(造字)의 원의(原義)를 밝히는 것 즉 공자의 원뜻을 밝히는 것이라 하였다.[31] 예를 들어 한국 백성의 종교적 전통에는 누구나 천(天)을 숭배할 수 있으나 조선시대에는 주희의 **논어** 해석과 사대주의의 영향으로 이러한 길이 막혀 있었다. 정약용은 천을 숭배할 수 있는 길을 열 때 먼저 **논어**를 재해석해서 그의 주장의 기초를 마련하였다. 경전 속에서 새로운 원리를 발견하려는 정약용의 태도를 이러한 작업을 통해서도 살펴 볼 수 있다.

30) 정약용, **詩文集** (與猶堂全書 1-3冊; 서울: 驪江出版社, 1985) 爲盤山丁修七贈言, 卷17, 40b.
31) 정약용, **詩文集** 卷19, 29b.

그리고 정약용은 경전으로 경전을 증명하는 이경증경(以經證經) 혹은 이경석경(以經釋經)의 방법을 강조하면서 활용하였다.[32] 예를 들어 정약용은 **시경**(詩經)과 **서경**(書經)에서 적절한 증거를 찾아 자신의 논어 해석을 설득력 있게 전개하였다.

이러한 정약용의 해석방법을 김영호는 다음과 같이 정리하였다.[33] 즉 정약용의 해석방법을 크게 두 가지로 나누어 보면, 형식상의 방법과 내용상의 방법으로 볼 수 있다는 것이다. 형식상의 방법은 또 자가독창해석법과 타가의존해석법으로 나눌 수 있고 타가의존해석법은 다시 1. 인증법(引證法), 2. 고이법(考異法), 3. 사실법(事實法) 등으로 나눌 수 있다. 인증법은 논어 외의 다른 경서와 서적들을 증거로 활용하는 방법이다. 즉 이경증경의 방법이다. 그리고 고이법은 논어 원문의 차이를 지적하면서 원문을 복원시키는 작업이다. 성경해석에 있어서 본문비평에 해당하는 방법이다. 사실법은 논어에 나타나는 글귀가 결과만 있는 것을 주목하면서 그러한 결과적인 글귀가 어떻게 도출되었는지 그 사건의 전말을 제시하는 방법이다. 본문의 배경과 상황을 살피는 작업이다.

정약용이 경전 중심의 해석을 강조하는 이면에는 경전이 끼칠 영향력에 대한 통찰이 있었다. 그는 경전해석을 신중하게 해야 한다고 하였다. 다른 일반 서적과 달리 경전해석이 잘못되면 "천하에 화를 미치고 후세까지 독을 끼치는" 것을 염두에 두어야 한다고 했다. 따라서 경전해석은 "정확해야 하며 고증 및 훈고 그리고 역사적 사실에 밝아야 한다"고 강조하였다.[34] 성경해석에도 경전을 재해석하여 경전에서

---

32) 정약용, **詩文集** 卷12, 3a.

33) 김영호, "鄭茶山의 **論語**解釋에 관한 硏究 - **論語古今注**를 中心으로" 박사학위논문(성균관대, 1993) 44.

34) 정약용, **論語古今注** (與猶堂全書 5冊; 서울: 驪江出版社, 1985) 卷2, 40b.

새로운 원리를 발견하는 경전중심의 해석방법과 경전해석의 영향력을 염두에 두는 해석의 태도가 필요하다.

2. 실제 상황 중심 해석

정약용은 경전에만 제한시키지 않고 실제 상황이나 상상할 수 있는 상황 등을 모두 연결시킨 해석방법을 구사하였다. 이러한 상황은 고대의 상황일 수 있고 해석자의 현대적 상황일 수도 있다. 경전해석이 공리공론으로 흐르지 않고 실제 삶의 현장에서 그 의미가 구체화될 수 있는 길을 열어 놓은 것이다. 예를 들어 인의예지(仁義禮智)가 마음에 있는 것이라는 심성론적(心性論的)으로 해석하는 것이 아니라 실천에 있음을 강조하였다.

김영호는 정약용의 해석방법을 크게 두 가지로 나누어 보면, 형식상의 방법과 내용상의 방법으로 나눌 수 있다고 하면서, 내용상의 방법에는 다시 사례예증법(事例例證法)과 의리추산법(義理推算法)이 있다고 하였다. 그 중 사례예증법이 바로 다양한 상황을 고려한 것이다. 즉 이 방법은 해석자의 주장을 뒷받침하기 위해 실사(實事), 고사(故事), 가사(假事) 등을 증거로 활용하는 방법이다.[35]

정약용은 **주역**을 해석할 때도 형이상학적 토대를 마련하기 위해서 보다 실제 상황에서 어떻게 행동해야 마땅한 가를 알기 위해 해석 작업을 진행하였다.[36] 정약용의 이러한 해석방법은 해석의 결과가 실생활에 적용될 수 있게 하였고 정약용의 목표인 백성 구제의 목표를 달

35) 김영호, "鄭茶山의 **論語**解釋에 관한 硏究," 45-47.
36) 정해왕, "주역의 해석방법에 관한 연구" 박사학위논문 (부산대, 1990) 113.

성하는 효과적인 도구가 되었다.[37] 그는 말하기를 "육경사서(六經四書)로 수기(修己)하고 일표이서(一表二書)로서 천하국가를 다스리니 본말이 갖추어진 것이다"고 하였다.[38]

또한 동양과 서양의 시각 차이를 살펴보면 다음과 같다. 서양에서는 가설적 방식과 감각경험을 강조하지만 동양에서는 직관의 방법을 이용한다. 서양이 분석적 방법에 무게를 두는 반면 동양에서는 종합적 방법을 중시한다. 서양의학이 세분화되어 있고 계량적 수치에 주목할 때 동양의학은 사람의 전신을 관찰하고 몸 전체의 종합적인 면을 주시하는 것과 유사하다.

이러한 직관적이며 종합적인 사고에 익숙한 동양에서는 경전을 해석할 때 문헌학적 접근도 중요시 하지만 사상적 접근에 더 무게를 두는 경우가 있다. 사상적 접근이란 낱말 자체의 의미보다 그 이면에 있는 참된 의미를 찾는 데 더 관심을 두는 방법이다. 사상적 접근 방식은 융통성이 있으며 오늘날의 상황에도 적용시켜 볼 수 있는 가능성을 제공해 준다. 예를 들어, 불교경전을 해석할 때 실재의 본성에 대한 이론적인 희론이 아니라 열반에 드는데 가장 좋은 행위와 경험이 무엇인가를 연구하는 방식이다.[39]

성경해석이 공리공론에 머무르지 않고 해석의 결과가 삶에 적용될

---

37) 18-19세기 정약용의 실사구시적인 학문풍토는 갑자기 나타난 것이 아니라 17세기의 준비작업이 있었다. 즉 박세당의 중용사변록(中庸思辨錄)과 윤휴의 중용독서기(中庸讀書記)의 탈주자학적 경향이 바로 이러한 준비작업이라 볼 수 있다. 윤휴의 학문적 목표는 이론보다 일상적 도덕 실천에 있었고 사회개혁적 관심으로 이어졌다. 안병휴 "17세기 조선조 유학의 경전 해석에 관한 연구-**中庸** 해석을 둘러싼 주자학파와 반주자적 해석 간의 갈등을 중심으로" 박사학위논문 (성균관대, 1991) 6-7, 104, 147. 이을호, "반주자학적 사상의 대두" **한국개신유학사시론** (서울: 박영사, 1978) 89.

38) 정약용, **詩文集** 自撰墓地銘, 卷16, 18a.

39) Edward Conze, *Buddhism: Its Essence and Development* (New York: Harper and Row, 1951), 15-17.

수 있도록 방향을 잡아 나가는 동양적이며 한국적인 해석방법은 성경 해석에 생명력을 불어넣을 수 있다.

3. 공동체를 살리기 위한 해석

어떤 공동체가 위기를 맞이할 때 공동체를 위기에서 구출하고자 하는 일념에서 혼신의 힘을 기울이는 모습이 나타난다. 한국의 종교를 살펴보면 이러한 시기에 경전을 재해석하는 노력이 두드러지게 나타남을 발견할 수 있다.

원효는 분열된 불교계를 회통시키기 위해 경전 해석을 시도하였고 평민들이 쉽게 불교에 가까이 할 수 있도록 교리를 단순화시키는 작업을 하였다.

조선 후기 실학자들이 성경을 읽게 된 동기는 당시 피폐된 사회 속에서 즉 조선의 백성이 절망의 심연으로 떨어지고 있다는 위기의식 속에서 희망을 찾기 위해서였다. 권력자들의 통치 이데올로기로 굳어버린 유교의 경전과 실제의 삶에서 멀리 떨어져 산속에 있는 불교의 경전에서 희망을 찾지 못했던 지식인들이 서구의 문물과 함께 들어온 성경에 주목하기 시작한 것이다. 실학자들은 성경에서 희망을 발견하였다. 다름 아닌 백성들과 한국사회를 살릴 수 있는 희망의 씨앗을 본 것이다.

다산 정약용은 19세기 조선 후기 피폐해진 백성들을 구하고자하는 일념에서 유교의 경전을 다시 해석하는 노력을 기울였다. 특히 서세동점의 상황 속에서 서학의 내용을 주의깊게 살피면서, 그러나 서학으로 문제를 해결하기보다 유교 경전을 다시 해석해서 당시 사회개혁의 힘을 삼고자 하였다.

심대윤(1806-1872년)도 당시 나라를 부강하게 할 수 있는 공업과 상업을 진흥시켜 백성들의 경제적 상황을 개선시키려는 의도에서 기존의 유교 경전해석을 비판하면서 새로운 해석을 제시하였다. 심대윤의 사상은 복리(福利)라는 단어로 요약될 수 있다. 인간이 행복과 이익을 추구하는 것이야말로 정당한 가치로 인정받아야 한다고 강조하였다. 이러한 그의 주장은 성리학의 정통이론에 비추어 볼 때 아주 파격적인 것이었다.[40)]

동학의 경우에는 이러한 목적이 보다 더 뚜렷하다. 조선후기 양반계급에 의해 평민들이 수탈당하고 무속신앙만 평민을 위로하는 상황 속에서 수운 최제우(1824-1864년)는 종교를 통해 사회를 개혁하여 도탄에 빠진 백성을 구제하려 하였다. 자신이 서자 출신인 최제우는 특히 인간평등과 인간존중을 부르짖었다. 최제우는 **용담유사**와 **동경대전**이라는 경전을 탄생시켰다.[41)] 이 경전들에는 창의적인 요소가 포함되어 있지만 다분히 한국에 당시 병존해 있던 다양한 경전을 토대로 한 경전이었다. 즉 기존의 경전을 창의적으로 재해석하여 새로운 종교와 경전의 바탕을 마련한 것이다.[42)]

성경을 해석하는 해석자도 공동체에 긍정적으로 공헌하며 공동체를 위기에서 구출해 내고자 하는 목적의식이 필요하다. 바로 이러한 목적의식 속에서 해석자로서의 보람을 느낄 수 있으며 긍지를 가질

---

40) 임형택 "19세기 서학에 대한 경학의 대응 : 정약용과 심대윤의 경우," **韓國儒學思想論文選集** (고양 : 불함문화사, 1993) 1-22.

41) **동경대전**은 수운 최제우의 득도(1860년 6월 14일)에서 순도(1864년 3월 10) 사이에 저술된 것으로 후일 최시형이 스승의 글을 정리하여 간행한 것이다(1880년 6월 14일); 조대현, "동학과 풍류도의 관계," **동학연구** 4호(1999) 92-93.

42) 최제우는 당시 서학으로 불리우던 기독교의 영향을 받고 있었으며 기독교의 교리도 활용한 것으로 보여진다. 본논문 V. 3절 참조.

수 있는 것이다. 동시에 이러한 목적의식 속에서 성경을 재해석할 때 성경을 보는 새로운 시각도 창출해 낼 수 있는 것이다.

4. 한국의 종교적 전통을 중심한 외래 종교경전의 해석

한국에 현존하고 있는 유교, 불교, 도교, 심지어 기독교까지 이 모든 종교는 외래종교이다. 기독교 경전인 성경을 해석하기 전에 먼저 한국인에 의한 외래 종교의 경전이 해석되어 온 흔적을 살펴보는 것은 당연하며 필요한 것이다. 한국인의 경전해석 전통을 살펴보면 한국의 고유한 종교적 전통을 의식하면서 외래 종교경전을 소화해온 역사를 발견할 수 있다.

1) 하늘(天)을 섬기는 신앙

한국의 전통신앙에는 하늘(天)을 섬기는 신앙이 있었다. 최동희는 단군신화의 환인은 최고신으로 한민족의 고유한 신앙대상이었으며 이 단어가 '하늘(ᄒᆞ늘)'의 한자어 표기일 가능성이 있다고 하였다.[43] 위지의 동이전에는 부여, 고구려, 마한 등 고대 국가에서 천(天)에 제사를 드렸다고 되어있다. 또한 삼국시대에는 고구려와 백제, 그리고 신라에서 천에 제사를 드렸다고 기록되어 있다.[44]

조선시대 초기에 하늘에 대한 개념이 나타나는데 훈민정음을 창제

43) 최동희, "우리 전통신앙과 동학 -그 최고 신앙 대상을 중심으로," **한국사상** 21-22 (1997) 371-397. 이병수는 환인을 "하느님 혹은 수릿님(高登神)이었을 것이다"라고 주장하였다; 이병수, **한국고대사연구** (서울: 박영사, 1981) 31.

44) 유동식, **風流道와 한국의 종교사상** (연세대학교 출판부, 1997) 38-40.

할 때 용비어천가(1440년대)에 '하늘'이라 표기되어있다.[45] 그러나 중국과의 관계를 염두에 두면서 자세히 살펴보면 조선시대의 하늘의 개념은 문제를 안고 있음을 발견할 수 있다. 조선시대에 중국에는 황제인 천자가 있었고 천제(天祭)를 집례할 수 있었다. 그러나 조선의 국왕은 제후의 신분이었기 때문에 천제를 거행할 수 없었다. 한민족이 하늘과 직접 통할 수 있는 길이 막힌 것이다.

이러한 상황에서 정약용은 **논어**에 있는 상제(上帝)의 존재 즉 천(天)의 존재를 주목하였다. 주희는 공자의 "하늘에 죄를 지으면 빌 곳이 없다(獲罪於天 無所禱也)"[46]를 해석하기를 하늘(天)은 곧 절대적인 이치인 이(理)라고 해석했다. 그러나 정약용은 하늘을 상제(上帝)의 개념으로 재해석하여 종교적인 신비성을 회복시켰다. 그리고 하늘을 윤리도덕적 신앙의 대상으로 보았으며 도덕적 실천의 담보자로 보았다. 정약용은 **중용강의**(中庸講義)에서 말하기를 "군자의 학(學)은 사친(事親)에서 출발하여 사천(事天)으로 종결된다"[47]하였다. 이상적인 사회를 건설하고자 하는 희망을 가지고 노력한 학자인 정약용은 천(天)의 존재를 인정하였고 천에 대해서는 신앙적인 태도로 접근하고 있는 것을 발견할 수 있다. 그러나 기독교적 신의 개념과는 차이가 있다. 그는 사람 마음 속에 상제가 내재해 있다고 믿었다. 정약용은 인간 개개인에게 천(天)을 되찾아 줌으로 원래 한국 백성의 종교적 영성의 활로를 열어 주었다. 즉 한국 고유의 종교적 전통에서 **논어**를 재해석한 것이다. 정약용의 해석은 사대주의를 극복한 해석이었고 하늘과 직접적으로 통하는 개인의 신앙적 자주권을 회복시킨 해석이었으며 혁명적인 해석이었다.[48]

---

45) 정인지 외, **용비어천가 1,** 이윤석 옮김 (솔출판사, 1997) 33.

46) **論語** 八.

47) **中庸講義** 卷4 張22.

48) 임형택, "19세기 서학에 대한 경학의 대응," 1-13.

동학에서는 특히 하늘을 강조하며 동시에 인간을 높이고 있다. 동학은 하늘을 섬기는 한국의 종교적 전통을 유감없이 표출시킨 종교로 출발하였다. 동학의 경전인 **동경대전**에서는 상제(上帝)라는 용어를 사용하고 있고 또 다른 동학의 경전인 **용담유사**에는 한울님이라는 용어를 사용한다. 동학에서는 인간과 신과의 인격적인 관계를 중시하였고, 동학자체가 최제우의 독자적인 신(神)체험에서 출발한 것이었다.[49]

2) 풍류도(風流道)

우리 민족의 고유의 신앙에는 하느님을 '부루'라 했으며 이 '부루'를 한자로 표기할 때 '풍류(風流)'라고 기록될 수 있다.[50] 풍류도는 한국 고유의 민족적 영성으로 중국을 통해 들어 온 유교와 불교와 도교를 아우를 수 있는 능력을 지닌 영성이었다.[51] 고운 최치원(857-?)의 난랑비 서문에는 풍류도가 공자와 노자와 석가가 대표되는 유교, 도교, 불교 등 삼교를 포함한다고 기록되어 있다.

> 우리나라에 현묘한 도(道)가 있어 풍류(風流)라 하는데, 자세한 가르침의 근원은 선사(仙史)에 갖추어져 있다. 실로 삼교를 포함하여 군생들을 접화(接化)한다. 집안에 들어가서는 효도하고 나라에 나아가서는 충성하는 것은 노(魯)나라 사구(司寇)의 가르침이요, 무위(無爲)하는 데에 처하고 불언(不言)의 가르침을 행하는 것은 주나라 주사(柱史)의 종지요, 모든 악을 행하지 않고 선행에 힘쓰는 것은 축건

49) 문명숙, "**동경대전**과 **용담유사**에 나타난 동학의 종교사상-최제우의 신 체험을 중심으로," **종교신학연구** 9(1996, 12) 37.

50) 유동식, **風流道와 한국의 종교사상**, 58-59.

51) 유동식, **風流道와 한국의 종교사상**, 55.

태자(竺乾太子)의 교화이다.[52]

풍류도는 특정 종교를 지칭한다기 보다 외래 종교를 소화하여 발전시킬 수 있는 정신적 원리가 되는 영성이라 할 수 있다. 유동식은 이러한 풍류도를 한글로 '멋진 한 삶' 혹은 '한 멋진 삶'을 자아내는 창조적 얼이라고 표기하였다.[53] 시대적으로 풍류도는 통일신라의 종교적 지주 역할을 하였고 독특한 신라문화를 발전시키는 원동력이 되었다.

3) 동학

동학의 경우도 유교, 불교, 도교 및 민간신앙과 기독교의 요소를 아우르는 모습을 보여 주고 있다. 수운 최제우가 비록 「논학문」에서 천주교에 대해 비판하였지만 천주교에 대한 긍정적인 면을 깊이 인식하고 있었다. 최제우가 계시를 받았을 때 상제에게 묻기를 "그렇다면 서도(西道)로서 사람을 가르쳐야 합니까?"[54]라고 되묻는 장면이 나타난다. 세상을 구제할 방법이 서도에 있다는 것을 그가 은연중 내비친 것이다. 그리고 "... 이 사람들은 도를 서도라 하고 학을 천주학이라 하며 교를 성교(聖敎)라 하니 이는 천시를 알고 천명을 받은 것이 아니겠는가?"[55]라고 밝히면서 천주교를 상당히 높이 평가하였다. 심지어 최제우를 찾은 선비들도 "서도(西道)와 다름이 없습니까?"라고 물었으며 이 질문에 최제우는 "양학(洋學)은 이와 비슷하지만 다름이 있고, 비는 것 같으나 실지가 없다. 그러나 운수인즉 하나이며 도인즉 같으나 이치

---

52) **三國史記** <新羅本紀> 제4권.
53) 유동식, **風流道와 한국의 종교사상,** 63.
54) 최제우, "포덕문", **동경대전** 남만성 역 (서울: 을유문화사, 1975), 38.
55) 최제우, "논학문", **동경대전,** 58.

인즉 다르다"라고 대답하였다.[56] 최제우는 천주교에 대해 이미 알고 있었으며 이러한 지식은 천주교 관련 서적을 통해 얻었을 것으로 짐작된다.

최제우는 천주교를 비판하기도 하였는데 **동경대전**에서는 동학이 서학과 다르다는 점을 합리적으로 설명한데 비해 **용담유사**에서는 직설적으로 거부감을 자아내는 표현을 사용하였다.

> 무단히 한울님께 주소간 비는 말이
> 삼십만천 옥경대에 나죽거든 가게하소
> 우습다 저 사람은 저의 부모 죽은 후에
> 신도 없다 이름하고 제사조차 안 지내며
> 오륜에 벗어나서 유원속사 무삼일고[57]

최제우는 유교가 그 명이 다했다고 선언하면서도 서민들이 수용하고 있는 유교의 도덕적 기준으로 천주교를 비판하였다. 천주교도들이 천당 가기를 소원하고 조상제사를 거부하는 행동을 묘사하여 거부감을 자아내도록 유도하고 있다. 아마도 최제우가 천주교를 비판한 것은 당시 천주교를 박해하는 상황 속에서 천주교와는 무관하다는 것을 밝히기 위한 것이었고 민족주의적 입장에서 종교적 자주성을 강조하기 위해 한 것으로 짐작된다.

그가 동학(東學)이라는 명칭을 사용한 것은 자신이 한국에서 직접 계시를 받았기 때문이라 하였다.

---

56) 최제우, "논학문", **동경대전**, 69.
57) 최제우, "권학가", **용담유사**, 윤석산 주해 (서울: 동학사, 1999), 195.

… 나는 동국(東國)에서 태어났다. 동국에서 도를 받았다. 도는 비록 천도이나 학은 동학인 것이다. 더군다나 땅이 동서로 갈렸는데 동을 어찌 서라고 하겠는가?[58]

그러나 그는 서학인 천주교를 의식하면서 상대적인 개념으로 이 단어를 사용한 것으로 보인다.

4) 다경전적 상황(multi-scriptural context)에서의 성경해석

서구의 단일 경전적 상황(single scriptural context)에 비해 아시아는 다양한 종교적 배경에서 발생된 다경전적 상황이라 할 수 있다. 따라서 성경이해의 출발점과 해석방법이 서구와 아시아가 서로 다를 수밖에 없다. 한국에는 여러 종교들이 병존하고 있으며 한국의 종교문화는 여러 종교문화를 수용하고 이것을 하나로 가다듬어 가는 수렴 문화라 할 수 있다.[59]

예를 들어 원효(617-686년)는 한국에 실재해 있었던 다양한 종교의 경전을 연구하여 유교, 도교, 불교의 경전에 정통하였다. 실제 그의 저술 가운데는 유교의 경전과 노자의 도덕경을 인용하는 부분들이 나타난다. 원효는 이러한 연구태도를 통해 다양한 종파로 나누어진 불교계를 회통시키는 기초 작업을 이루어 내었다.[60] 원효 당시 불교계는 중국과 마찬가지로 여러 종파로 나누어져 있었는데 중국의 13개 종파

---

58) 최제우, **동경대전** <논학문>, 77.

59) 유동식, **風流道와 한국의 종교사상**, 77.

60) 불교는 14세기 조선왕조 시대에 하나의 종파인 조계종으로 통합되었다. 오법안, **元曉의 和諍思想硏究** (서울: 홍법원, 1989), 14.

와 버금가는 12개 종파가 산재해 있었다. 원효는 이러한 수입 종파 현상 속에서 다양한 경전을 수렴하는 한국의 종교적 전통을 바탕으로 불교를 회통시키는 작업을 진행한 것이다.

그러나 성경해석의 경우 아시아에서도 서구적 단일 경전적 해석이 최근까지 지배적이었다. 한국에서도 이러한 상황은 유사하다.

한편 흥미로운 것은 한국의 경전해석 전통을 자세히 살펴보면 다경전적 해석의 흔적을 발견할 수 있다는 점이다. 한국선교역사 가운데 독특한 점은 외국의 선교사들이 한국 땅에 들어오기 전에 이미 한국인은 성경을 읽고 있었고, 특히 개신교의 경우에는 선교사들이 한글로 번역된 성경을 손에 들고 들어왔다는 사실이다. 이러한 모습의 배후에는 한국인의 자발적인 성경 읽기와 성경해석이 있었다. 조선 후기 유교 학자들, 특히 실학자들은 당시 경전으로 신봉하고 있었던 유교 경전의 범주를 넘어서서 기독교의 경전을 읽고 유교의 경전과 기독교의 경전을 조화시켜 해석하는 모습을 보여 주었다.

광암 이벽의 **성교요지**는 바로 유교의 경전과 성경의 상호텍스트적 해석작업의 결과로 볼 수 있다. **성교요지**를 보면 제1부에는 성경의 내용을 소개하였고, 제2부에는 유교 경전의 내용을 제공하고 있고, 제3부에는 성경의 시편과 유교경전의 시경 및 이와 관련된 시들을 소개하고 있다. 이벽은 유교의 토양에서 성경을 재해석하였으며, 유교의 경전과 기독교의 경전을 넘나들면서 그 접목을 시도한 것이다.[61)]

기독교는 성경을 닫혀진 경전으로 보는 경향이 있다. 그리고 타종교의 경전과 대화하는 것을 금기시해 왔다. 그러나 한국의 최초 기독교 공동체가 한국에 있었던 타종교의 경전과 성경의 상호 대화 속에 탄생했다는 사실을 주목할 필요가 있다.[62)] 이러한 한국의 독특한 경

61) 참조: 이성배, **유교와 그리스도교: 이벽의 한국적 신학의 원리** (분도 출판사, 1985).

전해석 전통은 현대에도 활용 가능한 방법이다. 이제는 다양한 경전 간의 대화적인 해석을 통해서 현대 한국인을 위한 새로운 기독교 공동체를 탄생시킬 가능성을 진지하게 검토할 단계에 와 있다. 서구의 단일 경전적 상황이 아니라 다경전적 상황 속에 있는 한국인의 해석학적 능력을 신뢰할 시대가 온 것이다.

한 걸음 더 나아가서 한국의 종교적 전통에 중심축을 견지하면서 성경을 해석하는 시각이 필요하다. 이러한 시각은 해석자의 상황을 중시하는 독자반응비평(Reader Response Criticism)의 시각과도 맥락을 같이 한다.

5. 해석공동체의 특성을 중시하는 해석

글보다는 말이 의사소통의 수단으로 주로 활용되던 고대세계에서 글로 기록된 경전을 쉽게 해석하려는 것은 바로 해석공동체의 특성, 특별히 서민들의 상태를 고려한 노력이다. **역경**(易經)의 계사(繫辭)에도 쉽게 내용을 전달하는 것을 높이 평가하고 있다.

> 쉬우면 알기 쉽고 간략하면 따르기 쉬우며. 알기 쉬우면 친함이 있고, 따르기 쉬우면 공이 있으며, 친함이 있으면 오래 할 수 있고, 공이 있으면 크게 할 수 있으며 오래할 수 있으면 현인의 덕이요 크게 할 수 있으면 현인의 업이니, 쉽고 간략한 가운데에

62) 양권석, "한국적 성경 읽기의 한 방법으로서 상호 텍스트적 성경 해석(Intertextual Interpretation)의 가능성" **시대와 민중신학** 제5호 (1998) 221-261.

천하의 모든 이치가 마땅한 바를 얻는다. 천하의 이치가 마땅한 바를 얻으면 천지와 더불어 그 안에서 지위를 이룰 수 있는 것이다.[63]

원효는 다양한 불교종파를 회통하는 작업을 위해 많은 저술을 내놓았다. 이러한 저술은 불교 지도자들이나 지식층에 의해 읽혀지고 수용되어 불교 일치 운동에 크게 기여하였다. 그러나 한문을 해독하기 어려운 일반 서민들에게는 직접적으로 영향을 미치지 못하였다.[64] 이러한 약점을 보완하기 위해 원효는 아미타불의 이름을 암송하도록 하여 서민들이 쉽게 불교의 진리에 접할 수 있도록 유도하였다. 해석공동체의 다양성을 의식한 원효의 경전해석 작업의 일부분이라 할 수 있다. 그러나 서민들을 위한 원효의 노력은 너무 미미하였다. 오히려 불교의 진리를 너무 단순화시켜서 서민들의 불교가 지적으로 성장발전하지 못한 장애요인이 된 면이 있다.[65]

정약용의 경우에도 그의 학설은 일부 선비들에게 전달되었을 뿐 대중적인 영향력을 발휘하지 못하였다. 전달 매체가 한지이었기 때문에 제한이 있었다. 그러나 정약용은 우리나라 전고를 자주 인용하였다. 조선의 전고를 멸시하고 중국의 전고만을 인용하는 것을 잘못된 풍조라 개탄하였다.[66] 해석자가 소속되어 있는 특수한 해석공동체의 이야기를 중요시하는 면을 보여 준 것이다.

---

63) 成百曉 譯註, **懸吐完譯 周易傳義下** <繫辭上傳> (사단법인 전통문화연구회, 1998), 525.

64) 오법안, **원효의 화쟁사상연구**, (서울: 홍법원, 1989), p. 131.

65) 오법안, **원효의 화쟁사상연구**, 131-132.

66) 정약용, **詩文集** 卷8, 1b. “희! 무원홀근, 고금지통환, 유아동위심(噫! 務遠忽近, 古今之通患, 唯我東爲甚)”.

한편 동학에서는 아주 파격적인 모습을 보여 주었다. 종교계에서 경전이란 가장 기본 되는 것이며 종교의 핵심이 담긴 것으로 신성시 되기도 한다. 그런데 동학에서는 파격적으로 비슷한 내용을 두 가지 종류의 경전을 제시하고 있다. 경전을 신성시하는 분위기에서는 파격적인 조치임이 분명하다. 보통 번역하는 과정에서 독자 혹은 해석공동체의 특성을 고려해서 특별히 쉽게 의역하는 경우가 있기는 하지만 동학처럼 처음부터 해석공동체의 특성을 고려하여 여러 종류의 경전을 제공하는 것은 특이한 일이다.

동학의 경전은 두 종류로 구성되어 있다. **동경대전**은 한자로 기술되어 있으며 지식층을 대상으로 작성된 것이다. 한편 **용담유사**는 언문 즉 한글로 기록되어 있으며 서민을 대상으로 하는 경전이다. **동경대전**은 논리적이고 이성에 호소하는 반면 **용담유사**는 반복적이며 감성에 호소하는 차이도 찾아볼 수 있다.[67] 예를 들어 신(神)체험에 관한 내용이 **동경대전**과 **용담유사**에 공통적으로 나타나고 있지만 차이가 있다. **동경대전**의 "포덕문"과 "논학문" 편에서 신체험에 대해 기술되어 있는데 핵심적인 내용이 간명하게 표현되어 있다. 그리고 신의 존재에 대해서도 순수사변적 방법인 귀납법을 사용해서 신의 존재를 논리적으로 증명하고 있다.[68] 그러나 **용담유사**에는 신의 존재를 증명하려고 시도하지 않는다. **용담유사**에는 "용담가," "안심가," "교훈가" 등에 신체험이 상세히 기술되어 있으며 아주 구체적이면서 감정적인 표현이 많이 동원되어 있다.

67) 김연선, "**동경대전**과 **용담유사**의 비교연구" 東岳語文論集 26집(1991) 45.
68) 최제우, **동경대전** <不然其然>, 127-128.

사월이라 초오일에 꿈일런가 잠일런가
천지가 아득해서 정신 수습 못할러라.
공중에서 외치는 소리 천지가 진동할 때
집안 사람 거동 보소 경황실색 하는 말이
애고애고 내 팔자야 무슨 일로 이러한고
......
경황실색 우는 자식 방구석에 서있고
부인거동 볼작시면 자방머리 행주치마
엎어지며 자빠지며 종종걸음 한참 할 때
공중에서 외치는 소리 두려워말고 무서워 마라
...[69]

특히 **용담유사**는 당시 보편화되어 있었던 우리말 가사체로서 생생한 감동을 전달할 수 있으며 쉽게 기억하고 외울 수 있는 장점이 있다. 특히 한글조차 모른다 해도 쉽게 이해할 수 있도록 표현되어 있다.

이 경전들의 특이한 점은 내용이 동일한 것이 아니라는 점이다. 즉 번역이 아니다. 핵심적인 내용이 비슷한 공통적인 부분들이 있기는 하지만 해석공동체의 특성을 고려하고 호소력 있게 전달하려는 목적에서 내용을 다르게 기술하고 있다는 점이다.

가사체를 사용한 것은 동학만이 아니었다. 원래 가사 장르의 효시는 나옹화상(1320-1376년)의 "서왕가(西往歌)"였으며 이는 불교 가사였다. 즉 종교가사가 가사문학 발생기에 주류를 이루었다고 볼 수 있다.[70] 조선시대에 척불숭유 정책으로 인해 불교는 귀족종교에서 서민

69) 최제우, **용담유사** <안심가>, 78-79.
70) 이상보, **한국 가사문학의 연구** (서울: 형설출판사, 1979) 22.

종교로 변화되었으며 이러한 대중화 과정에서 가사가 창작된 것이다.

조선후기에 들어 온 천주교도 서민들을 위해 가사 장르를 활용하였다. 당시에는 가사문학이 규방가사 등 아녀자도 쉽게 지을 수 있는 문학으로 널리 퍼져 있었다. 천주교가사의 효시로는 정약전, 권상학, 이총억 등이 1779년에 지은 “십계명가”가 있으며 이벽의 “천주공경가”도 있다. 천주교가사를 분석해 보면 불교와 유교 및 무속적 용어를 활용하고 있으며 때로는 한국에 있었던 여러 종교와 비교하면서 천주교 교리를 전하기도 하였다.[71]

1990년까지 조사된 바로는 불교가사 71편, 천주교 가사 151편, 동학가사 140편이 알려져 있다.[72] 종교가 가사장르를 선호하고 크게 활용한 이유는 가사가 서정성과 서사성 그리고 교술성이 어우러지는 복합성을 보여주기 때문이다. 무엇보다 가사는 4.4조의 한글체이기 때문에 대중적이며 암기하기 쉽고 서민들의 친숙한 표현을 사용하여 흥미를 불러일으키는 장점이 있다. 또한 가사문학 자체가 지닌 특유의 감동력과 호소력이 있어 사람을 그 안으로 빨아들이는 흡인력이 있어서 각 종교에서 가사 장르를 선호하였다.

불교와 천주교와 동학이 한문을 알지 못하고 한글만 아는 공동체와 글을 알지 못하는 공동체인 서민들을 위해 가사라는 장르를 활용하여 경전의 내용을 재해석해서 전하는 방식은 바로 특수한 해석공동체를 염두에 둔 창의적인 활동이었다. 이러한 모습을 확대해 본다면 특수하며 다양한 해석공동체를 고려해서 성경해석을 과감하게 창의적으로 해석하는 노력의 당위성을 발견할 수 있다. 동시에 현대 한국의 상황에도 이러한 노력이 절실히 필요함을 발견할 수 있다.

---

71) 신규호, **한국 기독교 시가 연구** (서울: 이회문화사, 1999) 117, 206, 208.
72) 유세희, “조선조 종교가사 연구,” 석사학위논문 (숭실대학교, 1990), 7.

6. 맺는말

서양과 동양은 종교적 상황이나 문화에 큰 차이를 보여주고 있다. 그러나 성경해석 분야에서는 서구적 관점으로 일관하고 있었으며 최근 이러한 경향을 탈피하려는 움직임이 동양에서 일고 있다. 한국도 동양 문화권 속에 있으며 한국의 독자적인 성경해석 기법을 개발할 필요성이 대두되고 있다. 이러한 필요성에 부응하여 연구한 본 논문의 목적은 한국의 다양한 종교적 경전해석 방법론 가운데 성경해석을 위한 적합한 방법론을 발굴하고 발전시켜 한국인을 위한 한국적 성경해석 방법을 개발하는 기초를 마련하는데 있다.

한국의 경전해석 전통 가운데 두드러지는 모습은 경전의 심대한 영향력을 염두에 두면서 경전을 중요시하는 태도이다. 새로운 원리를 창출하려 할 때 먼저 경전을 재해석하는 정약용의 해석을 통해 경전을 중요시하는 전통을 발견할 수 있다.

동시에 경전해석이 공리공론에 머무르지 않고 해석의 결과가 삶에 적용될 수 있도록 방향을 잡아 나가는 해석방법을 발견할 수 있다. 특히 공동체의 위기를 극복하기 위해 경전을 해석하는 태도 가운데 해석이 이론적인 희론이 아니라 생명력 있는 창조적인 작업임을 보여준다. 불교를 회통시킨 원효의 해석 작업에서, 조선 후기 백성을 구제하고자 했던 실학파와 정약용과 심대윤의 해석 작업에서, 그리고 동학의 움직임에서 그 전통을 찾을 수 있다.

한국에 현존하고 있는 유교, 불교, 도교, 심지어 기독교까지 이 모든 종교는 외래종교이다. 한국의 경전해석 전통을 살펴보면 한국의 고유한 종교적 전통을 의식하면서 외래 종교경전을 소화해온 역사를 발견할 수 있다. 한국의 중요한 종교개념인 하늘(天)의 개념을 다시 살린 정약용의 유교경전 해석에서 그리고 동학의 상제 혹은 한울님 용어에서 한국의 주체적인 외래경전 해석의 전통을 발견할 수 있다.

통일신라의 종교적 문화적 원동력을 제공해 준 풍류도의 정신에서 한국의 종교적 전통 속에 다양한 외래 종교의 경전들을 아우르고 수렴하는 능력을 발견할 수 있으며, 종교적 자주성을 강조하는 입장에서 동학(東學)이라는 명칭을 사용하는 태도 속에서 이러한 경향을 발견할 수 있다.

서구의 단일 경전적 상황(single scriptural context)에 비해 한국은 다양한 종교적 배경에서 발생된 다경전적 상황(multi-scriptural context)이라 할 수 있다. 광암 이벽의 **성교요지**를 살펴보면 한국의 최초 기독교 공동체가 한국에 있었던 타종교의 경전과 성경의 상호 대화 속에 탄생했다는 사실을 발견할 수 있다. 한국인의 독특한 기독교 공동체를 형성하기 위해서는 한국의 종교적 전통에 중심축을 견지하면서 다양한 경전과의 대화를 시도하는 입장에서 성경을 해석하는 시각이 필요하다.

마지막으로 한국에는 해석공동체의 특성을 중시하는 경전해석의 전통이 있다. 특히 한자에 익숙지 못한 많은 대중들을 위해 경전을 쉽게 전하려는 시도가 있었다. 원효와 정약용이 이러한 노력을 기울이기는 하였지만 그 결과는 미미하였다. 그러나 동학의 경우에는 아주 독특하다. 식자층을 위해서는 한자로 된 **동경대전**을 제공하였고, 한자를 모르는 많은 사람들을 위해서는 그들에게 친숙한 한글 가사체로 기록된 **용담유사**를 제공하였다. 두 경전에는 서로 비슷한 내용도 담겨 있지만 해석공동체의 특성을 고려하여 내용조차 다르게 제시한 부분도 있다. 이러한 해석의 전통은 특유하며 다양한 해석공동체를 위해 과감하고 창의적으로 성경을 해석하려는 오늘날의 해석자들을 격려하고 있다.

제2부

저자 중심 해석 (역사비평학)

제1장 자료비평

제2장 양식비평

제3장 전승사 비평

제4장 편집사 비평

모든 성경은 하나님의 감동으로 된 것으로... (딤후 3:16)"라는 구절은 기독교인의 가장 기본적인 신앙고백이다. 그러나 이러한 신앙을 바탕으로 신구약 성경을 읽어 내려가노라면 읽는 중에 수많은 의문점들을 발견하게 된다. 예를 들면 성경 안에서 여러 책들이 서로 다른 주장을 하고 있는 점을 발견할 수 있다.

예언자 아모스는 "성전에 가서 죄를 더하라 (암 4:4)"고 성전을 비판하였는데, 예언자 학개는 성전을 빨리 짓지 않는다고 책망하고 있다 (학1:4). 성경이 알려주는 바에 의하면 아모스의 시대와 학개의 시대는 다르며 성전의 상황도 다름을 보여주고 있다. 또한 열왕기와 역대기는 동일한 시대에 대해 이야기를 하면서도 내용이 다르며, 같은 내용이면서도 연대 및 인명, 지명이 다른 경우를 보게 된다. 이는 열왕기 저자의 상황과 역대기 저자의 상황이 다르며 신학도 다르기 때문으로 풀이해 볼 수 있다. 성경은 하나님의 감동으로 된 것이지만 수 세기에 걸쳐 서로 다른 역사적 상황 속에서 서로 다른 사람들의 손으로 기록되어왔다. 서로 다른 66권의 책들로 이루어진 성경이 한글로 번역되어 오늘 우리 손에도 들려지게 된 것이다.

그러므로 각각의 책들이 혹은 한 책 안에서도 구분되어지는 부분들이 어떤 시대적 배경과 상황 하에서 무슨 목적으로 누구에게 말하려고, 그리고 누구에 의해 기록 되어졌는가 하는 질문은 성경을 대하는 독자에게는 가장 기본적인 물음인 것이다. 역사비평학은 이러한 의문을 풀어줄려고 시도한 해석 방법으로써 유용하게 사용되고 있지만 동시에 그 한계성이 드러나며 때로는 맹목적으로 달리기만 하는 자동차와 같은 위험한 모습도 엿보인다.

1. 역사비평학의 태동

19세기에 절정을 이룬 역사비평학은 그 태동이 17-18세기에 있었다기보다 오히려 교부시대, 더 추적해보면 신·구약 성경 안에서도 그 흔적을 찾아볼 수 있다.

시편에는 표제가 있는 시들이 있다. 예를 들면 시편 60편 표제를 보면, 사무엘하 8:3-8과 10:15-20의 상황임을 지적하여 다음과 같이 기록되어 있다,

> 다윗이 교훈하기 위하여 지은 믹담, 영장으로 수산에듯에 맞춘 노래, 다윗이 아람나하라임과 아람소바와 싸우는 중에 요압이 돌아와 에돔을 염곡에서 쳐서 일만 이천인을 죽인 때에

이 표제에는 저자가 누구이며 어떤 상황에서 무슨 목적으로 이 시를 썼는지에 대해서 관심하고 밝힌 내용은 바로 역사비평학에서 관심하며 알아내고자 하는 것들이다.73) 그리고 히브리어 성서에는 표제와 시의 본문을 별도로 구분하고 있지 않지만 우리가 읽는 번역판인 한글 성서에는 표제를 괄호에 넣어 표기하여 이 표제가 후대에 첨가된

73) B. S. Childs, “Psalms Titles and Midrashic Exegesis," *JSS* 16(1971) 137-150.

것임을 암시해 주고 있다. 이 또한 역사비평학의 산물로 볼 수 있는 것이다.

구약성경은 기독교인의 경전일 뿐만 아니라 유대교의 경전이기도 하다. 유대교의 랍비들은 일찍부터 오경과 욥기는 모세가 기록하였고 이사야, 잠언, 전도서, 아가 등은 히스기야왕과 그의 사람들에 의해 저술(편집)되었다고 주장하여[74] 저자 및 편집자에 대한 관심을 나타내었다.

역사비평학은 유대교 랍비 뿐만 아니라 기독교의 초대교회 내에서도 연구된 흔적들이 있다. 초대교회의 기독교인들은 성경의 "문자적 의미"와 "영적 의미"를 분리하면서도 영적의미를 강조할 뿐만 아니라 문자적 의미도 경시해서는 안 된다고 지적하였다. 안디옥 학파의 사람인 몹수에스티아의 데오도르(Theodore of Mopsuestia, 약 350-428년)는 깊은 영적의미는 반드시 성경 본문의 문자적 의미에 기초해야 된다고 역설 하였다. 이 문자적 의미는 다분히 성경을 비평적으로 보는 견해를 포함한 것이었다.

그러나 초대교회와 교부들의 성경해석은 기독론적으로 신구약 성경을 해석 하려고 하였고 문자적, 역사적 의미보다는 우이저(寓意的, allegorical) 해석방법을 사용하여 영적의미를 찾기에 몰두하였다. 유대교의 랍비들 역시 우의적 해석 방법을 광범위하게 사용하였으며 역사비평적 성경해석 방법은 태동의 기미는 있지만 미미 할 수밖에 없었다. 어거스틴(Augustine, 354-430)은 다음과 같이 역사비평학에 대해 경고 하였다;

74) *Baba Bathra* 14b-15a.

> 만일 성경 내에서 발견된 명백한 모순 때문에 당황하게 된다면, '이 책의 저자가 실수 하였군' 하며 간단히 말해 버려서는 안 되고, 그 대신 사본에 문제가 있거나 번역이 잘못되었거나 혹은 이해력이 부족하다는데 주목하여 살펴보아야 할 것이다.... 성경은 신성한 것이다. 다른 책들을 읽을 때 독자는 자신의 견해 때문에 또는 이해력이 부족해서 저자의 생각과 다른 경우가 있을 수 있겠지만... 예언자이든, 사도 혹은 전도자이든 그들에 의해 말해진 것이 살려있는 이 경전을 우리는 진리로 받아들여야만 한다[75].

중세기에는 기독교인들보다 유대교의 랍비들이 오히려 히브리어 연구에 몰두 하였고 구약성경을 비평적인 안목으로 보았다. 주석서들을 저술한 랍비 아브라함 이븐 에즈라(Abrkham Ibn Ezra)는 오경의 모세 저작설을 의심하였으며 모세 벤 사무엘 기탈리아(Moses ben Samuel Gitalia)는 이사야 39장과 40장 사이에는 분명한 구분이 있음을 지적하였다.

르네상스 인문주의자들은 고전 연구에 몰두 하였고 문법적, 과학적 방법을 개발 시켰으며 문서비평의 기틀을 마련하였다. 비록, 종교개혁가들인 루터와 칼빈등은 직접 역사비평학을 발전시키지는 않았지만 역사 비평학이 발전할 수 있는 여건을 조성시켜 주었다. "오직 성경"이라는 구호를 외치며 교회의 전통보다는 개별적으로 성경으로 돌아가서, 히브리어와 헬라어 성경 본문 연구에서 출발하는 성경해석을 시도하였다. 이러한 성경해석은 고전을 연구하는 르네상스의 영향력과 동반하여, 비평적 연구의 촉진제 역활을 하였고 성경의 문자적 의

---

75) *Contra Faustum Manichaeum* Ⅱ5.

미에 관심을 갖도록 하였다. 칼빈의 주석서에는 히브리어가 많이 사용되었으며 성경의 저자와 역사적 상황에 대한 그의 관심도 높았음을 엿볼수 있다.

2. 역사비평학의 발전

역사비평학의 발전은 역시 17세기부터라 보아야 할 것이다. 역사비평학자들의 전제는 다음과 같다;

① 성경은 다른 일반적인 책들과 같이 비평적인 방법으로 연구되어질 수 있다.
② 성경은 저술되고 전달되는 긴 역사가 있는 책이다.
③ 오경의 내용에 있어서 특정한 스타일과 반복 등이 나타나는 것을 볼 때, 한 저자의 작품이 아니었을 가능성이 높다.
④ 성경의 여러 책들은 여러 사람에 의해서, 개별적으로 특수한 상황에서 특별한 목적을 위해서 기록되어 졌다.[76]

역사비평학을 발전시킨 학자들 가운데는 홉스 (Thomas Hobbs 1588-1679), 스피노자(Benedict de Spinoza 1632-1677), 그로티우스(Hugo Grotius 1632-1677), 카톨릭 신부인 시몽(Richard Simon 1638-1712) 등이 있다. 스피노자의 원래의 이름은 바룩으로 유대인이었으나 성경에 대한 비

76) John H. Hayes, *An Introduction to Old Testament Study* (Nashville: Abingdon Press, 1986) 106.

평적 견해 때문에 유대인 공동체에서 축출 당하였다(1656). 즉 17세기의 역사 비평학의 발전은 비교적 소수에 의해서 조심스럽게 행해졌으며 카톨릭이든 개신교든 유대교에서 까지도 역사 비평학의 발전을 그리 달가와하지 않은 상황이었다. 역사비평학의 본격적인 발전은 18세기부터라 보아야 할 것이고 19세기에 이르러 꽃이 피었다고 볼 수 있다. 역사비평학은 18세기 영국과 미국의 이신론자(理神論者, deist)들의 영향을 받게 되었는데, 이신론자들은 톨란드(Toland), 클락(Clark), 틴달 (Tindal), 제퍼슨(Jefferson) 등이다. 이신론자들은 성경에 나오는 기적이라든가 하는 초자연적 사건들을 부정하며 "종교를 이성의 영내에" 두기를 원하였다. 이러한 영향을 받은 독일학자 라이마루스(Hermann Samuel Reimarus(1694-1768)는 출애굽 규모가 60만 히브리 장정(출 12:37-38)이었다는 것은 역사적으로 불가능하다면서 다음과 같이 지적하였다;

> 60만 장정과 아내와 아이들까지 합하면 약 300만명 그리고 가축 및 동물들의 숫자까지 합하면 적어도 5000의 수레가 필요하고, 30만 개의 텐트가 있어야 한다. 10명씩 한줄로 걸어도 3000Km의 긴 행렬이 될 것이다.

이러한 역사비평학의 초석을 둔 책을 든다면 아이히호른(Johann Gottfried Eichhorn 1752-1827)의 3권으로 된 **구약개론**(1780-1783)을 들 수 있다.

역사비평학의 발전은 19세기에 이르러 본격적으로 발전하기 시작하였는데 자료비평(Source Criticism)에 대한 연구가 활발하였다. 벨하우젠(J. Wellhausen, 1844-1918년)은 오경의 자료를 J, E, D, P로 제시하였다. 그리고 이어서 나타난 다양한 역사비평학적 해석 방법론과 학자들을 살펴보면 다음과 같다; 양식비평(Form Criticism)의 궁켈(H. Gunkel), 전승사비평(Traditio-Historical Criticism)의 폰 라트(G. von Rad)와 노트(M. Noth), 그리고 편집비평(Redaction Criticism)의 마르크센(Willi Marxsen) 등이다.

3. 역사비평학적 해석 방법론

역사비평학의 관심은 각각의 책들이 혹은 한 책 안에서도 구분되어지는 부분들이 어떤 시대적 배경과 상황에서 무슨 목적으로 누구에게 말하려고 기록되었으며, 누구에 의해 기록되었는지에 쏠려있다. 역사비평학은 마치 성경 본문을 창문으로 여기며 창문을 통하여 보이는 것들을 탐색하는 해석 방법으로 설명할 수도 있다.

역사비평학적 해석 방법론을 열거해 본다면, 성경 본문이 여러 문서들을 수집하여 편집했다는 편집과정을 연구하는 편집비평, 편집되기 이전에 있었던 다양한 문서자료들을 파악하는 자료비평, 문서 이전의 구전 단계를 추적하여 그 삶의 자리를 파악하려는 양식비평, 모든 전승들의 전승 과정을 구전부터 시작하여 문서 시대까지 살펴보는 전승사 비평들이 바로 역사비평학의 방법들이다.

4. 역사비평학 전망

역사비평학적 해석을 위해서는 다양한 정보가 필요하다. 수천년 전

팔레스타인 땅과 주변의 중동세계에 관한 정보로써 당시의 역사와 문화, 풍습과 언어, 그리고 다양한 환경 등에 관한 것이다. 이러한 정보는 19세기보다 현재 더욱 풍성해졌으며 새로운 발굴과 연구를 통해 앞으로도 더욱 증가될 것이다. 이러한 정보를 바탕으로 역사비평학적 해석은 좀 더 정교하면서도 정확한 해석을 할 수 있게 될 것이다.

한편 역사비평학(historical criticism)은 고등비평(higher criticism)이라는 이름으로도 널리 알려진 해석방법이다. 역사비평학은 유용한 해석방법으로 활용되기도 하였지만 역사비평학의 전제 때문에 보수주의 학자들과 일반 성도들에 의해 많은 비판을 받아왔다. 그러나 역사비평학은 그것에 대한 전문적인 지식이 있건 없건 또는 그것을 옹호하던 비판하든 이미 그 영향력은 광범위하게 미치고 있다. 목회자가 설교준비를 위해 주석서를 읽을 때 교사나 평신도가 성서를 이해하기 위해 도움되는 책들을 읽을 때 접하게 되는 많은 책들이 역사비평학이라는 도구를 사용해서 연구되어지고 다듬어진 책들임을 발견하게 된다. 소위 자유주의 신학자들 뿐 만 아니라 보수주의 신학자들로 자처하는 학자들 까지도 이 도구를 무시할 수 없는 것이 현실의 상황이다. 그러나 이렇게 심대한 영향을 미치는 역사비평학이 결코 결함이 없다거나 완성된 성경 해석 방법론은 아니다.

역사비평학은 기본적으로 성경을 다른 문학 작품과 다르다는 것을 인정하지 아니하고 다른 문학 작품을 분석하듯이 같은 방법으로 객관적이고 과학적인 안목으로 성경을 해석하고자 한다. 그러나 성경은 문학성 외에 종교성이 있는 책이다. 그리고 역사비평학이 종교성을 충분히 표현하는데는 완전하지 못한 도구임을 자인할 수 밖에 없다. 그래서 역사비평학을 넘어선 성경 해석 방법들이 모색되어져왔다.

역사 비평학의 태동과 그 발전을 지켜보면 처음부터 새로운 학문

영역을 창설한다는 의도 보다는 성경에서 발견되는 모순, 충돌 등 어려운 문제를 해결하기 위한 하나의 방법으로 출발하였고 오늘날까지도 역사비평학은 변화와 발전을 계속하고 있다. 이처럼 긍정적으로 평가할 수도 있지만 그 한계점이 노출되는 것도 사실이다. 성경을 분석하고 분해는 하였지만 종합하지 못하고 과거지향적이며 성경의 신학적인 면을 충분히 표현하지 못한 점이 드러난 것이다. 역사비평학은 문제해결을 위한 하나의 도구이다. 도구로서의 장점을 살리고 단점을 극복 보완하여 성경을 이해하는데 도움이 되도록 사용할 필요가 있다. 즉 성경해석을 위한 한 방법론으로써 언제나 그 자체의 변화, 개선, 발전이 있어야 하는 것이다.

제1장

자료비평(Source Criticism)

성경을 펼쳐서 맨 먼저 읽는 책인 창세기에 들어가 보면 천지창조에 관한 두 가지 서로 다른 이야기를 만나게 된다. 즉 1:1-2:4a 이야기와 2:4b-4:26 이야기가 나란히 배치되어 있다. 두 가지 이야기의 끝맺음과 시작이 나타나는 2장 4절을 한글성경에서는 부드럽게 연결시켜 마치 하나의 이야기인양 보여지지만 히브리어 성경에서는 구분이 되어 있다. 2장 4절의 히브리어 성경과 한글 번역을 비교해 보면 다음과 같다;

<히브리어 성경>

이것이 하늘과 땅이 창조될 때의 계보(족보)입니다.

여호와 하나님이 땅과 하늘을 만드시던 날에,

<한글번역: 개역개정>

이것이 천지가 창조될 때에 하늘과 땅의 내력이니
여호와 하나님이 땅과 하늘을 만드시던 날에

히브리어 성경을 보면 2장 4절 상반절은 1:1-2:3의 내용이 족보 형식으로 표현된 천지창조 기사임을 알 수 있고 그 전체 이야기의 끝맺음이 4절 상반절임을 알 수 있다. 또한 내용을 살펴보면 첫 번째 창조이야기는 말씀 한마디로 하늘과 땅을 창조하시는 엄위하신 하나님의 모습이 나타나지만, 두 번째 이야기에는 마치 도자기를 빚는 도공처럼 흙으로 사람을 지으시고 에덴동산을 거니시는 친근한 하나님의 모습이 나타난다. 또한 물에 관해서도 대비된다. 첫 번째 이야기에는 물이 혼돈의 세력으로 등장하지만(창 1:2), 두 번째 이야기에는 물이 긍정적인 이미지로 나타나며 물이 없어 농사를 짓기 힘들다는 내용이 나타난다(창 2:5).

이러한 차이점들을 주목하면서 학자들은 창조 이야기가 전해 내려오는 서로 다른 두 가지의 자료가 수집되어 편찬된 것이라 생각하게 되었다. 첫 번째 이야기 형식을 보면 제사장들이 주로 사용하는 자료의 형식이기에 '제사장자료(Priestly Source)'라 부고, 두 번째 이야기는 하나님의 이름이 야웨로 나타나기 때문에 '야웨자료(Yahwistic Source)'라 불렀다.

1. 자료비평 방법론의 태동과 발전

자료비평은 현재의 본문이 어떠한 자료들을 활용하여 완성되었는지 자료들을 추적하여 각 자료들의 저자, 역사적 배경, 구성의 성격 등을 파악하려는 방법론이다.

자료비평(source criticism)은 문서비평(documentary criticism), 또는 문서가설(documentary hypothesis)이라고도 알려졌는데 주로 오경을 주목하면서 연구가 진행되었다. 이러한 연구 성과로 인해 오경연구는 한층 더 활기를 띠게 되었다. 오늘날에도 모세오경은 모세가 기록했다고 믿는 사람들이 적지 않다. 그러나 자료비평을 오경에 적용했을 때 모세가 활용한 자료를 찾을 수 없었으며 결국 모세저작설 자체를 의심할 수밖에 없었다. 18세기 이전에도 오경의 모세저작설에 대한 도전들이 있었지만, 그 외의 다른 대안에 대해 제시하지 못한 결과로 크게 주목받지는 못했다.

자료비평 방법론을 주창한 학자는 비터(H.B. Witter 1683-1715)와 의사인 아스트룩(J. Astruc 1684-1766)이었으며 신명(神名)의 차이를 주시하였다. 그리고 그라프(K. H. Graf 1815-1869)와 퀴넨(A. Kuenen 1828-1891)에 의해 이 해석방법론이 급속히 발전 되었다. 자료 비평의 결과를 집대성한 학자는 벨하우젠(J. Wellhausen, 1844-1918년)이며 소위 J(야웨 자료), E(엘로힘 자료), D(신명기 자료), P(제사장 자료)의 순서로 구분되는 오경의 자료들을 발견하여 그 내용을 **이스라엘 역사 제1권**에 발표하였다.[77]

---

77) *Geschichte Israels*, in zwei Bänden, Erster Band. 이 책은 5년후 "이스라엘 역사 서설"(*Prolegomena zur Geschichte Israels*) 로 수정되어 출판되었다. J. Wellhausen, *Prolegomena to the History of Israel* (Edinburgh: A. & C. Black, 1885).

벨하우젠은 이스라엘 종교가 단순한 형태에서 복잡하고 체계적인 형태로 발전하였다고 여겼다. 벨하우젠은 이러한 역사의 진화론적 견해를 바탕으로 하여 이스라엘 종교를 이야기 할 때 출애굽부터 시작하였다고 보았으며 족장시대를 초기 형태로 인정하지 않았다. 그는 예언자들을 높이 평가하였으며 오경은 포로후기의 산물이라 주장하였다. 참고로 그가 피력한 이스라엘 종교의 발달과 J. E. D. P. 각 문서의 위치를 도표로 정리하면 다음과 같다.

	성소	희생제사	축제	성직자	성직자 수입
J·E	여러 곳의 제단과 성소	간헐적으로 자유롭게 드림	즐거운 농경 축제	평민과 제사장 구별 없음	제물에서 나오나 규정되지 않음
D	한 장소에서 제사 드리도록 함	JE와 비슷 (에스겔은 규정화 하려 함)	JE와 비슷 (유월절과 무교절이 합쳐져 있는 상태)	제사장은 레위인	일부분의 규정화
P	한 장소에서 제사 드리는 것이 기정사실임	규정화된 상태: 누가, 언제, 어떻게 제사드리는 규정	추수기를 중시하기보다 달력에 의해 축제일 결정됨 (대속죄일 첨가)	아론 계열이 제사장이며 레위인은 하위직 종사	확실히 규정됨 (십일조 및 다른 수입 명칭들)

벨하우젠이 주장한 네 개의 자료란 J, E, D, P 자료인데, 각각 간략하게 설명하면 다음과 같다.

① J (야웨 자료) - 가장 오래된 것으로 다윗과 솔로몬의 통치 하에서 지적인 분위기가 고조되고 국가의식이 함양되던 시대와 관련되어 있

다(주전 950년 경). 특징으로는 야웨라는 하나님의 이름을 사용하며(창 2:4b) 남 유다에서 생성되었다. 이 자료는 창세기 2장 4b절 이하의 창조 이야기에서 발견되며 창세기와 출애굽의 기본 줄거리를 말해 준다.

② E (엘로힘 자료) - 다소 단편적인 자료로 북이스라엘의 세력이 강했던 시대에 생성된 것이다(주전 850년 경). 이 자료는 원역사(창 1-11장)에는 없고 창세기 15장의 아브라함 이야기에서 시작된다.

③ D (신명기 자료) - 일반적으로 신명기 12-26장으로 본다. 이 자료는 설교체로 된 율법법전이며 계속하여 율법에 순종하라는 권고가 있는 것이 특징이다. 그 기원은 북이스라엘에 있으며 요시야 개혁(주전 621년) 당시 그것이 성전에서 발견되기 전에 만들어진 것으로 추정된다.

④ P (제사장 자료) - 가장 후기의 자료로 포로 후기의 초기로 추정한다. 왜냐하면 이 자료에는 포로기 이전 이스라엘의 실제 관습은 반영되어있지 않기 때문이다. 명칭에서 알 수 있듯이 제의에 관한 율법, 성소나 제의의 기원, 족보와 같은 제사 문제에 관심을 보인다. 이 자료의 문체는 형식적이며 엄격하고 반복적이다. 이것은 포로기 때 예루살렘에서 활동하던 제사장 그룹에서 나온 것으로 본다(기원전 550년 경).

벨하우젠의 견해에 의하면 이들 네 문서가 결합하여 오늘 우리가 가지고 있는 오경의 모습이 된 것이다. 처음 야웨 자료(J)에 엘로힘 자료(E)가 보충되었는데, 이것은 대부분 북왕국이 멸망한 후에 된 것으로 본다. 그 후 주전 621년이 지난 어느 시점에서 신명기 법전(D)이 추가 되었고 포로기 이후에는 제사장 자료가 다른 자료들과 결합하였다. 따라서 오경의 최종 편집형태는 P 문서를 관할하던 제사장 계열의 사람들에 의해 주도되었다는 것을 알 수 있다. 이것은 이스라엘의 종교사를 엿볼 수 있는 부분이기도 하다. 이스라엘 종교가 본능적이고 자연스럽게 종교를 신봉하는 단계에서 점진적으로 발전해 예언자들의 개혁으로 이어졌다는 것이다. 또한 제사장들의 의례적이고 제의적인 율법으로의 변화도 빼 놓을 수 없다.

3. 자료비평 해석 방법

자료비평은 본문이라는 창을 통해 본문에 활용된 다양한 자료를 주목하면서 비평을 시작한다. 자료비평의 과정을 살펴보면 다음과 같다;

1) 본문을 범위를 정한다. 어떤 비평방법을 사용하든지 간에 꼭 필요하면서도 중요한 문제이다.

2) 정해진 본문에서 문학적 유형의 일치 여부, 용어의 급격한 변화 여부, 신학 사상의 변화 등을 관찰한다. 이것은 현재 본문의 내용에서 혼합되어 있는 부분을 밝히기 위한 중요한 기준이 된다.

3) 본문을 분석한 결과 통일성이 있다고 판단되면 이 자료의 저자, 기록연대, 기록 장소, 청중, 문체, 의도 등을 분석한다.

4) 만일 본문을 분석한 결과 문학적 유형이 일치하지 않거나, 용어의 급격한 변화가 있거나, 신학 사상의 변화가 발견된다면 본문은 여러 자료가 혼합된 복합적인 작품이라 할 수 있다. 따라서 각 자료마다 저자, 기록연대, 기록 장소, 청중, 문체, 의도 등을 분석하고 각 자료 사이의 관계에 대해서 알아보아야 한다.

4. 자료비평의 실제

자료비평을 사용할 수 있는 대표적인 본문은 창세기 1-11장이다. 이것은 오경에 속해 있으면서 오경 자료의 실재와 성격에 관해 일정한 합의가 이루어져 있는 부분이기도 하다.

이 비평방법이 본문의 구성을 위해서 쓰인 자료들을 찾기 위해서 사용되는 기준들은 문체, 용어, 시각, 불일치 혹은 중복 등이다.

1) 문체

창세기 1:1-2:4a에 나타나는 문체의 특징은 반복이다. 하나님의 창조 행위가 계속해서 반복적인 틀 속에서 이루어지고 있는 것이다.

"그리고 하나님께서 말씀하셨다. … 하라 … 하시자 그대로 되었다 … 하나님 보시기에 좋았다 … 저녁이 되고 아침이 되니 -째 날이 지났다."

이러한 반복은 이야기 전체를 엄숙하고 찬양하는 분위기로 만든다. 이 반복적인 문체가 창세기 2장 4b절에서 갑자기 바뀌게 되는데, 이 창조이야기에서는 신이 직접 인간을 만들고 숨을 불어넣고 동산을 만드는 일을 하고 있다. 이것은 앞의 1장에서 창조가 연속되는 명령의 결과였다면 2장에서는 적극적인 행동으로 창조하시는 하나님을 묘사한다. 창세기 2장 4b절-4장 26절은 줄거리가 있는 이야기라는 측면에서 이와 유사한 특징을 보이는 창세기 6-9장, 11장 1-9절이 같은 한 자료(J 문서)에서 기원했다는 것을 알게 한다.[78] 그리고 창세기 1장

78) T. L. Tompson은 6:1-8, 7:1-5, 7-8, 10, 12, 16b-17, 22-23, 8:2b-3a, 6-12, 13b, 20-22을 J 문서로, 그리고 6:9-22, 7:6, 9, 11, 13-16a, 18-21, 24, 8:1-2a, 3b-5, 7, 13a, 14-19, 9:1-17을 P 문서로 구분한다. T. L. Tompson, "The Joseph-Moses Traditional and Pentateuchal Criticism," in *Israelite and Judaean History*, J. H. Hayes and J. M. Miller eds. (Philadelphia:

2-4a절, 5장, 10장, 11장 9-32절의 문체가 통일성을 갖고 있다는 점에서 같은 자료(P 문서)로 본다.

2) 용어

용어 사용에 있어서 차이를 보이고 있다.

창세기 1:1-2:4a(P 자료)	창세기 2:4b-5(J 자료)	창세기 5:1-32 (P 자료)
엘로힘	야웨 혹은 야웨 엘로힘	엘로힘
…의 족보다		…의 족보다
하나님의 형상과 모양과 같이	생명체	하나님의 모양과 같이
남성과 여성	남편과 아내	남성과 여성
창조하다	만들다	창조하다

3) 시각

창세기 1장1절-2장 4a절에서는 위엄있고 전능하신 하나님께서 말씀으로 천지를 창조하는 모습이 나타난다. 그러나 2장 4b절 이하의 창조 이야기에서는 마치 인간과 같이 도자기를 빚는 도공과 같이 땅의 먼지로 인간을 빚으시고 에덴 동산을 거니시는 하나님의 모습이 나타난다.

창세기 1장1절-2장 4a절에서는 사람이 하나님의 형상대로 창조되었고 만물을 다스리는 사명을 감당하고 있다. 그러나 2장 4b절 이하의 창조이야기에서는 사람이 땅의 먼지로 사람을 만드시고 땅에 의존해서 먹을 것을 해결하는 나약한 인간의 모습을 보여준다. 더구나 동물과 똑같이 '생명체'(2:7, 19)일 뿐이다.

Westminster Press, 1977) 170-171.

4) 불일치 혹은 중복

창세기 1장1절-2장 4a절에서는 동물이 인간보다 먼저 창조되고, 물은 혼돈의 상징으로 나타나지만, 2장 4b절 이하의 창조이야기에서는 사람이 동물보다 먼저 창조되고 물은 땅을 경작하여 농사짓는데 결정적으로 중요한 것이 되어 있다. 홍수 이야기에서도 마찬가지로 대비되어 있는 모습이 나타난다.

또한 두 개의 창조 이야기가 중복되어 있으며, 홍수 이야기도 두 개의 이야기가 나타난다.

4. 자료비평의 공헌과 한계

벨하우젠이 연구한 자료비평적 해석 방법론은 많은 비판을 받아 왔지만 그의 비평적 연구방법은 그대로 계승되어 명실 공히 19세기의 역사비평학을 대변해 주는 역할을 하였다. 자료비평이 공헌점을 열거하면 다음과 같다;

(1) 자료비평은 본문에 대한 객관적, 비평적 관찰을 하게 함으로써 18세기 이전의 주관적, 우화적, 신비적 해석 등을 예방할 수 있게 하는 중요한 해석방법으로 사용되었다.

(2) 자료비평은 성경의 역사적 배경을 강조함으로써 성경이 오랜 기간을 통해 이루어진 역사적 산물을 밝히게 되는 중요한 계기가 되었다.

(3) 자료비평의 결과는 오경의 형성과정을 밝혀주는 아주 유용한 방법이요 고대 이스라엘의 종교발전사를 재구성할 수 있는 중요한 토대로 인정을 받았다.[79)]

(4) 자료비평이 사용한 기준들, 문체, 용어, 신학적 관점은 다른 역사비평방법론에도 적용할 수 있다.

그러나 이러한 공헌점이 있음에도 불구하고 교회의 반발에 부딪혀 벨하우젠은 1882년 그리프스발트(Griefswald)의 구약신학 교수직을 사임하게 되었는데 이는 그 당시의 분위기가 자료설(문서설)을 용납하기 어려웠기 때문이다.

신학적인 이유를 들면서 그 당시 대부분의 학자들을 비판한 에발트(H. Ewald 1803-1875년)는 성경을 계시로 그리고 성경의 궁극적인 통일성이 있음을 확신하였다. 그러면서 그는, 성경은 하나님의 계시인데 인간의 대화 가운데 주로 나타나며 하늘로부터 들려오는 목소리는 희귀함을 또한 지적하기도 하였다.[80)]

보다 더 근본적인 의의를 제기한 학자들도 있었다. 어드만(B. D. Erdman)은 벨하우젠의 전제인 진화론적 도그마를 공격하면서 이스라엘 역사와 종교사에 관해 의의를 제기하였다. 비록 포로시기 또는 포로후기에 제사장들에 의해 오경이 완성되었다 하더라도 제사에 관한 체계는 포로시기 이후에 확립된 것이 아니라 이미 시행되어온 것을 정리하였다는 견지에서 모세 시대 때도 레위 제사체계의 기본적인 틀이 형성되었다는 것을 부정할 이유가 없다고 주장하였다.[81)] 더 나아가서 카수토(Umberto Cassuto)는 J. E. D. P로 구분하는 것을 거부하고 실제로 이 다양한 면들은 다만 한 저자의 의도적인 문체 변형일 뿐이

---

79) Pauline A. Viviano, “자료비평,” **성서비평방법론과 그 적용**, Stephen R. Haynes and Steven L. McKenzie 편, 김은규·김수남 역 (대한기독교서회, 1997) 61.

80) H. Ewald의 저서 가운데 주저(主著)는 *Geschichte des Volkes Israel* (Göttingen 1843-1859), *Die Lehre der Bibel von Gott, order Theologie Alten und Neun Bundes* 4 vol. (Leipzig, 1871-1876) 등이다.

81) B. D. Eerdman. *Altestamentliche Studien Das Buch Leviticus* (Giessen, 1912) 143-44. 재인용 H. F. Hahn *The Old Testament in Modern Research* (Philadelphia : Muhlenberg, 1954) 24-25.

라고 주장하였다.[82] 화이브레이(R. N. Whybray)는 문서가설의 포기를 주장하였는데, 그에 따르면 역사가들이 자료들을 사용할 때 당시의 역사편찬 기준에 따라 더 풍부하고 창조적인 추가자료를 사용하여 만들었을 것이라고 보았다.[83]

어드만과 카수토와 화이브레이는 자료설을 포함한 역사비평학에 근본적인 의의를 제기하고 있으나 많은 학자들은 과학적 비평적 방법의 유효성을 인정하는 범위 안에서 해결점을 모색하려고 하고 있다. 최근에는 D가 먼저냐 P가 먼저냐 하는 논쟁이 열기를 더해가고 있으며 많은 학자들이 P자료 자체가 포로 전 왕국시대의 산물임을 주장하고 있다. 카우프만(E. Kaufmann)은 P는 J.E시대 부근이라 주장하였고[84] 헤이스(J. H. Hayes)는 요시아 왕 때 발견된 율법책이 D가 아니라 P임을 월력체계의 변경과 연관시켜 설득력 있게 주장하였다.[85]

82) Umberto Cassuto, *La Questione della genesi* (Firenze: Fel. Le Monnier, 1934).

83) Pauline A. Viviano, "자료비평," 77.

84) Yehezel E Kaufmann, *Toledoth ha-emunah ha-yisralith* (히브리어) 8vols (Tel Aviv : Bialik Institute, 1937-1956) *The Religion of Israel,* trans. by M. Greenberg (Chicago : University of Chicago Press, 1960) 175-200.

85) J. H. Hayes & P. K. Hooker, 정중호 역, **이스라엘과 유다 역사-新年代記** (대한기독교서회, 1991) 110.

제2장

양식비평(Form Criticism)

양식비평은 역사비평학을 대표하는 해석방법이라 해도 과언이 아니다. 역사비평학을 넘어서는 새로운 해석방법으로서 수사비평을 제안한 마일렌버그(James Muilenburg)의 SBL 회장 연설 제목이 "양식비평과 그 이후(Form Criticism and Beyond)"였다.[86]

양식비평 방법을 자세히 분석하기 전에 먼저 양식비평 방법을 적용할 수밖에 없는 예를 한번 살펴보자.

야곱이 외삼촌 라반의 집에 머슴살이 하다가 고향으로 돌아오는 도중 얍복강 가에서 하나님과 밤새도록 씨름하는 장면이 창세기 32:22-32에 나타난다. 이 이야기를 읽어가노라면 세 가지 기원설화가 그 가운데 들어 있음을 발견할 수 있다. 첫째는 짐승의 고기를 먹을 때 왜 이스라엘 사람들이 둔부의 힘줄을 먹지 않는지에 관한 기원설화다. 둘째는 브니엘이라는 장소 이름이 이 사건에서 기원했다는 이야기다. 그리고 셋째는 '이스라엘'이라는 이름이 이 사건에서 기원했다는 것이다.

과연 이러한 기원설화들이 어떤 곳에서, 그리고 어떤 상황에서 입

86) James Muilenburg, "Form Criticism and Beyond," *JBL* 88(1969) 1-18. 이 논문은 원래 1968년 12월 18일 미국 버클리 대학에서 개최된 Society of Biblical Literature 연례 학회에서 회장으로서 강연한 내용이었다.

으로 입으로 전해졌을까? 아마도 브니엘이라는 곳에서, 하나님께 드리는 제사의식 가운데 반복적으로 고백한 내용으로 짐작할 수 있다. 이러한 고백은 이스라엘의 정체성과도 관련이 깊다. 즉 이스라엘이 하나님과 대결해 이기고 축복받은 민족이라는 것이다. 또한 하나님의 축복과 약속이 있어야 이스라엘은 살아갈 수 있다는 점이다.

이것이 바로 양식비평적 방법론을 활용해서 얍복강 가의 사건을 해석한 것이다. 즉 얍복강 가의 사건의 "삶의 자리(Setting in life, *Sitz im Leben*)"를 발견하고 그 의도를 추적한 것이다.

양식비평은 자료비평보다 그 이전의 시기에 관심을 기울인다. 즉 문서들이 문자로 기록되기 이전의 구전(口傳) 시기에 관심을 집중시킨다. 현재 문서화된 여러 설화와 율법 규정들은 원래 입으로 전해 내려오는 구전 시기가 있었는데, 구전으로 전해 내려오는 이야기는 어떤 특정한 장소와 관습과 관련을 맺고 있으며 각기 특수한 "삶의 자리"가 있었다는 것이다.

"우물의 노래"와 "포도원의 노래"가 다르며 "결혼 축가"와 장례식의 "만가"의 형태가 다를 것은 분명하다. 이러한 노래들은 각기 독특한 상황 속에서 불려진 노래들이며 때로는 특정한 장소와도 관련이 있다. 또한 이러한 노래들의 형태는 이스라엘 지역에만 국한된 것들이 아니라 고대 중동 문화권 속에서 얼마든지 서로 영향 받고 영향 줄 수 있는 보편적인 노래의 형태이기도 하다. 각기 흩어져 있으며 각기 독특한 문학 유형으로 표현된 것들이 입으로 전해지다가 모여져서 연속적인 이야기로 형성 되었다는 것이다.

1. 양식비평의 태동과 발전

양식사 비평의 선구자는 단연 궁켈(H. Gunkel, 1862-1932년)이다. 궁켈은 자료비평의 선구자인 벨하우젠의 연구를 기초로 하고 있다. 궁켈(H. Gunkel)은 구약성경의 문학적 형태의 배경과 역사를 이해할 때 구약성경문헌의 역사를 포괄적으로 발굴해 낼 수 있다고 하였다. 궁켈은 창세기와 시편연구를 주로 하였으며[87] 그의 동료 그레스만(Hugo Gressmann)은 출애굽기와 역사서들을 연구하였다.[88]

양식비평(Form Criticism)이란 용어는 원래 독일어인 *Formgeschichte*(양식사)를 옮긴 것이다. 이 단어는 원래 신약학자인 디벨리우스(M. Dibelius)에 의해 사용되었다.[89] 이보다 20년 전에 이미 궁켈은 유형사(*Gattungsgeschichte*), 유형연구(*Gattungsforschung*), 문학사(*Literaturgeschichte*)라는 다른 단어들을 사용하기는 했지만 내용은 양식비평에 대한 것이었다. 여기에서 그는 고대 이스라엘의 문학을 이스라엘 민족의 삶과 역사 전체와 관련된 것으로 이해하고 평가하려고 하였다.[90]

궁켈은 구약이 민속문학에서 발생하였다고 주장하면서 원래는 구전으로 공동체 안에서 전해 내려온 것들이 후대에 문서화되었다고 하였다. 따라서 궁켈은 민화연구에 의해 영향을 많이 받았으며 메소포타미아와 이집트의 종교문학에 의해 영향을 받기도 하였다. 궁켈은 표현의 유사성에 관심이 많았으며 시편을 유사성에 기준하여 찬양시, 탄원시, 대관식시, 순례시 등 여러 장르로 분류하였다. 또한 예언서를

87) H. Gunkel, *The legend of Genesis* (Chicago, 1901).

88) H. Gressmann *Mose und seine zeit.* FRLANT 18 (Göttingen, 1913).

89) Martin Dibelius, *From Tradition to Gospel* (London/New York : James Clarke & Co. Ltd/Charles Scribner's Sons, 1934/1965).

90) 이동수, **구약주석과 설교,** 148 참고.

심판, 약속, 권고, 비유, 출생이야기, 기도문, 소명설화, 격언 등으로 분류하기도 하였다.

헤이스(J. H. Hayes)는 양식비평이 19세기에서 20세기로 변환되는 시대적 상황에서 나온 방법론이라 보았다.[91] 즉 이 시기에는 소위 "원시적인 민족들"에 대한 현지조사와 정보수집에 대한 관심이 고조되어 있었고, 이러한 조사를 통해 모든 종교는 공통된 요소들과 특징을 갖고 있으며 비교연구가 가능하다는 것을 알게 되었다는 것이다. 동시에 고대 중동문화의 웅장한 문학이 충분히 알려지면서 광범위한 문학에 대한 장르 연구와 문학적 분석이 가능하게 되었다는 것이다.

양식비평은 구전의 단계를 주목하는데 궁켈은 구전문학의 구성에 관해서 다음과 같은 법칙을 주장하였다.[92]

(1) 시작과 종결의 법칙 - 전설은 갑자기 시작하거나 끝나지 않는다.

(2) 반복의 법칙 - 반복하는 것은 어떤 내용을 강조하는 것이며 긴장을 이루고 설화를 길게 늘린다.

(3) 3의 법칙 - 이야기하는 자들은 대체로 많아야 세 인물을 등장시키며 사건의 삼중반복을 즐긴다.

(4) 한 장면에 대한 2의 법칙 - 전설은 항상 양극화되며 이 법칙은 성격묘사와 사건 묘사에 반영된다. 일반적으로 하나의 장면에는 종종 대조적인 두 인물 만 등장한다.

(5) 대조적인 한 쌍의 법칙 - 해설자들은 때때로 쌍둥이나 두 사람을 사용하고 그들의 성격을 매우 대조적으로 묘사한다.

(6) 도식화의 법칙 - 인물들이 어떤 순서에 따라 등장하고 전설은 어떤

---

91) John. H. Hayes, *An Introduction to Old Testament Study*, **구약학입문** 이영근 역 (서울: 크리스챤다이제스트, 1994), 114-115 참고.

92) John. H. Hayes, **구약학입문,** 121-122.

정형과 구조를 따른다.

(7) 하나 또는 그 이상의 중요한 장면의 법칙 - 중요한 장면에서 그 등장인물들은 서로 대결한다.

(8) 논리의 법칙 - 제시된 주제들은 줄거리에 영향을 발휘해야만 한다.

(9) 줄거리 통일의 법칙 - 느슨한 구성과 불분명한 줄거리는 전설에서는 금기시 된다.

(10) 주된 인물에 대한 집중의 법칙 - 전설은 일반적으로 한 인물을 중심으로 흥미진진하게 전개된다.

헤이스(J. H. Hayes)는 양식비평적 연구가 어떻게 진행되고 있는지 다음과 같이 요약하여 정리해 주었다;[93]

1) 창세기의 양식비평적 연구

창세기의 설화들이 역사적인 문서가 아니라면 그 설화들을 어떻게 읽고 이해해야 하는가? 궁켈은 창세기의 설화들이 사실은 전설이며 그렇게 읽고 평가해야 한다고 주장했다. 전설을 역사와 대비하여 관찰해 볼 때 다음과 같이 대조되는 모습을 발견할 수 있다;

(1) 전달방식 : 전설은 원래 구두 전승으로 역사는 기록으로 전달되었다.

(2) 주제 : 전설은 일반사람들의 흥미를 일으키는 것들과 가족적인 관계를 다루는 한편 역사는 공적인 사건들과 정치적인 중요한 문제들을 다룬다.

(3) 자료들 : 전설은 구전과 상상력에 의존하는 한편 역사는 목격자

93) John. H. Hayes, **구약학입문,** 119-139.

들과 기록들에 의지한다.

(4) 이야기된 행위유형 : 전설은 믿을 수 없는 것들을 자주 전하고 하나님 또는 신들의 직접적인 행위를 연루시키지만 역사는 신빙성 있는 것들을 다룬다.

(5) 문체와 의도 : 역사는 산문체이며 그 목적이 있는 반면 전설은 시적이며 기쁘게 하고 격려하며 영감을 불어넣고 교훈하며 감동을 주는 것을 목표로 한다.

2) 시편의 양식비평적 연구

잰슨(A. R. Janson)은 시편에 대한 궁켈의 양식비평 연구의 두 가지 공헌점을 문학적인 형태로 시편을 분석하고 분류한 것과 많은 시편을 제의의 예배와 관련시킨 것을 들었다.[94]

궁켈은 시편을 다섯 가지로 분류한다; (1) 탄원시 (2) 개인 감사시 (3) 찬양시 (4) 공동체 탄원시 (5) 제왕시

3) 예언서의 양식비평적 연구

궁켈에 따르면 가장 초기의 예언 양식은 (1) 미래적이고 무아경적인 특성 (2) 간결한 내용 (3) 신비적인 성격 (4) 구전적 문체이다. 예언자들은 메시지를 선포하는 데에 폭넓은 범위의 비예언적인 장르들을 차용하고 적용시켰다. 내용에 근거하여 궁켈은 예언적 말의 무한한 다양성에 대해 말했다. 즉 약속, 위협, 죄의 묘사, 경고, 제사장의 명령, 역

---

94) A. R. Janson, "The Psalms," *OTMS*, 162-181. John. H. Hayes, **구약학입문,** 128.

사기술, 논쟁, 모든 종류의 노래들, 종교적인 노래와 세속적인 노래의 모방, 애도와 환희의 노래들, 짧은 서정적인 구절들, 의식문, 비유담, 우화 등이다. 이와 같이 다양한 장르를 선택한 예언자들에 대해 궁켈은 백성들의 마음을 지배하고자 하는 불타는 열망으로 설명했다. 따라서 예언자는 시인으로, 혹은 설교자, 선생, 사상가로의 발전과 관련되어 있다.[95)]

4) 율법서의 양식비평적 연구

알트(Albert Alt)는 율법의 문학적 편집의 이면을 조사하고 그 특징적인 양식과 기능을 발견하기 위해서 궁켈이 관심을 둔 것을 구약의 법률자료에 적용하였다. 그 결과 율법의 가나안적 배경을 지지하게 위해 세 가지 주장을 펼쳤다. (1) 그 양식적인 특징은 … 고대 동양의 다른 나라들의 법전과 동일하다. (2) 이스라엘의 결의론적 율법의 내용은 이스라엘 백성들이 팔레스타인에 정착했을 때 그들이 처음 채택한 문화를 가지고 있다. (3) 그 율법은 국가적 혹은 종교적인 문제들을 고려하지 않았으며 유일신적 사상보다는 다신론적 사상에 조화되기가 더 쉬운 것이었다.

5) 지혜문학의 양식비평적 연구

구약의 지혜문학은 잠언, 욥기, 전도서가 있다. 지혜문학에 대한 양식비평적 연구는 지혜라는 특징적인 최초의 양식을 확정하고 그러한

---

95) H. Gunkel, "The Israelite Prophecy from the Time of Amos," in *Twentieth Century Theology in the Making*, J. Pelikan ed. (New York: Harper& Row, 1969), 68-75.

양식이 어디에서 그 기원과 용례를 가지는가를 확인하려고 시도해 왔다. 크랜쇼(Crenshaw))에 의하면 지혜자료는 여덟 개의 장르로 나누어진다. (1) 잠언 (2) 수수께끼 (3) 우화 (4) 찬송 (5) 대화(욥기) (6) 고백 또는 자서전적 설화 (7) 명부 또는 성명록 (8) 교훈시(시37;49;73;139)와 교훈담(잠 7:6-23)

2. 양식비평적 해석 방법

양식비평은 장르분석이라 할 수 있다. 즉 문학적 단위의 양식, 내용, 기능 등을 살피고 그것이 그 나름대로의 독특성을 지닐 만한 문학적 장르에 속할 수 있는가를 묻는 방식이다.[96] 그러나 이 양식비평이 항상 본문의 문학적 장르분석에만 국한되지는 않는다. 즉 양식비평이 장르분석과 함께 중요하게 여기는 것은 그 본문이 어떤 특별한 장르로 생겨나게 된 직접적인 배경이 되는 삶의 자리를 살피는 것이다. 즉 성경 본문의 문학적 장르와 그 본문이 생겨나게 된 전체 문학적 배경 사이에는 긴밀한 관계가 있다는 것을 주목하는 것이다.

구약성경의 양식비평에 대해서 터커(Gene M. Tucker)는 "구약성경 문헌의 문학형태 즉 장르를 연구하여 그 문헌을 분석하고 해석하는 방법"이며 "장르 발달의 구두단계를 이해하기 위하여 그 문헌의 장르와 그 구조와 의도와 배경을 밝히는 수단이라고 하였다.[97]

터커(Gene M. Tucker)가 주장한 양식비평 방법론은 다음과 같다.[98]

---

96) John H. Hayes, and Carl R. Holladay, **성경 주석학** 이영근 역 (서울: 나단출판사, 1995), 105.

97) Gene M. Tucker, *Form Criticism of the Old Testament* (Philadelphia: Fortress, 1971), 12.

98) Gene M. Tucker, *Form Criticism of the Old Testament,* 11-17.

(1) 구조 분석(Structure): 본문의 해석단위를 결정하고 구조를 분석한다. 폰 라트(von Rad)처럼 육경을 한 단위로 결정하여 해석할 수도 있지만 일반적으로 아주 짧은 해석단위로 구분하여 구조를 분석한다. 기본 해석 단위를 결정할 때 단서가 되는 것은 예언서의 경우 시작할 때의 도입 공식구인 '야웨께서 말씀하시기를'이나 '야웨의 말씀이니라'는 종결공식구 등을 찾는다. 그 외 평행 구조나 대칭 구조 등 상투적인 형태를 발견할 수도 있다. 내용, 문체, 분위기, 어조, 인칭, 시제의 차이를 보고 단락을 나눌 수도 있다.

구조를 분석할 때는 운문일 경우 서문, 본문, 결문으로, 산문일 경우 발단, 전개, 절정, 대단원으로 구분하여 분석한다.

(2) 장르 파악(Genre): 장르를 파악할 때는 일반적인 것부터 관찰한 후 세부적인 것을 살핀다. 운문과 산문으로 크게 나눈다. 시편의 경우 찬양시, 탄원시, 감사시 등 여러 장르로 세분화한다. 그리고 예언이면 심판 예언, 구원 예언, 혹은 저주 예언, 권고 등으로 나눈다.

(3) 삶의 자리(Setting): 삶의 자리란 본문의 기록연대나 역사적 시기를 설명하는 것은 아니라 본문의 분위기와 어조와 장르의 목적과 의도 등과 관련되는 상황을 가리킨다. 즉 장르를 만들고 유지하는 사회적인 상황을 가리킨다. 때로는 하나의 장르에도 여러 삶의 자리가 있을 수 있다. 예를 들어 삶의 자리를 살펴보면 성전 제의, 가정생활, 종족제도, 궁정제도, 풍습 등 다양한 삶의 자리를 파악할 수 있다.

(4) 본문의 의도(Intention): 양식비평에서 '의도'는 저자의 의도가 아니라 고대의 삶의 자리에서 사용된 장르의 특수한 의도나 목적을 가리킨다. 각 장르는 특별한 목적을 가지고 있으며 그 목적이 계속 필요했기 때문에 유지될 수 있는 것이다. 장르의 의도를 파악하는 것은 고대 구전 자료의 원래 의도와 그 자료의 수집자나 편집자의 의도를 구

분하는데 매우 유용하다.

이러한 양식비평 방법론을 구체적으로 활용하여 발표한 해석시리즈는 구약문학의 양식(The Forms of the Old Testament Literature)시리즈다. 이 해석 시리즈는 구약을 해석할 때 읽어야 할 기본적인 해석서로 널리 알려져 있다. 이 시리즈의 공동편집자들은 크니어림(Rolf Knierim)과 터커(Gene M. Tucker)다.

3. 양식비평의 실제 (미 6:1-8)

(1) 구조

Ⅰ. 머리말	1-2
A. 머리말 - 백성을 향한 예언자의 권유	1a
B. 미가에게 내린 야웨의 명령	1b
C. 산과 땅의 기초를 향한 예언자의 권유	2
Ⅱ. 백성을 향한 야웨의 말씀	3-5
Ⅲ. 백성의 반응	6-7
Ⅳ. 맺음말 - 예언자의 최종적인 답변	8

(2) 양식

미가 6:1-8의 본문의 양식은 일반적으로 계약소송(Covenant Lawsuit) 양식 혹은 소송(Lawsuit) 양식으로 알려져 있다.

이 본문이 소송양식으로 판명될 수 있는 근거로써 **ריב** (리브)라는 히브리어 단어를 드는데 문제는 이 단어의 정확한 의미가 무엇이냐 하는데 있다. '리브'의 의미는 넓게는 몸으로 싸우는 '싸우다' 혹은 '논쟁하다'라는 의미에서 좁게는 '법적인 절차를 밟다' 혹은 '고소하다'라고 이해할 수 있다.[99] 그리고 '리브'는 재판정에서 논쟁하는 것을 가리킬 수도 있지만 재판 이전에 논쟁하는 경우를 가리킬 때도 많다.

따라서 '리브'라는 용어를 사용한다 해서 소송양식이라 한정 지울 수 없고 오히려 재판 이전의 논쟁 단계임을 알 수 있다.[100] 이러한 맥락에서 미 6:1-8도 그 양식을 소송양식이라 볼 수 없고 오히려 재판 이전에 야웨가 자기 백성과 대화를 시도하며 논쟁하고 권유하는 예언적 연설(prophetic speech)로 보는 것이 타당하다.

(3) 배경

본문에 나타나는 '이스라엘'이라는 용어는 분열왕국 시대의 북왕국 이스라엘을 가리키는 것으로 볼 수 있다. 또한 미가 1-5장은 사회 가운데 특수한 집단을 향해 예언한 반면 미가 6-7장은 백성이나 성읍 전체를 향해 예언하고 있다.[101] 북왕국 이스라엘이 부정부패로 몸살을 앓고 있으며 폭력이 난무하고(미 6:10-12; 7:3-4) 선한 지도자가 끊어지면서(미 7:2) 멸망으로 치닫고 있는 모습은 앗수르로부터 멸망당하기 직전, 호세아가 사로잡혀간 직후의 상황으로 짐작할 수 있다. 그 연대는 헤이스(J. H. Hayes)가 주장하였듯이 주전 약 725년 경으로 여겨진

---

99) J. Limberg, "The root *rib* and the prophetic lawsuit speeches," *JBL* 88(1969) 292.

100) M. de Roche, "Yahweh's *rib* against Israel: A reassessment of the so-called 'Prophetic Lawsuit' in the preexilic prophets," *JBL* 102(1983) 563-574.

101) J. I. Alfaro, *Justice and Loyalty: A Commentary on the Book of Micah* (ITC; Grand Rapids: WM. B. Eerdmans, 1989) 62.

다.[102] 그리고 이 본문의 삶의 자리는 이러한 시대에 예언자가 하나님의 말씀을 선포하며 백성과 대화를 시도하는 교육적인 상황임을 알 수 있다.

(4) 의도

미가는 죄에 대한 심판의 위협을 가하기보다 수사학적 기교를 동원하여 과거에 있었던 야웨의 구원 행동을 상기시킴으로 청중이 스스로 말문을 열고 대화의 장으로 나아가기를 기다렸다. 그리고 대화에 응한 청중에게 이미 듣고 보아온 것들을 반복하고 요약하여 청중들로 하여금 스스로 깨닫도록 하는 대화법을 사용하였다.

청중 이스라엘은 야웨와 이스라엘간의 불편한 관계가 이스라엘 자신의 탓이 아니라 야웨에게 원인이 있는 것으로 이해하고 있으며 야웨의 마음을 변경 시키는 것이 그 해결책이라 보고 있었다. 그러나 미가는 그 원인이 바로 이스라엘 자신에게 있으며 이스라엘이 야웨에게 가까이 나아와 야웨와 함께 대화하며 함께 일하면서 살아가는 것만이 그 해결책이라 강조하였다.

미가는 이스라엘에게 공동체 의식을 강조하였고 그 공동체는 야웨와 이웃과 더불어 이루는 공동체임을 지적하였다. 공의와 인자를 행하는 것은 이러한 공동체 의식의 구체적인 실현임을 지적하면서 가장 중요한 것은 야웨가 '내 백성아' 부를 때 이스라엘은 '나의 하나님'이라 응답하면서 맑은 정신으로 하나님과 함께 공동체를 이룩해 나아가는 것이라 지적하였다.

---

102) J. H. Hayes and P. K. Hooker, 정중호역, **이스라엘과 유다역사-신연대기**, 81.

5. 양식비평의 평가 및 전망

양식비평은 성경 연구에 지대한 공헌을 하였다. 그 공헌한 바를 요약하면 다음과 같다.

첫째, 문서 이전의 구전단계에 관심을 돌린 것이다. 자료비평에서는 여러 자료의 저자와 연대와 문서 단계에 관심을 가지고 이스라엘의 역사를 재구성하려고 했다면, 양식비평은 문서 이전의 구전 단계를 발견하고 추적하면서 공통된 양식을 찾았다.

둘째, 성경을 공동체의 산물로 인정한 것이다. 성경의 본문의 삶의 자리를 추적하여 사회학적 관심을 촉발시켰다. 이것은 고대 이스라엘 사회의 재구성에 도움을 주었다.

셋째, 다양한 장르를 발견하고 연구한 것이다. 이것은 구약의 내용이 다른 이웃 나라의 문학에 나타나는 같은 유형이 있다는 것을 밝힘으로써 성경 연구의 편협성을 탈피할 수 있게 해 주었다.

넷째, 성경본문의 삶의 자리를 연구한 것이다. 이것은 본문의 구조와 의도 등을 더욱 분명하게 이해하는데 도움을 주었다. 특히 시편의 삶의 자리가 제의라는 점을 밝힌 점은 중요하다.

양식비평의 이러한 공헌점이 있음에도 불구하고 방법상 한계점이 또한 노출된다. 그 내용을 정리하면 다음과 같다;[103]

첫째, 궁켈은 장르 분석에서 매우 단순한 진화 과정을 가정했다. 즉 특정 유형의 가장 순수하고 간결한 양식이 가장 오래된 것이라는 것이다. 그러면서 그는 최초의 예언이 짧은 말이었다고 결론지었다. 하지만 이러한 가정은 장르의 진화를 지나치게 체계화시켰고 단순화시

103) John. H. Hayes, **구약학입문,** 140-141.

켰다. 그 발전 과정의 여러 단계들 또는 마지막 단계는 퇴화되었다는 궁켈의 견해는 최종적으로 기록된 본문의 형태를 평가 절하하는 사태가 일어난다.

둘째, 양식비평의 장점은 성경의 각 부분 부분을 깊이 연구할 수 있다는 것이다. 그러나 이것이 반대로 이 해석방법의 결점이기도 하다. 즉 긴 이야기를 짧은 단위로 나누어 해석하다보니 성경을 단편적으로 조각내어 여러 단편들을 연결시키는 연결점을 찾지 못해 결국 성경해석이 파편조각들의 집합처럼 되어 버린 것이다. 예를 들면 볼프(H. W. Wolff)는 아모스의 발전 단계를 6단계로 나누었다. 또한 작은 단위 일수록 순수하고 고대의 것이라는 가정은 역사 비평가들로 하여금 9장밖에 안되는 아모스를 40-50개의 작은 단위로 나누었다. 너무 파편화된 작은 단위는 단위 자체의 구조와 내용 및 정황 등에 대해 충분히 설명할 수도 없게 되는 것이다.

셋째, 다양한 장르에 대해 실제적인 삶의 정황 또는 삶의 자리를 결정하는 문제는 생각만큼 쉽지 않았고 궁켈은 개괄적인 이해만을 도출하였다. 나아가 일부학자들은 지나치게 성경본문의 삶의 정황을 추구한 결과 지지할만한 증거가 없음에도 치밀하게 재구성하려고 하였다.

넷째, 양식비평 연구는 기록된 본문의 이면에 놓여 있는 구전단계에 초점을 맞춘다. 그러나 구약은 문서들이 수집된 것이고 문서들은 문학 활동의 산물이다. 많은 경우에 구전 단계나 문학 이전의 단계가 기록된 본문의 이면에서 발견될지는 모르나 반드시 그래야만 하는 것은 아니다. 특히 구전을 정확히 알기 어려울 때 양식비평은 한계에 부닥치게 된다.

제3장

전승사 비평 (Traditio-historical Criticism)

십계명은 출애굽기에도 나타나고 신명기에도 기록되어 있다(출 20:2-17; 신 5:6-21). 그런데 정확하게 동일하지는 않다. 뿐 만 아니라 상당한 차이를 보이는 부분도 있다. 예를 들어 안식일에 관해서 살펴보면, 신명기가 내용에 있어서 더 길며, 안식일을 지켜야 하는 이유가 다르다. 즉 신명기는 출애굽 사건에서 그 이유를 찾는 반면 출애굽기는 태초의 천지 창조에서 그 이유를 찾고 있다(출 20:8-11; 신 5:12-15).

그리고 십계명의 서문으로 알려진 "나는 너를 애굽 땅, 종 되었던 집에서 인도하여 낸 네 하나님 여호와라"(출 20:2; 신 5:6)는 부분을 이스라엘 공동체에서는 제1계명으로 여기고 있다. 그리고 기독교 전통에서 1-2 계명으로 분리하는 것을(출 20:3-6; 신 5:7-10) 하나의 계명으로 계산한다. 왜 이러한 차이를 보이는 것일까? 아마도 십계명을 전승시켜 오는 과정에서 변화가 있었던 것으로 짐작해 볼 수 있다. 그리고 공동체마다 전승을 다르게 해석하고 있다는 사실도 주목할 필요가 있다. 전승사 비평은 바로 이러한 전승과 변화에 주목하면서 그 발자취를 추적하는 것이다.

우리가 가지고 있는 성경은 한 저자가 일정한 시기를 두고 써 내려간 일반 책과는 다르다. 성경은 오랜 기간을 통해 여러 명, 혹은 여러 공동체에서 나온 내용으로 그 문학형태 역시 다양하다. 또한 성경의 많은 부분은 말에서부터 형성되어 구전전승을 통해 전달되었다. 우리는 성경을 읽거나 해석할 때 그 본문이 나오게 된 배경, 특히 전승에 주목할 필요가 있다. 전승사 비평가는 성경을 '전승된' 문헌으로 본다.

모든 문화는 다음 세대로 이어지는 전통 또는 전승을 가지고 있는데, 이러한 전승들은 이야기의 형태로나 격언, 수수께끼, 속담, 노래, 시, 고백, 신조 등의 형태로 다음 세대로 전승된다. 성경에 대한 전승사 비평은 이러한 전승들의 본질과 함께 그것이 공동체의 역사과정을 통해 어떻게 다음 세대에게 채택되어졌고 또 수정되어 전해졌는지에 대해 주목한다. 이것은 역사성을 가지면서도 신학적 관점을 볼 수 있는 통로이기에 성경을 해석할 때 주목하게 되는 것이다.[104)]

1. 전승사 비평의 정의와 목적

전승사 비평에 대해 코츠(G. W. Coats)는 "성경의 문헌이 한 단계에서 다음 단계로 움직이게 되는데, 최종 형태에 이를 때까지의 과정에 주목하여 분석하는 방법"이라고 정의하였다.[105)]

---

104) John H. Hayes and Holladay, **성경 주석학** 이영근 역 (서울: 나단출판사, 1995) 117.
105) G. W. Coats. "Tradition Criticism. OT." *IDBS* (1976) 912.

'전승사 비평'에 관한 용어를 살펴보면, 전승의 내용을 강조하는 독일어의 '전승사(Traditionsgeschichte)'라는 단어가 있고, 전승의 과정을 강조하는 '전승전달의 역사(Überlieferungsgeschichte)'라는 단어가 있다. '전승사 비평'이라는 용어는 전달의 과정과 내용 모두를 주목하는 해석 방법이다.

전승사 비평은 전승이 구성되고 전달된 구전단계 뿐만 아니라 그것이 기록되고 최종 편집되는 재구성단계까지도 관심을 갖고 있다. 양식사 비평은 구전만 다루지만, 전승사비평은 구전과 문헌을 모두 다룬다. 굳이 중점적으로 다루는 부분을 든다면, 양식사비평은 전승발전의 초기형태를 다루고, 전승사비평은 전승의 과정을 다루며, 편집사비평은 전승의 최종형태를 다룬다고 구분해 볼 수 있다.

전승사 비평은 전승들이 역사적으로 실제 일어난 것인지 혹은 아닌지에 대해 묻지 않는다. 전승사 비평에서 관심을 기울이는 것은 다음과 같다; (1) 왜 이러한 이야기를 기억했는가? (2) 이야기가 변화되었는가? (3) 변화 속에는 무슨 요소들이 들어있었는가?

2. 전승사 비평의 발전

전승사 비평은 구전으로 전승되는 단계에서 그 전승내용과 전승의 과정에 관심을 기울인다. 폰 라트(G. von Rad) 와 노트(M. Noth)는 이 분야를 대표하는 학자들이다. 폰 라트는 "짧은 역사적 신앙 고백들"(short historical credos : 신 6:20-24 ; 26:5b-9; 수 24:2b-13)이 원래 가나안 정착 초기에 길갈 성소에서 발생했으며 이 신앙고백을 바탕으로 야웨기자(J)는 다양한 전승들을 추가하여 J 문서를 형성 시켰다고 그의 논문 "육경의 양식 비평적 문제"에서 밝혔다.106) 그러나 폰 라트의 연구에 있어서 문제는 그 짧은 역사적 신앙고백들이 J 연대보다 후대의 것으로 보여진다는 것이다. 그럼에도 불구하고 폰 라트가 관심두는 문제 즉 J 가 어떠한 목적으로 그러한 모든 것을 기록하였는가 라는 물음과 기본적인 전승들이 어떻게 전달되어 왔는가에 대한 관심은 상처입지 않고 그 중요도를 유지하고 있다.

노트(M. Noth) 는 신명기를 제외한 창세기 출애굽기 레위기 민수기를 4경이라 구분하여 여기에 담긴 자료의 전역사(pre-history), 즉 자료의 배경과 성장과정을 다루었다. 노트는 여러 다양한 전승들을 집합시키는 다섯 개의 주제들을 발견하였으며 그들은 (1) 족장들에게 주어진 약속, (2) 출애굽, (3) 광야사건, (4) 시내산 계시, (5) 가나안 정착 등이다.

3. 전승사 비평의 방법

전승사 비평은 다른 비평과 달리 일반적으로 인정된 기술을 갖고 있지 않으며 방법론에 있어서는 취약한 점이 많다. 그러나 다른 방법들, 특히 자료비평이나 양식비평이 도달한 다양한 결론들을 종합하는 장점이 있다.

전승 비평의 방법으로, (1) 구두로 전달된 본문을 파악하고, 그 본문이 문서로 변화된 상황과 시대를 살핀다. (2) 본문의 특징적인 내용을 찾아본다.

---

106) G. von Rad, *Das formgeschichtliche Problem des Hexateuch*. BWANT IV, 24 (Stuttgart, 1938), *The Form-Critical Problem of the Hexateuch*. trans. by E. W. T. Dicken (London, 1965) 1-78.

이러한 일반적인 방법을 본문에 적용하기 위해서, (1) 평행되는 본문들을 비교 분석한다. 그리고 이들의 통시적인 관계를 파악하며 무슨 변화가 일어났는지를 알아본다. (2) 이렇게 전승된 과정 안에서 변화를 일으킨 이유들을 추적한다.

예를 들어 창세기에 나오는 비슷한 두 이야기, 아브라함과 사라의 이야기(창 12:10-20; 20:1-18)가 나온다. 여기서 사라가 아브라함의 거짓말로 인해 이웃나라 왕의 후궁이 될 뻔 했지만, 하나님의 도움으로 해결되는 내용이다. 여기서 주목할 것은 그러한 내용이 왜 성경에 기록되었으며 이스라엘인들이 이 이야기를 그대로 기억했는가, 만약 바뀌었다면 어떤 것이 변화되었는가 혹은 그 변화 속에 무슨 요소들이 들어 있었는가에 대해 알아보는 것이 다. 따라서 전승비평의 주요한 목표는 본문의 역사적 정확성을 구성하는데 있는 것이 아니라 그 전승사 안에 있는 여러 단계들을 회복하고 각 전승단계마다 관련되는 전승의 전달자들, 장소, 전승의 사회학적 배경, 의미, 신학 사상, 교훈 등을 알아내는 것을 목적으로 한다.

4. 전승사 비평의 실제

창세기에는 야곱 이야기가 펼쳐진다. 야곱은 이집트 왕 바로 앞에서 자신의 생애를 돌아보면서 "험악한 세월을 보내었나이다"(창 47:9) 라고 술회할 정도로 여러 가지 우여곡절을 많이 겪은 삶을 살았다. 전반적으로 창세기에 나타나는 내용은 야곱에 대해서 상당히 긍정적으로 묘사된 것이다. 그러나 호세아에 오면 이야기가 달라진다(호

12:2-4). 야곱이 태어날 때 형의 발꿈치를 잡았다고 묘사하면서 아버지 이삭을 속이고 형의 축복을 가로챈 사건을 상기시켰다. 그리고 감히 힘으로 하나님과 겨루었던 일들을 상기시키면서 야곱(이스라엘)의 허물을 부각시켰다. 호세아에는 야곱에 대한 부정적인 전승이 강조되어 있는 것이다. 이처럼 야곱에 관한 전승이 시대와 상황에 따라 다양하게 전승되어 왔다는 사실을 발견할 수 있다.

전승사 비평의 실제의 예로서 야곱의 이야기 가운데 얍복강 가에서 일어났던 사건을 다룬 창세기 32장 22-32절의 내용을 해석해 보자. 전승의 단계를 확인한다는 것은 많은 추측이 동반되는 것이기에 우리의 눈으로 확인할 수 있는 현재의 본문에서부터 거꾸로 추적해보면 다음과 같은 사실을 발견할 수 있다.

(1) 넷째 단계

본문의 최종적인 형태는 제사장 기자(P)가 편집했을 것으로 본다. P 기자는 이선의 사료를 크게 변형시켰디고 볼 수 없으며 다만 P 기자의 신학적 의도에 따라 이 내용이 적절히 배치되었을 것으로 본다.

(2) 셋째 단계

세 번째 단계에 대해서, 본문은 자료비평에 의해 야웨기자(J)의 것으로 알려져 있다. 다만 25b절("야곱의 허벅지 관절이 그 사람과 씨름할 때에 어긋났더라")과 둔부의 힘줄을 먹지 않는 관습에 대해 이야기한 32절은 원래의 이야기에 포함되어 있지 않은 것으로 본다. 이 부분

은 아마도 후대에 첨가된 것으로 보여진다.[107)]

야웨기자의 것은 처음으로 문서화된 내용이다. 야웨기자가 야곱에 관한 내용들을 기록할 때 야웨기자의 특별한 의도대로 배치되고 배열된 것으로 보인다. 즉 얍복강 가의 이야기는 하나님께서 나타나신 벧엘 사건과 짝을 이루도록 배치하였다. 그리하여 야곱이 에서를 피해 도망치고, 그리고 다시 돌아오는 모든 일이 하나님의 섭리 아래 이루어진 것으로 배열된 것이다. 그리고 야곱과 씨름한 존재가 바로 하나님임을 야웨기자는 밝히고 있다. 또한 야곱이라는 이름이 이스라엘로 바뀐 이유를 밝히면서 이스라엘의 정체성을 이야기하고 있다. 즉 이스라엘 사람들은 하나님과 인간과 씨름해 온 사람들이라는 정체성이다. 이스라엘 사람들은 하나님과 대면하고 또 씨름했지만 죽지 않고 살았으며 오히려 축복을 받은 사람들이라는 것이다.

(3) 두 번째 단계

이 단계는 호세아에 나타나는 야곱 전승을 보면 짐작할 수 있다(호 12:2b-4a). 아마도 이 전승은 창세기에서 볼 수 있는 내용보다 이전의 것으로 짐작된다. 호세아는 북왕국 이스라엘을 책망하는 맥락에서 야곱 전승을 이야기하고 있다. 야곱이 얍복강 가에서 천사와 씨름한 사건을 들면서 감히 하나님과 겨루었다고 비난하고 있다. 그리고 야곱이 천사와 겨루어 이겼다고 하면서 또 야곱이 울면서 간구했다고 전하고 있다.

이 단계에서는 아직 정식으로 야곱이 통합된 이스라엘의 시조도 아니고 북왕국의 시조도 아니다. 그리고 야곱이 씨름한 상대는 초자연

107) B. S. Childs, "A Study of the Formula 'Until This Day,'" *JBL* 82(1963) 179-192.

적인 존재인 신(천사)이다. 천사와도 싸워 이겼고 축복을 받았다는 영웅에 관한 이야기로 부각되어 있다. 아마도 북왕국의 시조에 관한 영웅담 가운데 하나로 전해진 이야기였을 것으로 짐작된다.

(4) 첫 번째 단계

고대에 떠돌던 이야기는, 24-25절에 나타나는 내용과 같이 밤에만 나타나 강 건너는 것을 방해하는 어떤 악마같은 존재에 관한 이야기였을 것으로 짐작된다. 이 이야기는 아직 야곱과 관련이 되지 않았던 이야기로 보여진다.

5. 전승사 비평의 공헌과 한계

전승사 비평이 구약성경을 해석하는데 긍정적인 영향을 준 점은 편집사와 비슷한 면이 있지만 구전전승까지 추적한다는 점에서 다르다. 전승사 비평의 공헌점을 열거하면 다음과 같다;

(1) 이스라엘의 역사 이해 - 이스라엘에게 있어서 역사는 전승의 역사이다. 이것은 이스라엘의 과거의 주요한 사건들이 현재의 것과 연속성을 가진다는 것이다.

(2) 이스라엘의 신학 이해 - 이스라엘은 전승의 과정을 통해 독특한 신학을 발전시켜 왔다. 이스라엘은 전승을 보존함으로써 그들의 역사와 신학이 전승사적인 특성이 있는 것으로 이해한다.

전승사 비평이 이스라엘 역사를 새롭게 구성하고 이스라엘 신학을 형성하게 된 배경을 확고히 했다는 긍정적인 평가에도 불구하고 이

비평 방법론이 가지는 한계점을 또한 지적할 수밖에 없다.

첫째, "전승사가 역사적으로 검증이 가능한가" 라는 질문이다. 전승사 비평은 전승의 역사와 전승의 역사성의 문제를 분명히 구분하지 못했다. 즉 가설적인 전승사의 재구성은 실재한 역사였는가에 대해 의문을 제기할 뿐이다.

둘째, "전승이 고정되고 불변성을 가지는가" 라는 질문이다. 처음 궁켈과 그 제자들은 전승이 전달될 때 그 내용과 형태가 변할 수 있다고 인정했지만 오랜 기간 전달과정의 충실성을 주장하였다. 그러나 최근 민간 전승연구는 구두 전승전달이 재구성되고 재창조되는 과정에서 이루어지므로 전승의 불변성은 무의미한 것이 되고 말았다.

셋째, "구두 전승과 문서 전승을 구분할 수 있는 기준이 있는가" 라는 질문이다. 과연 구두전승과 문서전승을 구분할 수 있는가에 대한 의문에서 시작된다. 어떻게 본문 이전의 구전단계들을 재구성하여 명확히 할 수 있는가 라는 의문이다. 따라서 전승사 비평은 자료비평과 양식사 비평의 한계성을 계속해서 드러냄에도 불구하고 이런 방법론들이 발전하는 결과에 의존할 수밖에 없다.108)

108) Robert A. Di Vito, "전승사비평," **성서비평방법론과 그 적용** (서울: 대한기독교서회, 1998) 101.

제4장

편집사 비평 (Redaction Criticism)

잠언 25장 1절에는 "이것도 솔로몬의 잠언이요 유다 왕 히스기야의 신하들이 편집한 것이니라"라는 구절이 나타난다. 잠언이 누구에 의해 편집되었다는 사실을 분명히 밝힌 구절이다. 예언서에도 첫 절에는 누구의 예언이라는 편집자의 해설이 나타난다; "유다 왕 웃시야와 요담과 아하스와 히스기야 시대에 아모스의 아들 이사야가 유다와 예루살렘에 관하여 본 계시라"(사 1:1). 이처럼 성경의 많은 부분들은 오랜 세월 동안 자료들이 수집되고 편집되어 오늘 우리들이 볼 수 있는 모습이 된 것이다.

시편은 노래인데 악보가 사라지고 가사만 남아있는 찬송가와 같다. 시편은 150편으로 구성되어 있으며 각 시편은 찬송가와 같이 각기 독특한 내용으로 작사되어 있다. 그런데 이 시편들을 아무 생각없이 모아놓았을까? 결코 그렇지 않다. 우리 찬송가만 보아도 성탄절 때의 찬송가와 부활절 때의 찬송가는 한 곳에 모아져 있지 않은가! 마찬가지로 시편도 분명한 의도와 목적을 가지고 편성되었을 것이다.

헤이스(J. H. Hayes)는 시편이 150편인 것은 3년 동안 매 안식일마다 부를 수 있도록 편성되어 있으며 특히 절기에 맞게 편성되어 있다는 점을 발견하였다. 이러한 편성은 오경이 3년 동안 모두 읽을 수 있도록 편성되어 있는 것과 유사하다. 예를 들어 시편 1-4편은 첫째달(니산)에 읽을 수 있도록 편성되었는데 2년째는 같은 달에 49-52편을 읽고 3년 째는 97-100편을 같은 달에 읽도록 편성되어 있다는 것이다. 또한 유월절을 이 달에 지키게 되어 있는데 이 시편들 가운데 유월절 절기에 맞는 시편이 있다는 것이다. 이처럼 시편은 우리 찬송가와 같이 분명한 목적과 의도를 가지고 편집된 책임을 알 수 있다.

시편의 편집과 구조에 대해서는 다양한 각도에서 연구되고 있다. 예를 들면 1-2편은 시편 전체의 서두이며 시편을 하나님의 가르침(토라)으로 소개하는 노래라는 것이다. 또한 시편은 5권으로 구분되어 있으며 1-4권의 말미에는 영광송으로 마감되어 있다. 그리고 시편의 마지막 부분은 할렐루야 찬양시들로 클라이맥스를 이루고 있음을 발견할 수 있다.

1. 편집비평의 태도

일반적으로 '편집자'는 저자와는 달리 완성된 작품에 손질을 하는 사람을 뜻한다. 그러나 편집 비평에서는 편집자를 독창적인 저자와 마찬가지로 중요하게 여긴다.

19세기에서 20세기 초에 걸쳐 역사비평방법론인 자료비평과 양식비평이 본문을 너무 세분화한 것에 대한 반발로 본문을 있는 그대로 읽어 보자는 움직임이 있었다. 그래서 완성된 형태의 본문에 대한 새로운 인식과 함께 이런 틀을 만들어낸 편집자들에 대한 관심이 점점 커지게 되었다.[109] 이들은 구전전승이나 문서자료 형태 뿐 만 아니라 최종적으로 편집한 편집자의 손길이 중요하다고 보았다. 이러한 관점에서 편집비평은 출발했으며 편집비평은 편집 과정을 주목하고 편집자의 의도를 연구하게 되었다. 편집비평은 편집자의 의도를 꿰뚫어봄으로써 전승비평에서 비교적 간과하였던 편집자의 신학적 의도와, 최종형태에 더 깊은 관심을 보여주면서 전승비평을 극복한다.

페린(Norman R. Perrin)은 편집비평이 스트라우스(David F. Strauss)의 후계자들이 19세기에 제기했던 소위 "마가 가설(Marcan hypothesis)"이라고 하는 연구에서 태동했다고 본다.[110] 그 후 마가를 신학자로 본 마르크센(Willi Marxsen)은 1956년 편집비평 연구서를 출간하였으며 복음서와 사도행전 연구를 통해 편집비평은 발전되었다.

2. 편집비평의 특징

편집비평 학자들은 다음과 같은 전제를 설정하면서 해석을 시도한다.

첫째, 편집비평 학자들은 구약성경의 많은 본문들과 책들은 자료들이 수집되고 배열되었으며 최종 형태로 완성되기까지는 다양한 편집 단계를 거쳤다고 본다. 그리고 이 과정은 어느 정도로 식별되고 재구성 될 수 있다고 본다.

---

109) John Barton, "Redaction Criticism," *ABD* 5(1992) 644.

110) Norman R. Perrin, *What is Redaction Criticism?* Guides to Biblical Scholarship, New Testament Series (Philadelphia: Fortress, 1969) 3.

둘째, 편집비평 학자들은 구약성경의 편집자들이 자료들을 그들의 신앙공동체에 적용시키기 위해서 창의적으로 재구성하였다고 본다. 따라서 그들을 전승을 전달한 단순한 편집자들이라고 보기보다 창조적인 신학자들이요 문학가들로 본다.[111]

셋째, 편집비평 학자들은 성경의 편집자들을 특정한 공동체나 특수한 전통에 소속된 한 구성원으로 간주하며, 자신이 속한 공동체나 전통의 사상, 기억들 그리고 언어나 문체 등을 본문에 반영시켰다고 본다.

이러한 전제를 설정하여 해석을 시도하는 편집비평 학자들은 편집비평을 다음과 같이 정의한다;

헤이스와 할러데이(J. H. Hayes & C. R. Holladay)는 "편집비평이란 성경본문의 초점을 본문의 최종 기록 형태에 두거나 구성 즉 전승이 기록된 형태로 구체화 되어온 최종 단계에 두는 해석의 단계를 가리킨다" 라고 정의하였다.[112]

터너(N. Turner)는 "편집비평이란 성경기자들과 편집자들이 이전의 자료들을 편집한 것을 연구하는 것이다. 예를 들어 동일함을 증명할 수 있는 자료들이 있는 공관복음이나 신명기 역사와 같은 작품들이다. 그렇게 함으로써 최종 저자가 그 앞에 있는 자료를 결합시켜서 다시 작업을 하는 가운데 행한 창조적이고 신학적인 역할이 무엇이었는지에 대해 밝힐 수 있다"고 하였다.[113]

바튼(J. Barton)은 "편집비평이란 이전의 자료들로부터 성경 본문을 편집한 편집자들 혹은 재편집자들의 의도를 조사하는 성경 연구 방법이다. 따라서 자료비평과 양식비평의 결과를 전제로 하며 그 결과에

111) John Barton, *Reading the Old Testament* (Philadelphia: The Westminster Press, 1984) 47.
112) J. H. Hayes and C. R. Holladay, *Biblical Exgesis: A Beginner's Handbook* (Atlanta: John Knox Press, 1982) 94.
113) Nicolas Turner, *Handbook for Biblical Studies* (Philadelphia: Westminster, 1982) 119.

바탕을 둔다"고 하였다.[114)]

샌더스(James A. Sanders)는 "편집비평이란 이전의 자료들을 끌어 모으고 형태를 이루어 낸 후대 사람들의 주된 신학적인 사상을 재발견하려는 것이요, 아울러 다양한 부수적 사상들을 재발견하려는 시도다"라고 정의하였다.[115)]

3. 편집비평의 방법

구약성경의 편집비평은 고대의 구두 혹은 문서자료가 수집되고, 배열, 편집되어 구약성경의 한 단락이나 한 책 혹은 여러 책이 최종 형태를 이루기까지의 전체 과정에 대해서 단계적으로 분석한다. 특히 편집비평은 최종 단계의 편집자의 신학적인 의도를 파악하려고 한다. 따라서 편집비평은 자료비평, 양식비평, 전승비평의 결과를 활용하게 된다.

편집비평을 실시할 때 먼저 눈여겨 보아야할 편집 요소들이 있는데 그들은 다음과 같다.[116)]

(1) **연결 구절** - 편집자는 독립된 두 본문을 계속 연결된 하나님의 말씀으로 자연스럽게 읽을 수 있도록 하기 위해서 두 본문을 하나의 연결구절로 연결시키고 있다. 이러한 연결구절들을 주목해야 한다.

(2) **해석적인 첨가** - 편집자가 해석한 부분인데 본문의 의미에 깊은 영향을 끼칠 수 있는 부분이다.

(3) **명백한 삽입** - 편집자 자신의 말임을 명백히 밝히는 부분이다 (예; 잠 25:1).

---

114) John Barton, "Redaction Criticism," *ABD* 5 (1992), 644.

115) James A. Sanders, *Torah & Canon* (Philadelphia: Fortress, Press, 1972), 12.

116) John Barton, "Redaction Criticism," 645-647.

(4) **원 자료의 변화** - 원 자료를 편집자 자신의 상황과 판단에 따라 재구성한 부분이다.

(5) **본문의 배열** - 편집자들은 다양한 원 자료를 최종적으로 배열하였는데 그 배열의 순서와 구성을 주목하여야 한다.

(6) **신학사상** - 편집자의 의도나 독특한 신학사상을 찾아낸다.

4. 편집비평의 실제[117]

사무엘하 7:1-17은 통일된 하나의 단위를 이루고 있지만 그 가운데는 다음과 같이 문학적 층이 세 부분(혹은 네 부분)으로 나누어져 있고 최종적인 편집은 신명기 사가의 편집활동으로 완성되었음을 알 수 있다.

(1) 다윗시대 때 선포된 나단의 신탁(두개의 신탁)
(2) 아하스 왕 때 시리아-에브라임 직전에 선포된 이사야의 예언으로 확대된 부분
(3) 포로기에 있었던 신명기 편집자의 편집활동 층

나단의 첫 번째 신탁(2-3절)은 겸손하고 경건한 왕 다윗이 야웨 성전을 지으려고 하였는데 나단과 나단 주위의 사람들이 적극 협조하는 모습을 보여 주었다. 그러나 성전 건축 계획을 지파의 지도자들이 반대 하였으며 결국 그 계획은 무산되고 말았다.

그 다음 나타난 나단의 두 번째 신탁(4-7, 11b, 16, 17)은 웅장한 성전이 없는 상태에서 다윗왕조의 정당성을 신학적으로 뒷받침 하려고 하

117) 정중호, "나단신탁(삼하 7:1-17)에 관한 해석학적 연구," **계명신학** 제7집(1992) 166-170.

였다. 이 때 나타난 중요한 신학적 주제는 성전이 아니라 야웨의 자유로운 이동과 야웨의 주도권이었다. 그러므로 성전이 건축 되었을 때보다 성전건축이 무산되고 성전이 없는 상태에서 더 성숙된 신학이 배태된 것이었다. 다윗왕조 신학의 바탕이 성전 건축에 있었던 것이 아니라 성전 건축이 좌절된 상태에서 이룩되었다는 점은 주목할 만하다.

다윗왕조 신학이 기여하고 발전한 경우들을 살펴보면 위기상황이나 좌절된 상황들이란 바로 시리아-에브라임 전쟁과 바벨론 포로의 상황들이었다. 이사야가 확대한 층(8-10, 12, 13b-15, 17절)은 다윗왕조 계승자 즉 다윗의 후손에 초점을 모았다. 시리아의 르신과 이스라엘의 베가가 다윗왕가의 왕인 아하스를 위협 했을 때 이사야는 나단의 신탁에다 자신의 예언을 첨가한 다윗왕조 신학을 선포함으로써 아하스 왕을 도우려 하였다. 이 때 이사야는 나단과 같이 야웨의 주도권이란 주제를 부각시켜 다윗왕가의 후예인 아하스를 지지하고 보호하려 하였다. 특히 "야웨께서 우리와 함께 하신다" 라는 임마누엘 주제를 반복하여 강조하였다. 아하스가 고통당하는 현실을 이사야는 야웨의 징계라 해석하였으며 그 징계는 부모가 자식을 책망하는 징계라 설명하였다. 그리고 이사야는 아하스가 야웨의 자비 즉 아버지의 사랑으로 인해 르신과 베가의 위협에서 벗어날 것을 확신하며 강조하였다.

마지막 층은 신명기 편집자의 층이다(1b, 11a, 1a절). 신명기 편집자는 소위 나단의 신탁이라 부르는 사무엘하 7:1-17을 신명기 사가의 작품 전체와 연결 시켰다. 신명기 편집자는 '안식하다(1b, 11a절)'라는 주제를 첨가시켜 앞에 있는 부분과 연결 시켰으며 동시에 이 부분이 '다윗의 상승' 전체의 절정 부분이 될 수 있도록 배열하였다. 13a절에 신명기 편집자는 성전 건축과 성전 건축자에 내려지는 축복이란 주제를 첨가시켜 다음에 나오는 왕위계승설화와 연결 시켰는데 그 설화는 성전 건축자인 솔로몬이 왕위를 계승하는 내용으로 되어있다. 솔로몬이란 이름이 나타나 있지 않은 13a절의 또 다른 기능은 포로시기에 이스라엘백성을 격려하는 역할이었다. 신명기 편집자는 예루살렘의 멸망을 야웨의 징계라 해석하였고 야웨가 그의 자비로 성전을 재건하며 다윗왕조를 다시 세울 것이라 주장하였다.

5. 편집비평의 평가

편집비평이 공헌한 점은 다음과 같다;

첫째, 편집비평을 통해서 본문의 편집 단계를 구분하고 각 층마다 편집자의 의도를 이해하게 되면 성경의 형성과 시대별로 나타나는 신학을 파악하는데 도움을 준다.

둘째, 양식비평을 통해 세분화된 성경이 편집비평을 통해 최종 형태의 본문을 주목할 수 있는 계기를 마련했으며, 최종 본문에 주목하는 정경비평등 공시적 해석방법의 길을 열어놓았다.

그러나 한계점도 발견할 수 있다.

첫째, 본문의 편집 단계별로 편집 층을 구별해 낸다는 것은 쉽지 않으며 주관적인 구분이 될 위험이 있다. 특히 성문서의 경우 역사적인 자료가 부족하기 때문에 편집사를 밝혀내기가 쉽지 않다.

둘째, 편집 층에 따라 차이 나는 것이 과연 편집자의 의도인지 아니면 우연히 나타났거나 실수인지 구별하기가 쉽지 않다.

셋째, 편집자의 의도를 알 수도 없고, 안다 하더라도 정확하지 않다는 비판이 있다.

제3부

본문(Text) 중심의 공시적 해석방법

역사비평학이 과거를 더듬어 저자와 전승의 과정과 본문 형성의 과정을 밝혀내는 과거지향적 성격이라면, 본문 중심의 공시적 해석방법들은 현재 눈앞에 놓여진 텍스트 자체를 받아들이며 출발한다. 경전으로 받아들여진 본문을 대상으로 분석을 시도하는 것이다.

최종 본문을 중심으로 해석하는 공시적 해석방법들은 경전비평, 수사 비평, 구조주의 비평, 이야기 비평 등을 들 수 있다.

경전비평은 경전을 확정하고 경전을 전승시킨 신앙공동체의 해석을 주목하는데 기독교 초기 시대부터 현재에 이르기까지의 다양한 해석을 주목한다. 경전비평은 역사비평학의 토대 위에서 역사비평학의 한계를 극복하려는 태도를 취한다.

수사비평이란 인간의 의사소통에 사용된 모든 수단들을 묘사하고 분석하고 해석하고 평가하는 작업을 말한다. 수사학을 "구성의 기교"로 보는 견해와 "설득의 기교"로 보는 두 가지의 견해를 구분해서 수사비평의 방법론과 실제를 제시할 것이다.

구조주의 비평가는 성경 본문을 거울로 생각하며 해석한다. 그 거울에는 보편적으로 공유하고 있는 구조와 관심들이 비춰져 있는 것이다.

이야기 비평은 성경 본문 자체에 초점을 맞추고 있으며 성경을 의미로 가득 찬 세계로 이해하고 있다. 따라서 해석 전문가가 아닌 일반 독자도 비평에 참여할 수 있는 길을 열어 주고 있다.

제1장

수사학적 비평 (Rhetorical Criticism)

수사비평이란 인간의 의사소통에 사용된 모든 수단들을 묘사하고 분석하고 해석하고 평가하는 작업을 말한다. 수사비평을 크게 세 가지의 입장에서 정의해 볼 수 있다.

1) 설득의 기술이라는 입장: 성경이 가지고 있는 메시지를 얼마나 효과적으로 독자들에게 설득하고 있는가를 평가하는 것- 저자의 의도
2) 문학적 및 구조적 아름다움을 평가하는 것에 관심이 있는 입장: 성경 본문의 구조를 밝히고 문학적 기교를 밝히는 것- 본문에 나타난 의도
3) 청중/독자와 함께 최선을 찾아 가는 과정이라고 보는 입장 : 위의 두 가지를 포용하되 저자의 마음 속에서나 본문의 구조 속에 주어져 있지 않고 독자들이 읽어가면서 성경본문과 함께 언제나 새

롭게 찾아가는 것임을 강조함[118])

1. 수사비평의 배경

1968년 미국 성경학회(Society of Biblical Leterature) 회장인 마일렌버그(James Muilenburg)는 그의 강연 "양식비평과 그 이후(Form Criticism and Beyond)"에서 양식비평 이후의 새로운 해석방법으로 수사비평을 제안했다.[119]) 그러나 수사학 자체는 최근에 형성된 학문이 아니라 고대부터 발전되어 온 역사 깊은 학문이다.

수사비평의 배경으로는 우선 고전 수사학(classical rhetoric)을 들 수 있다.[120]) 수사학이란 말의 전달 곧 communication에 관한 이론이다. 고전 수사학은 일찍부터 수사학을 "특수한 경우에 설득할 수 있는 수단과 방법을 발견하는 재능(능력)"으로 이해했다.[121]) 고전 수사학은 주로 대중을 상대로 연설하는 기술을 중심하여 발전하였으며 때로는 재판이나 토론을 위한 의사표현 능력을 향상시키기 위해서 수사학이 발전되기도 하였다. 수사학은 이미 주전 5세기 그리스에서 발전하였으며 아리스토텔레스(Aristotle)는 **수사학의 기술**(*The Art of Rhetoric*)이란 책을 저술하기도 하였다. 수사학은 당시 교육과정에서 필수로 이수해야하는 과목이었다.

고전수사학에서 커뮤니케이션의 세 요소는 말하는 자/저자, 연설/

118) 현경식, 이성호, **수사학적 성경해석의 이론과 실제** (서울: 성경연구사, 1996), 19-20.
119) James Muilenburg, "Form Criticism and Beyond," *JBL* 88(1969) 1-18.
120) P. Trible, *Rhetorical Criticism: Context, Method, and the Book of Jonah* (Minneapolis: Augsburg Fortress Press, 1994) 5.
121) Aristotle, *The "Art" of Rhetoric,* trans. H. W. Butler, Loeb Classical Library (Cambridge, Mass.: Havard, 1926) 1355b.

본문, 청중/독자 등으로 분류하였으며, 커뮤니케이션의 세 목표를 지적인 목표, 감정적인 목표, 심미적(審美的)인 목표 등으로 구분하였다. 또한 고전수사학에는 다섯 분야가 있는데 그들은 소재의 창안(*Inventio*), 구조(*dispositio*), 문체(*elocution*), 기억(*memoria*), 전달(*pronunciatio*) 등이 있다.122)

2. 수사비평의 방법

일반적으로 수사학이라 하면 연설의 테크닉으로만 이해하기 쉽다. 그러나 성경자체가 대부분 말로 전달된 것들이 문서화된 것이기에 성경자체에 이미 수사학적 기술이 포함되어 있는 것이다. 예를 들어 예레미야의 성전설교는 그 자체가 설교로서 작성된 것이다. 또한 처음부터 문서로 작성된 부분이라도 메시지를 독자에게 효과적으로 전달하려는 기술이 활용되었을 때 그 본문은 수사비평의 방법으로 해석되어질 수 있는 것이다.

성경해석에 수사비평이 활용된 경우들을 살펴보면 두 가지 줄기가 있음을 확인할 수 있다. 첫째는 수사학을 "구성의 기교(art of composition)"로 보는 줄기이고 둘째는 "설득의 기교(art of persussion)"로 보는 줄기이다.

수사학을 구성의 기교로 보아 성경해석에 적용한 학자들은 마일렌버그(J. Mulilenburg), 런드밤(Lundbom), 크레이븐(Craven), 세레스코(Ceresko), 트리블(P. Trible) 등이다. 수사학을 구성의 기교로 보는 줄기의 근원을 거슬러 올라 가 보면 그리스의 소피스트(Sophist)와 이소크라테스(Isocrates) 등이 있음을 발견하게 된다. 이 줄기에 선 학자들은 최종형태의 본문

122) P. Trible, *Rhetorical Criticism,* 6-9.

자체를 분석하여 본문의 구조와 본문을 구성하는 문학적 기교에 주목하며 본문에 나타나는 수사학적 장치들을 찾아내는 작업을 하게된다. 이러한 작업을 통해서 본문의 문학적 독특성과 중심사상을 찾아내게 되는 것이다.

한편 수사학을 설득의 기교로 보는 학자들은 기타이(Y. Gitay),[123] 클라인즈(D. Clines)[124], 바톤(J. Barton), 액섬(J. C. Exum), 왓슨(D. F. Watson), 하우저(A. J. Hauser)[125], 페트릭(Dale Patrick), 스컬트(Allen Scult)[126] 등이다. 이들은 최종형태의 본문에 나타나는 설득의 기교에 관심을 집중시켜, 어떠한 방법으로 본문/화자(話者)가 독자를 설득해서 독자/청중을 설득하여 효과적으로 메시지를 전달하는가를 찾아내고져 작업을 하였다. 특히 독자/청중의 관심을 불러일으키며 독자/청중에게 다양한 방법으로 호소하기 위해 세밀히 구성된 구성과 문체를 집중적으로 연구하였다.

마일렌버그(J. Muilenburg)에 따르면 수사비평이란 "문학단위를 설정하고 그 안의 문학적 특성을 설명함으로써 저자의 의도 혹은 본문의 의미를 찾아내는 것"으로 성서의 문학적, 신학적 지평을 밝히는 것이라고 할 수 있다.

트리블은 마일렌버그의 수사비평을 전수받았지만, 이를 한 단계 발

123) Yehoshua Gitay, "수사학적 비평," **성경비평 방법론과 그 적용,** 김은규, 김수남 역 (서울: 대한기독교서회, 1997) 211-233.

124) D. J. A. Clines and J. C. Exum, "The New Literary Criticism," *The New Literary Criticism and the Hebrew Bible,* D. J. Clines and J. C. Exum ed. JSOTS 143 (Sheffield: JSOT Press, 1993).

125) D. F. Watson and A. J. Hauser, *Rhetorical Criticism of the Bible: A Comprehensive Bibliography with Notes on History and Methods* (E. J. Brill, 1994).

126) Dale Patrick and Allen Scult, *Rhetoric and Biblical Interpretation* (JSOTS 82; Sheffield: The Almond Press, 1990).

전시켜 놓았다. 즉 그녀는 성경연구에 있어서 외면적 방법과 내면적 방법으로 구분하였다. 외면적방법은 본문의 역사적 배경, 고고학적, 자료 저자의 의도, 사회적 배경, 신학적 배경 등 본문의 배경에 관심을 집중시킨다. 그러나 내면적 방법은 최종형태의 본문 자체에 초점을 둠으로서 수사비평을 시작할 수 있다. 성경의 어느 본문도 독립적이지 않다고 보면서 수사비평은 외면적 방법의 결과들을 잘 활용해야 한다.[127]

수사학을 구성의 기교로 보는 트리블은 수사비평의 구체적인 방법을 다음의 10가지 지침으로 안내하였다;[128]

(1) 본문읽기 - 번역본을 읽고 히브리어 성경을 읽든지 혹은 순서를 바꾸어 읽든지 본문을 정독하는 것이 해석자가 먼저 해야 할 과제이다. 아직 본문을 분석하기 보다 본문과의 첫 만남이요 본문에 대한 개괄적인 면을 파악하는 단계이다.

(2) 본문과 관련된 자료 읽기 - 주석에만 한정시키지 말고 다양한 독서를 통해 본문과 관련된 자료를 수집한다.

(3) 본문의 배경 파악 - 본문의 위치와 본문의 시대적 상황에 대한 고찰을 통해 본문의 배경을 파악할 수 있다. 역사비평학적 연구결과가 도움이 될 것이다.

(4) 수사학적 해석 방법 파악 - 수사비평에 들어가기 전에 미리 수사비평 방법론을 숙지하는 것은 반드시 필요하다.

127) P. Trible, *Rhetorical Criticism,* 94-95.

128) P. Trible, *Rhetorical Criticism,* 101-106. 참조: 왕대일, **새로운 구약주석의 기초**, 189-92.

(5) 본문을 세밀히 관찰하기
문학단위 확정, 반복 부분 포착, 담화(discourse)의 형태 및 구조 파악, 이야기 줄거리의 변화와 흐름을 파악, 등장인물에 대한 분석, 구문론적인 특징 포착, 히브리어 접속사 사용 파악.
(6) 구조 파악 - 본문의 개요나 요약이 아니라 본문에 나오는 "바로 그대로의 말(ipsissima verba)의 구조를 파악한다.
(7) 사역 - 히브리어 문장 구조를 최대한 살릴 수 있도록 직역을 시도한다.
(8) 본문의 특징적 현상 파악 - 특히 반복되는 단어, 어구, 구절, 문장 등을 표시하기 위해 부호를 고안하여 사용하라.
(9) 수사학적 구조에 대한 설명과 해석
(10) 종합적 흐름 파악과 의미 사이에 존재하는 상호관계 파악.

트리블의 수사비평 방법론은 "본문읽기"에서 시작한다. 특히 그의 읽기는 최종본문을 읽는 "안으로부터의 읽기"(intrinsic reading)이며 이러한 읽기는 역사비평학의 시각으로 읽는 "밖으로부터의 읽기"(extrinsic reading)와 대조된다. 역사비평은 본문의 배경과 본문의 외적인 상황을 중시하며 분석하기에 이러한 명칭을 붙이는 것이다. 이 수사비평 방법론의 핵심은 본문이 어떤 모양으로 정교하게 짜여져 있는지 그 실체를 파악하는데 있다.

한편 수사학을 설득의 기교로 본 기타이(Yehoshua Gitay)는 수사비평의 방법론을 다음과 같이 제시하였다;[129]

129) Yehoshua Gitay, "A Study of Amos's Art of Speech: A Rhetorical Analysis of Amos

(1) 수사적 단락(rhetorical unit)을 결정 - 양식비평은 단락을 세분하였으나 수사비평은 각 소단락이 서로 연락되는 하나의 담론(discourse)으로 수사학적 단락을 한정시킨다.

(2) 수사적 상황(rhetorical situation)을 파악 - 왜 이러한 담화가 생겨났는가 하는 근본적인 이유를 밝히며 담화의 논쟁점을 확인해야 한다. 이러한 작업을 통해 담화의 핵심적인 메시지를 발견하게 된다.

(3) 청중을 설득시키는 방법인 수단(invention)을 발견 - 수단에는 "이성적 호소"(reasonable appeal), "윤리적 호소"(ethical appeal), 그리고 "변론적 호소"(judicial appeal) 등이 있다.

(4) 본문의 구성(organization)을 발견 - 주제가 담긴 핵심 부분을 발견하는 작업이다.

(5) 문체의 장치(stylic devices)를 발견 - 이 방법은 수사학을 "구성의 기교"로 보아 본문을 분석하는 방법과 유사하다. 즉 본문의 반복법, inclusio, 교차대구법, 은유법, 두운법 등 다양한 문체적 기법을 파악하는 작업을 말한다.

또한 기타이는 예언서 연구에 수사비평이 끼친 공헌을 다음과 같이 정리하였다.130)

(1) 예언자가 시인이었다는 것이 거의 정설로 받아들였으나, 수사비평에 의해 예언자가 산문의 화자(話者)이기도 하다는 사실이

3:1-15," *CBQ* 42(1980) 293-309. 참조; 이동수, **심판에서 구원으로 - 호세아 12-14장의 본문과 구조** (서울: 장로회신학대학 출판부, 1998) 64-68.

130) Yehoshua Gitay, "수사학적 비평," 218-221.

밝혀졌다. 예언자는 자신의 문체를 청중이 이해할 수 있도록 그리고 설득력 있게 기술적으로 작성하였다.

(2) 성경의 시(詩)는 평행법이 주류를 이루고 있기 때문에 평행구가 없는 부분(보기; 사 1:4b)은 본문전달에 문제가 있었다고 생각했다. 그러나 수사비평은 이러한 특수한 경우가 수사적 상황에서 오히려 청중들의 관심을 유발시킬 수 있는 충격요법이라 설명한다.

(3) 문체의 혼용, 문학형식의 파괴, 그리고 비대칭의 긴 운문의 사용 등은 예언 본문에 손상이 있었거나 왜곡된 것이 아니라 이러한 불규칙적 표현은 유창하고 웅변적인 표현임을 수사비평은 발견하였다.

수사학을 "구성의 기교"로 보는 견해와 "설득의 기교"로 부는 두 가지의 견해를 구분해서 수사비평의 방법론을 살펴보았다. 이제는 수사비평 방법론을 사용해서 실제 해석 작업을 하는 현장에서 어떠한 방법을 활용해야 하는지 그리고 그 순서는 어떠한 순서가 좋은지 결론을 내릴 차례이다. 우선 성경해석 현장에는 수사비평만 활용되는 것이 아니라 여러 가지 다양한 해석 방법들이 활용되고 있음을 염두에 두면서 수사비평 특유의 방법론만 중점적으로 이야기하는 것이 좋을 것이다.

트리블이 제안한 방법론을 살펴보면 수사비평 특유의 방법론에 한정시킨 것이 아니라 여러 다른 해석방법론과 중복되는 면이 있다. 예를 들면 "본문읽기"와 "본문과 관련된 자료 읽기" 등이 그러한 것들이다. 더구나 "수사학적 해석 방법 파악"의 과정은 해석작업 이전에

연구할 사항이지 해석 중간에 거칠 과정은 아니라고 생각된다. 또한 수사학을 "구성의 기교"로 볼 때 다른 해석방법 즉 설화비평이나 문학비평이나 구조비평에서 활용되는 해석방법과 크게 차이나지 않는 면들이 있다.

따라서 필자는 수사비평의 특징을 살릴 수 있는 견해인, 수사학을 "설득의 기교"로 보는 견해를 중시하며 동시에 "구성의 기교"에서 사용되는 방법을 보완시켜 종합적인 수사비평의 방법과 순서를 다음과 같이 제시하고자한다.

(1) 수사적 단락 결정 - 양식비평의 세분된 단락이나 이야기비평의 큰 단락과는 달리 수사비평의 단락은 수사적 목적을 이루기 위한 하나의 담론(discourse)으로 단락을 결정해야 한다.
(2) 수사적 상황 파악 - 수사적 담론의 배경을 탐색하는 작업이다. 어떠한 상황에서 이러한 담론이 생성되었는지 무슨 논쟁점이 가장 중요한 지를 파악하는 단계이다. 이러한 작업은 역사비평의 연구결과로부터 도움을 받을 수 있을 것이며, 고대 근동과 이스라엘의 역사와 종교 그리고 사회상에 관한 연구로부터도 도움을 받을 수 있을 것이다.
(3) 수사적 구조 파악 - 수사적 단락이 특이하다면 그 안에 뼈대를 형성하는 구조도 특이할 수밖에 없다. 수사적 담론의 목적을 달성하기 위한 특별한 담론의 짜임새(composition)의 구조를 파악하는 단계이다. 이러한 구조 파악으로 화자(話者)의 핵심적인 의도를 발견할 수 있다.
(4) 수사적 장치를 분석 - 이 작업은 문체의 장치를 발견하는 작업과 수사적 특유의 장치를 발견하는 작업을 종합한 것이다. 따라

서 수사학을 "구성의 기교"로 보는 트리블이 행한 작업에서 문체의 장치에 관한 상세한 내용을 알 수 있으며 기타이의 방법에서도 도움을 받을 수 있다.[131] 즉 본문의 반복, inclusio, 교차대구법, 대칭구조, 비유법, 도치법, 나열법, 청각법, 대화법, 언어유희, 구문론, 접속사 사용 등을 분석하여 본문의 문체를 파악하는 작업이다.

(5) 종합적인 수사학의 흐름 파악 - 수사비평은 본문을 세분화시키기보다 설교와 같은 종합적인 상황을 언제나 염두에 두면서 작업을 진행시킨다. 따라서 수사비평의 결론은 수사적 담론의 전체를 종합적으로 파악하는 것으로 마무리 지어야한다.

3. 수사비평의 실제

1) 시(詩)에서 발견되는 수사학 – 시편 1편[132]

그(의인)는
　　　　시냇가에 심은 나무가
철따라 열매를 맺으며
　　　　그 잎이 시들지 아니함 같으니
하는 일마다 잘 될 것이다.

---

131) 참조; P. Trible, 1994, 245-251; Yehoshua Gitay, "A Study of Amos's Art of Speech," 293-309; 이동수, **심판에서 구원으로,** 71-80.

132) Yehoshua Gitay, "수사학적 비평," 223-224 참조.

그러나 악인은 그렇지 않으니
한갓 바람에 흩날리는 겨와 같다. (시 1:3-4)

양식비평에 의하면 시편 1편은 교리적 시문으로 분류된다. 즉 지혜교사나 율법교사가 강조하는 것으로 하나님은 의인을 도우시고 악인을 버리신다는 교리가 담긴 시편으로 분류하는 것이다. 그러나 수사비평은 이러한 전통적이고 진부하게 여기기 쉬운 주제를 어떻게 청중이 흥미있게 들을 수 있도록 이 시편이 호소하고 있는가에 관심을 집중시킨다. 즉 이 시인은 은유를 동원해서 의인과 악인을 두 가지의 그림으로 그려 보이고 있다. 의인을 시냇가의 심은 나무로 묘사하고 악인을 바람에 흩어지는 겨로 그려보였다. 호소하고자 하는 메시지를 시각화시켜 보다 더 생생하게 청중에게 다가갈 수 있도록 수사학적 기법을 동원한 것이다. 현실의 삶에서 이러한 메시지가 분명히 실현되지 않는 점을 신학적으로 논쟁하기 보다 부정할 수 없는 자연현상을 동원한 은유를 통해서 이 메시지가 확실한 진리임을 설득하는 것이다.

2) 이야기에서 발견되는 수사학 - 창세기 22장

아브라함이 아들 이삭을 번제로 드릴 뻔한 이 짧은 이야기는 양식비평을 사용할 때 본문 이전의 사항에 대해 캐묻게 되지만, 수사비평을 사용하면 왜 이 이야기가 나타났는지 그리고 어떠한 수사적 기술이 활용되었는지를 발견하게 된다. 우선 수사적 상황을 살펴보면 이 이야기는 하나님께서 아브라함에게 하늘의 별과 같은 많은 후손을 주리라는 약속과 이 약속에 장애가 되는 일들이 일어나고 있는 상황이 있음을 발견하게 된다. 동시에 이 약속이 하나님에 의해서만 성취될 수 있다는 메시지를 전달하고자 한다는 설화의 목적도 발견하게 된다.

이러한 목적을 달성하기 위해 늘그막에 얻은 외아들 이삭을 "번제로 드리라"는 명령에 접한 위기 상황이 설정되었다. 하나님의 엄청난 명령에 대해서 전혀 항거하지 않는 아브라함의 침묵이 초반의 긴장감을 조성시킨다. 번제를 위해 장작과 나귀와 하인들을 준비시키는 아브라함의 행동만이 이 긴장감에 열기를 돋우어 주고 있다. 모리아 산에 오르는 비탈진 오르막길과 같이 점차 이야기는 긴장감이 높아져 간다. 아버지와 아들의 침묵 속에서도 그 긴장감은 더욱 강화되어 간다. 드디어 침묵이 깨어지고 이삭과 아버지 아브라함의 가슴 아픈 대화가 흘러나온다;

"아버지!"
"애야, 왜 그러느냐?"
"불과 장작은 여기에 있습니다마는, 번제로 바칠 어린 양은 어디에 있습니까?"
"애야, 번제로 바칠 어린 양은 하나님이 손수 마련해 주실 것이다."

이 대화는 청중을 한동안 멈칫하게 하지만 더욱 숨 막히는 긴장감으로 몰아넣고 있다. 이어서 나타나는 아브라함의 극적인 행동 - 아들 이삭을 묶고 칼을 들어 내리치려는 행동 - 이 있은 후 하나님의 마지막 해결책이 제시되어 이야기는 절정에 이르고 이어서 막을 내리게 된다. 약속이 하나님에 의해서 성취된다는 전통적이고 진부하기 쉬운 메시지가 극적인 이야기 속에서 극화되고 수사적인 기법에 의해서 호소력을 지니면서 효과적으로 전달되고 있는 것이다.

3) 예언서에서 발견되는 수사학 - 이사야 1:2-20

> "들으라! 하늘이여!
> 　　귀를 기울이라! 땅이여!" (사 1:2a)

이사야 설교의 첫대목이다. "들으라! (쉬므우 שִׁמְעוּ)"라는 예언자의 외침은 청중을 향해 "주목하시요"라는 외침이다. 그런데 청중에게 명령하거나 호소하지 않고 "하늘"과 "땅"에게 명령하고 있다. 설교자는 청중을 제삼자인양 지켜보게 하고, 언제나 변함없이 지켜보아 온 "하늘"과 "땅"을 향해 외치면서 설교를 열어가고 있는 것이다. 동시에 "하늘이여! ... 땅이여!"라는 표현으로 예언자의 비통한 마음, 더 나아가서 하나님의 비통한 심정을 토로하고 있는 것이다. 또한 이 "들으라"라는 최초의 외침은 이 설교 전체의 핵심적인 단어로 설교 전체에서 네 번이나 거듭 반복되어 나타난다(2, 10, 15, 19절). 이 짧은 외침 속에는 설교 전체의 핵심적인 주제를 안내하려는 예언자의 시도가 담겨있는 것이다.

> "내가 자식을 기르고 키웠거늘
> 　　그들이 나에게 반역하였구나!
> 소도 제 임자를 알고

나귀도 주인이 어디에 먹이를 두는지 알건마는
이스라엘은 알지 못하고
내 백성은 깨닫지 못하는 구나" (사 1:2b-3)

하나님의 비통한 심정의 실체가 드러나고 있다. 하나님이 사랑하여 양육했던 자식들인 이스라엘 백성이 하나님께 반역하였던 것이다. 이러한 이스라엘 백성의 어리석음과 하나님의 안타까움이 비교법을 사용하여 수사적으로 표현되고 있다.[133] 이러한 비교법은 증명의 목적으로 사용된다. 미물이지만 살아가기 위한 행동법칙을 잘 알고 정확하게 행동하는 소와 나귀의 모습과 어리석은 이스라엘 백성의 모습을 대비시켜 놓은 것이다. 가장 친근하게 알고 있는 자연의 법칙을 소개하면서 하나님에 대한 이스라엘 백성의 가장 자연스러운 행동의 법칙이 깨어져 있음을 통곡하며 지적하는 것이다. 더구나 "이스라엘"이라는 삼인칭을 일인칭인 "내 (백성)"으로 변경시켜 청중에게 갑자기 가까이 친근하게 다가오시는 하나님의 모습을 그려보였다.

이사야는 친근하면서도 가까이 있는 구체적인 예를 들면서 청중을 설득시키고 감동시키는 작업을 진행시키고 있는 것이다. 청중이 안고 있는 문제의 핵심을 지적하면서도 설득하는 하나님의 인상을 가장 친근하고 가까이 있는 존재로 느끼게 해주는 감성적이면서 수사적인 기법을 활용한 것이다. 이러한 바탕을 마련한 연후에 예언자는 기존의 종교적 관념인 "감사제사" 우선의 관행을 깨뜨리고 "죄 문제 해결"에 우선을 두라는 메시지를 제시하였다(사 1:4-17). 그리고 마지막 결단을 위해 하나님의 초대장을 제시하면서 설교를 끝맺고 있다. 이 마지막

133) Yehoshua Gitay, "수사학적 비평," 215-218.

부분에는 "만약/만일(if)"이란 뜻의 "임(אִם)"이란 단어가 네 번이나 거듭 반복하면서 결단을 촉구하는 수사적 표현이 나타난다. 특히 조건적인 분위기가 팽배한 이 결단의 부분은 무조건적인 용서가 강조된 것이 아니라 죄의 고백과 죄를 인정하는 절차를 강조한다.[134] 즉 "만약 너희들의 죄가 주홍같다면"이란 구절은 "만약 너희들의 죄가 주홍같음을 인정한다면"이란 뜻으로 풀이할 수 있는 것이다. 이 조건절은 죄를 확인하는 구절이며 동시에 죄를 자인하기를 촉구하는 구절이다. 이러한 내용은 1장에 나타나는 이사야 설교의 핵심을 정리하면서 동시에 결단을 촉구하는 세밀한 면을 보여주고 있다.

"오라 우리가 서로 변론하자"
　　라고 야웨께서 말씀하셨다.
"만약 너희들의 죄가 주홍같다면,
　　눈과같이 희어질 것이요,
만약 진홍같이 붉다면
　　양털같이 희어질 것이다.
만약 너희가 기꺼운 마음으로 순종하면,
　　땅에서 나는 좋은 것을 먹을 것이요,
만약 너희가 거절하며 배반하면 칼에 삼키우리라." (사 1:18-20a).

134) 결단을 촉구하는 조건적인 이사야의 태도에 대해서는 필자의 글을 참조바람; 정중호, "재난 속에서 살아남은 사람들을 위하여 - 사 1:2-20," **성경마당** 24호 (1997/4) 17-20.

4. 수사비평의 공헌과 한계

특이하게도 수사비평은 이야기비평과 중복되는 면이 있다. 이야기를 수사비평으로 분석하면 "무엇"(내용, 줄거리, 메시지)과 "어떻게"(양식, 문체, 문학적 수단)를 동시에 분석하고 그 결과를 종합하게 된다. 수사비평이 이야기비평과 차이가 나는 점은 동일하게 본문을 분석하지만 수사비평이 왜 이 메시지를 전달하려고 하는지 그리고 이 메시지를 전달하기 위해 어떠한 수사적 기술을 사용하는지에 주안점을 두고 분석한다는 것이다. 즉 수사적 상황과 수사적 기술을 중요시 한다는 것이다.

수사비평이 성경해석의 만병통치약은 될 수 없다. 그러나 성경해석을 위해 그리고 설교를 위해 고심하는 많은 사람에게, 수사비평은 새로운 시각을 열어 주고, 여러 해석방법과 협력할 수 있는 아주 중요한 해석의 도구를 제공해 줄 수 있다.

제2장

경전비평(Canonical Criticism)

경전비평 혹은 정경비평이라 부르는 이 해석 방법은 본문의 최종적인 형태에 관심을 기울인다. 성경은 신앙공동체의 산물이며 신앙공동체에 의해 전승되어 왔다. 그리고 그 말씀은 오늘날 신앙공동체에 의해 읽혀져 생명력을 발휘하고 있는 것이다. 신앙공동체가 받아들인 경전이 바로 성경이라는 점을 중시한 경전비평 주창자들은 신앙공동체의 해석 작업을 크게 중요시 여긴다. 따라서 교부시대와 중세시대 그리고 근대와 현대에 이르기까지 각종 신앙공동체의 해석을 귀중히 여긴다.

경전비평에서 강조하는 점들을 요약하면 다음과 같다:

(1) 본문을 성경 전체의 경전적 메시지에 귀를 기울이면서 읽어야 한다(canonical context).
(2) 본문에서 반복적인 의미를 찾는다(초기 공동체와 후기 공동체 간의 반복).

(3) 성경을 거울삼아 읽어라 - 성경은 삶의 모호성을 그대로 보여준다.
(4) 깨달음을 받는 입장에서 성경을 정직하고 겸손하게 읽어야 한다.
(5) 다신교적인 상황 속에서 야웨화로 극복한 책으로 성경을 읽어야 한다.

1. 역사비평학과 경전 비평

역사비평학이 성경해석에 기여한 점은 참으로 심대하지만 역사비평학의 결함이나 단점 또한 지적할 수밖에 없다. 우선 역사비평학이 본문 배후에 있는 본문의 배경과 저자 그리고 본문이 형성된 과정에 초점을 맞추며 객관적으로 그 사실을 추적했지만 과연 객관적인 역사적 연구가 가능한가에 대해 의문을 던지게 된다. 역사비평학의 선구자인 벨하우젠에게는 다윈의 이론이 영향을 주었고, 불트만에게는 실존주의 철학이 영향을 끼쳤다. 가치 중립적이고 객관적인 역사적 연구가 불가능하다는 것이다.[135)]

또한 "개인과 공동체 가운데 누가 더 권위 있겠는가?"라는 질문을 던질 수 있다. 역사비평학은 원저자를 탐색하면서 개인인 저자에 초점을 맞추고 무게 중심을 개인에 두고 있다. 반면 경전비평은 최종 경전을 수용한 신앙공동체에 더 무게를 둔다. 신앙공동체 보다 개인에 더 권위를 두는 역사비평학의 전제에 대해 의문을 던질 수밖에 없다. 그리고 역사비평학이 해석의 일부분 만을 담당한 것을 지적할 수 있

135) Mary C. Callaway, "정경비평," **성서비평방법론과 그 적용** (서울: 대한기독교서회, 1998) 192.

다. 역사비평학은 본문의 편집단계까지 추적한다. 그러나 경전비평은 편집단계에서 경전화 단계까지의 과정에 관심을 집중한다.[136] 즉 경전화된 최종 편집의 신학적 효과에 대해 관심을 기울이는 것이다.

역사비평학의 가장 큰 단점은 성경해석학과 목회현장을 연결시켜 주지 못한 점이다. 신앙공동체가 창조하고 형성한 성경을 학자들의 전유물로 바꾸어 놓은 점이다. 역사비평학은 신앙공동체의 "말씀"을 전문가만 알 수 있는 고고학적 무덤으로 만들어버린 일면이 있다. 새로운 신앙공동체가 성경해석을 통해 새롭게 신앙고백을 하고 성경이 신앙공동체에서 낭독되며 그 공동체 안에서 살아있어야 하는데 역사비평학은 이 점을 소홀히 했으며 오히려 신앙공동체에서 성경을 낭독하는데 훼방을 놓는 역할도 하였다. 성경을 세밀하게 분석했을 뿐 분석한 것을 의미 있게 종합하는 역할을 역사비평학이 감당하지 않은 것이다. 실제로 역사비평학 방법론 자체가 해석결과를 의미 있게 종합하는 역할을 수행하기 힘든 방법이었다.

경전비평은 역사비평학의 이러한 한계점을 인식하면서 그 돌파구를 마련하는 점에서 출발된 것이다. 샌더스는 경전비판이 공헌한 업적을 "계속해서 비판적으로 연구된 성경을 학자의 연구실로부터 교회의 성경낭독대로 되돌려 온 것"이라고 말했다.[137] 즉 신앙공동체가 창출한 성경을 신앙공동체의 손에 다시 되돌려 주어 성경을 의미 있게 읽는 일에 성경해석학자가 기여한 것이다. 그러나 경전비평이 역사비평학을 도외시하지 않는다. 오히려 역사비평학의 업적을 바탕으로 그 위에서 새로운 차원으로 도약하려는 의지를 갖고 있다.

---

136) James Sanders, *From Sacred Story to Sacred Text* (Philadelphia: Fortress, 1987) 165.

137) James Sanders, *Canon and Community: A Guide to Canonical Criticism* (Philadelphia: Fortress, 1979) 79.

2. 경전비평의 태동과 발전

역사비평학의 한계를 극복하려는 노력의 일환으로 경전에 관심을 돌린 학자는 차일즈(B. S. Childs)였다. 예일대학의 챠일즈(B. S. Childs) 교수는 1964년 "신앙을 통한 해석"(Interpretation in Faith)이라는 논문에서 경전을 중심한 새로운 해석 방법에 관한 그의 독특한 주장을 전개했다.[138] 그리고 1979년에 구약개론서인 *Introduction to the Old Testament*가 출판되자 이 새로운 해석방법에 대해 성경학자들의 관심이 고조되기 시작했다.[139]

그러나 차일즈(B. S. Childs)는 '경전비평'이라는 용어를 사용하지 않았다. 차일즈는 '경전비평'이라는 말이 역사적 비평과 같은 또 하나의 비평방법론으로 인식될까봐 이 용어를 사용하기를 거부하였다. 차일즈는 경전이라는 용어를 역사적 공동체가 그 흔적을 문학적 문서 위에 남긴 종교적 해석의 과정을 강조하기 위해 사용하였다.

'경전비평'이라는 용어는 샌더스(James Sanders)가 **토라와 경전**(*Torah and Canon,* 1972)이라는 저서에서 처음 사용하였다.[140] 샌더스는 구약에서 '약속과 성취'라는 주제가 참으로 중요한데, 그리고 족장들에게 약속한 그 약속이 여호수아에서 성취되었는데 왜 토라에 여호수아가 포함되어 있지 않느냐는 질문을 던진다. 그리고 그 이유를 바벨론에 유배된 공동체의 해석에서 찾으려고 하였다. 이리하여 샌더스는, 바벨론 공동체는 여호수아를 토라에서 잘라냄으로 인해 약속의 성취를 과거사로 한정짓지 않고 미래로 돌려놓을 수 있었고 공동체에게 희망을

---

138) B. S. Childs, "Interpretation in Faith: The Theological Responsibiblity of an Old Testament Commentary," *Interpretation* 18(1964) 432-449.

139) B. S. Childs, *Introduction to the Old Testament as Scripture* (Philadelphia: Fortress, 1979).

140) James Sanders, Torah and Canon (Philadelphia: Fortress, 1972).

붙어넣을 수 있었던 것이라고 설명하였다.

차일즈와 샌더스 두 학자의 견해 가운데 차이점 하나를 더 소개한다면, 차일즈는 히브리어 성경(MT)을 최종본문으로 인정하지만 샌더스는 70인역(LXX)이 초대교회의 경전임을 중요시 한다는 사실이다. 샌더스에게 중요했던 것은 본문의 최종 형태가 아니라 신앙공동체가 최종 형태를 만들어 낸 과정이었다. 신앙 공동체의 중요성이다. 샌더스는 "경전과 공동체, 이들은 함께 공존한다. 하나가 없이 다른 하나는 존재할 수 없다"고까지 주장하였다.[141] 이와 같이 신앙공동체가 본문의 의미를 결정해온 결과로서 경전이 완성되었고 그들이 의미나 가치를 부여하지 않는 것들은 경전이 되지 못했다. 샌더스는 성경이 영원한 진리나 신학적 교리를 제공하기보다 이야기들을 들려주고 있다는 점에 주목하면서 여러 시대를 통해 전승되어 온 이야기들이 다양한 상황에 융통성있게 적용되었다는 것을 강조하였다.

경전비평은, 본문 배후에 있는 본문의 배경과 본문이 형성된 과정에 초점을 맞추는 역사비평학과는 달리 이미 경전으로 받아들여진 본문(Text)의 최종형태에 주목한다. 따라서 경전비평은 경전을 확정한 신앙공동체의 역동성과 다양성에 관심을 기울일 수밖에 없다. 현재 구약성경을 경전으로 받아들이는 신앙공동체를 대별하면, 유대교, 카톨릭, 개신교 등으로 나눌 수 있으며 카톨릭도 동방교회와 서방교회로 나눌 수 있다. 그리고 각 신앙공동체가 경전으로 받아들이는 구약성경은 내용면에나 배열 면에서 차이를 보여준다. 또한 시대적으로 구약시대, 중간시대, 초대교회, 교부시대, 중세시대, 근대, 현대 등으로 대별하면서 다양한 신앙공동체가 있음을 우리는 안다. 예를 들어 사마리아 사람들은 오경만이 하나님의 말씀으로 받아들여 오늘날까지

---

141) James Sanders, *Canon and Community*, 15.

사마리아 오경이 우리에게 전해지고 있다. 중간시대에는 쿰란 공동체의 자취가 배여있는 사해사본이 있었으며, 초대교회 공동체에는 이들의 성경이라 할 수 있는 70인역(LXX)이 있었다.

3. 경전비평의 해석 방법

경전비평의 원칙과 방법론은 다음과 같다.

(1) 경전비평에 문학적 그리고 역사적 방법이 사용되지만 가장 핵심적인 것은 신학적 주제에 관심을 기울인다는 원칙이다. 경전비평은 왜 이 본문이 경전이 되었는가 하는 신학적 주제와 권위를 발견하고자 노력한다.

(2) 경전비평은 경전이 생성되기까지의 신앙공동체와 경전의 전승 사이에 일어났던 상호 작용에 관심을 기울인다. 경전비평은 경전화 과정에 참여했던 다양한 신앙공동체의 해석을 중요시한다.

(3) 성경 본문에 어울릴 수 있는 해석학은 본문 자체에서 발견되어져야 하며 철학적 혹은 신학적 영향력을 배제해야 한다. 경전비평은 전승을 채용하는 공동체들의 해석학에서(샌더스), 혹은 경전적 본문의 모습에서(차일즈) 그 원칙을 찾아야 한다.[142]

(4) 개별 본문은 경전 전체의 상황과 연관되어 신학적 의미를 가진다. 차일즈는 **성경신학의 위기**(*Biblical Theology in Crisis,* 1970)에서 개별 본문은 경전화된 성경 전체의 상황 사이의 변증법을 탐구해야 한다고 주장했다.[143] 다시 말하면 본문을 성경 전체의 맥락 속에서

---

142) Mary C. Callaway, "정경비평," **성서비평방법론과 그 적용,** 197.
143) Mary C. Callaway, "정경비평," **성서비평방법론과 그 적용,** 191.

읽어야 하며 구약과 신약이 연결되고 있음을 확인해야 한다는 것이다. 경전비평은 성경을 이야기 보따리로 보지 않고 신학적 사고들이 끊임없이 재형성되는 살아있는 토론장으로 본다. 경전화 되는 과정에서 율법은 지혜의 시각에서 이해되었으며, 시편과 예언을 서로 연관시켰다. 또한 이스라엘의 이야기 전승들은 지혜화되었다.[144)]

4. 경전비평의 실제

경전비평을 활용하여 연구한 예들을 들면 다음과 같다;

1) 이사야의 경전화

차일즈는 이사야를 예로 들어 주전 8세기 예언자였던 이사야의 예언이 어떻게 바벨론 포로시대의 예언자인 제2이사야와 함께 편집되어 경전으로 받아들여졌는지에 대해 주목을 하였다. 두 개의 예언서가 시대별로 이해되는 것이 아니라 공시적으로 문학적이며 신학적인 맥락에서 하나의 예언서로 이해된다는 것이다. 그러나 여기서 한 가지 지적할 것은 이사야의 예언을 제2이사야의 예언과 결합시킨 신앙공동체의 특수한 상황이 있었다는 점이다. 이사야를 오늘날의 형태로 경전화시킨 그 요인을 경전비평은 주목하는 것이다.

144) Mary C. Callaway, "정경비평," **성서비평방법론과 그 적용,** 198.

2) 창세기 1-2장

자료비평에 의하면 창세기 1:1-2:4a는 P(제사장 자료)이며 창세기 2:4b-25는 J(야웨 자료)이다. 두 개의 창조이야기가 나란히 배치되어 있는 것이다. 그러나 경전비평은 이 두 개의 이야기가 상호 연결되어 있으며 J의 이야기가 P에 흡수되어 있다는 점에 주목한다. 창세기 1-2장을 경전으로 읽은 랍비들은 하나님을 "엘로힘"으로 부르는 것은 하나님의 공의로운 측면을 가리키는 것이고, 하나님을 "야웨"로 부르는 것은 하나님의 자비로운 측면을 강조하는 것이라 해석했다. 두 이야기의 차이점을 인정하면서도 경전으로서의 조화를 찾으려는 노력을 엿볼 수 있다.

그러나 경전비평은 성경의 모순과 충돌을 완화시키는 작업 이상의 작업을 시도한다. 상이한 창조 이야기 두 개를 병렬시킨 것은 창조이야기를 사실적이며 역사적으로 읽지 말고 상징적으로 읽으라는 주문으로 볼 수 있다는 것이다. 독자로 하여금 상이한 창조방식을 읽게함으로 창조에 대한 다양한 어투와 시각을 발견할 수 있게 하고 창조이야기 상호간 충돌되는 부분에 대해 의문을 표시하도록 유도하는 것이다. 그리고 그 의문을 풀 수 있는 해결책이 문자적 이해에서 나올 수 없고 결국 창조이야기를 상징적으로 이해할 때만 나올 수 있다는 결론에 도달하게 하는 것이다. 그리고 이 두 이야기는 창조에 대한 사실적이며 과학적인 정보를 제공하려는 것이 아니라 창조 이야기를 통해 다양한 신학과 메시지를 말하려는 것임을 깨닫도록 경전비평은 유도하는 것이다.[145)]

창세기에서는 창조를 이야기로 풀어 보이지만 성경의 다른 부분에

---

145) Mary C. Callaway, "정경비평," **성서비평방법론과 그 적용**, 198.

서는 대부분 창조를 시적으로 표현하며 창조에 대한 다른 측면을 제시하기도 한다. 지혜서인 잠언 8:22-31에서는 지혜(호크마)가 세상 창조보다 먼저 있었으며 야웨의 세상 창조를 도우는 모습이 나타난다. 창조에 대한 이러한 새로운 이해는 로고스(Logos)의 선재에 관한 그리스도론과 직결되는 것이며 구약과 신약의 경전적 연결성이 이루어지는 것이다.[146)]

P자료가 하나님의 단독 창조를 강조한 반면 시가(시 74:2-17; 89:5-11; 욥 38:8-21)에서, 예언서(사 51:9-11)에서, 묵시문학(사 27:1) 등에서는 창조에 대해 색다른 다양한 증언을 펼치고 있다. 경전은 교리의 요약본이 아니라 모호하기도 하고 충돌을 일으키기도 하지만 다양한 전승들을 보존하고 있는 것이다. 비록 경전 안에서 여러 본문이 상호 충돌하는 경우도 있지만 신앙공동체는 그 전부를 경전으로 확정했다. 인간의 이성이나 과학적 지식의 잣대에 의해 경전이 결정되는 것이 아니라 신앙공동체의 신앙고백에 의해 하나님의 말씀으로 경전이 확정되는 것이다.

왜 창세기 1장에서는 이러한 창조 이야기가 나타났을까? 성경의 첫 부분은 서론과 같으며 성경전체를 조망하는 시각을 열어주는 부분인데 창세기 1장이 의도하는 시각은 무엇인가? 창세기 1장이 의도하는 바는 하나님을 유일한 창조주로 부각시키면서 그 어떤 세력도 하나님을 지배할 수 없고 그 어떤 신학까지도 하나님을 속박할 수 없는 하나님의 자유를 그 주춧돌로 삼은 것이다. 바벨론 포로라는 극단적인 상황 속에서 창조전승을 새롭게 해석하여 새로운 신학을 창출하고 신앙의 재확립을 도모한 모습이 창세기 1장에 나타나 있는 것이다.

---

146) 창조에 있어서 로고스의 역할을 강조한 본문은 요한복음 1:1-3과 골로새서 1:15-17 등이다.

3) 십계명(출 20:1-17)

차일즈는 십계명을 경전비평의 방법으로 해석했다. 제1계명을 중심으로 다섯 단계로 십계명을 해석한 과정을 살펴보면 다음과 같다.

(1) 역사 비평적 연구

본문의 언어를 분석하고 본문의 전승에 대해 연구하는 단계다. 십계명은 오랜 세월 동안 이스라엘의 예배와 삶 가운데서 발전되어 왔고 전승되어 왔다. 십계명은 청중을 향해 명령하는 2인칭 단수로 되어 있으며 필연적(apodictic) 법의 형태로 되어 있다. 그런데 1-3계명에서는 야웨가 1인칭이지만 4-10계명에는 야웨가 3인칭으로 나타나 있다.

(2) 구약 전체와 십계명(제1계명)

차일즈는 제1계명에서 '나 외에는(알 파나이, על־פני)'이라는 구절을 '내 앞에서'로 번역하는 것이 적합하다고 판단하면서, 이 구절이 유일신 사상보다 다른 신을 인정하는 단일신 사상을 나타내고 있다고 보았다. 십계명 가운데서도 가장 초기 형태인 제1계명이 왜 강조가 되었는지에 대한 설명 부분에 관해서 살펴보았다. 아마도 다종교 상황에서 다른 신들과의 경쟁적인 관계에서 나온 것으로 보인다.

(3) 십계명과 신약성경

예수는 십계명을 하나님의 뜻으로 여겼으며 모든 율법의 핵심이 하나님 사랑과 이웃 사랑이라고 요약하여 해석하였다. 바울은 죄를 드러내는 용도로 십계명을 사용하기도 하였지만(롬 7:7), 여러 곳에서 십계명을 인용하면서 율법을 새롭게 해석하였다(롬 13:8 이하; 엡 6:2; 약

2:11; 히 4:4, 10; 골 3:5 이하; 딤전 1:8 이하).

(4) 십계명과 교회사

초기 기독교 시대부터 종교 개혁 시대까지 십계명은 하나님의 계시의 핵심으로 존중되었다. 어거스틴은 십계명을 그리스도인의 자유의 헌장이라고 했다. 중세에는 아침 예배 때마다 십계명을 읽었다. 종교개혁 시대의 루터와 칼빈은 십계명을 교리문답의 중심으로 삼았고 신앙생활의 지침으로 여겼다.

(5) 오늘의 신앙공동체를 위한 신학적 메시지

경전 비평은 신앙공동체가 십계명을 어떻게 발전시키고 해석해 왔는지를 연구했다. 마지막 단계에서는 오늘의 신앙공동체를 위한 신학을 살펴야 한다. 제1계명은 여러 가지 유혹이 산재해 있는 오늘의 상황 속에서 오직 하나님만 섬기겠다는 결단과 고백을 요구하고 있다. 그리고 십계명은 오늘의 상황에도 여전히 하나님의 은혜의 선물로 받아야 하며 동시에 하나님의 경고임을 잊지 말아야 한다. 계약공동체가 하나님과의 약속을 잊지 말고 반드시 지켜야 하는 것이다.

5. 경전비평의 한계와 전망

경전비평이 끼친 긍정적인 영향은 다음과 같다;

(1) 역사비평학이 소홀히 한 측면, 즉 성경이 고대 신앙공동체에 삶의 기준을 제시하였다는 것을 밝히고, 오늘날 교회, 즉 신앙공동체의 경전임을 확인시켜 주었다.

(2) 성경의 최종 형태의 본문에 관심을 가지고 그 기능과 의미를 추구하였다는 점이다.

(3) 역사비평학은 구약과 신약 사이의 관계를 염두에 두지 않지만 경전비평은 구약성경과 신약성경 사이를 연결시켜 주었다.

한편 경전비평의 문제점은 다음과 같다;

(1) 경전화된 본문을 중심한 것은 중요한 공헌이지만 역사비평학을 뛰어 넘는 비평방법론이 세밀하게 개발되어 있지 않다.

(2) 역사비평적 해석을 소홀히 할 때 근본주의적인 해석으로 돌아갈 위험이 있다.

(3) MT(히브리어 구약성경)와 LXX(헬라어 구약성경) 가운데 어느 경전에서 출발해야 하느냐는 문제와 경전을 결정하는 기준의 모호함이 해결되어 있지 않다.

(4) 신앙 공동체의 중요성을 간과하는 차일즈에 초점을 맞출 때는 경전비평이 일종의 문학적 분석에 속한 신비평(New Criticism)으로 오해할 수 있다.

(5) 경전비평은 불일치한 부분들을 조화시키려는 경향이 있지만 동시에 그 통일성을 찾지 못하도록 방해하기도 한다. 성경 전체에 흐르는 통일성도 중요하지만 각 본문의 경전화 과정을 도외시할 수 없는 것이다. 오히려 개별 본문의 경전화에 더욱 주목할 필요가 있다. "많은 사람들이 하나님의 목적을 언뜻 보았지, 그것에 전체적으로, 또 완전하고 결정적으로 응답한 사람은 하나도 없다는 확신을 가지고 경전은 우리로 하여금 본문을 계속 연구하도록 초대하고 있다."147)

147) Donn F. Morgan, Between *Text and Community: The "Writings" in Canonical Interpretation* (Minneapolis: Fortress Press, 1990) 147.

제3장

이야기 비평(Narrative Criticism)과 한국의 이야기

성경에는 수많은 이야기가 기록되어 있다. 성경의 이야기는 우선 창세기-열왕기하에 나타난다. 천지창조로부터 아브라함의 등장과 이스라엘 사람들이 바벨론으로 붙잡혀가는 이야기가 전개된다. 그런데 성경에는 또 다른 이야기가 있다. 역대기에는 창세기-열왕기하에서 들을 수 있는 이야기를 하고 있는데 강조점이 다르고 보는 각도도 다르다. 뿐 만 아니라 내용을 부분적으로 삭제하기도 하고 또 다른 자료를 첨부하기도 한다. 그리고 에스라와 느헤미야에서는 페르시아 시대의 이야기가 담겨져 있다. 이 외에도 예언서에서 여러 다양한 이야기들을 발견할 수 있으며 지혜문학을 포함한 성문서에서도 이야기를 들을 수 있다. 지혜문학의 경우에는 욥의 이야기를 들 수 있다. 그리고 룻기는 참으로 아름다운 이야기라 할 수 있다. 클라인(David Klein)은 구약성경에서 설화가 차지하는 비중이 40%에 달한다고 하였다.[148]

1. 이야기를 읽을 때와 들을 때

이야기의 맛은 글을 읽을 때보다 말로서 들을 때 더 실감이 나고 이야기 속에 푹 빠져 들어간다. 심지어 책을 눈으로 읽을 때보다 낭독하는 소리를 들을 때도 이러한 효과를 경험할 수 있다.

조선시대 말기에 전기수(傳奇叟)로 활동한 사람이 있었다.[149] 그는 장날이면 장터에 가서 여러 사람들 앞에서 자신이 읽었던 소설을 큰 소리로 낭독하여 장터에 모인 사람들에게 들려주는 활동을 하였다. 간혹 중간 중간에 자신의 해설도 덧붙이면서 흥미롭고 실감나게 이야기를 들려주었다. 그런데 불행한 것은 그 이야기를 듣고 있던 사람 중 한사람이 이야기에 너무도 도취해서, 악당 역할을 실감 있게 들려주는 전기수를, 정의감에 불탄 흥분상태에서 자신도 모르게 들고 있던 담배 썰던 칼로 찔러 죽이고 말았다.

이 사건은 2500여 년 전 구약시대에 일어난 사건도 아니고 신라시대 때 일어난 사건도 아니다. 불과 150여 년 전 한국 땅에서 일어난 사건이다. 눈으로 조용히 글을 읽는 것보다 말하는 사람을 바라보며 음성으로 그 내용을 들을 때 엄청난 전달효과가 나타난다는 것을 실제로 증명해준 사건이기도 하다.

따라서 이야기의 기본적인 성격은 입에서 입으로 전해주는 구비문학(口碑文學)의 성격을 띠고 있다고 말할 수 있다. 전래되는 이야기는 참으로 많다. 이야기를 신화, 전설, 민담 등으로 분류하기도 하고 그 가운데는 민요, 수수께끼, 소설, 희곡, 서사시(徐事詩) 등이 포함된다.[150]

---

148) W. W. Klein, C. L. Blomberg, R. L. Hubbard, K. A. Ecklebarger, *Introduction to Biblical Interpretation* (London: Word Publishing, 1993) 261.

149) 전기수(傳奇叟)는 직업적 낭독자를 가리키며, 그 역할은 주로 평민, 상인층을 대상으로 공개적인 자리에서 책을 읽어 주는 것이었다.

이러한 많은 이야기가 전달되는데 그 가운데 흥미롭고 교훈적이며 그 이야기를 전하는 공동체가 소중히 여기는 것만 살아남아 후대에 전해진다. 왜 공동체가 이야기를 전달할까? 이야기 가운데는 허구적인 요소도 있지만 공동체의 실상을 담고 있기에 공동체는 그 이야기를 자신들의 이야기로 간주하며 소중히 여겨 전달한다. 그리고 단순히 전달만 하는 것이 아니라 수정하고 첨가하여 창의적으로 그 이야기들을 전달한다. 예를 들면 구약성경의 창세기를 이스라엘 사람들은 자신들의 이야기요 자신들의 역사로 받아들이지만 외부 사람들은 단순한 신화적 이야기로 여긴다.

2. 이야기 비평의 기원과 발전

구약성경의 이야기를 연구한 것은 1965년 에드윈 굿(Edwin Good)의 연구부터 본격적인 연구가 진행되었다. 이 분야에 가장 영향력있는 저서는 1981년 출판된 알트(Robert Alt)의 *The Art of Biblical Narrative*를 들 수 있다. 특히 이야기비평은 1974년에 창간된 "성경비평의 실험적 잡지"인 *Semeia*에서 주도적인 역할을 담당하였다. 1980년대에는 이야기비평의 새로운 도약이 있었는데 예를 들면, 폴진(Robert Polzin)은 *Moses and the Deuteronomist*를 저술했고, 건(David Gun)은 *The Fate of King Saul*을 출간했다. 또한 베를린(Adele Berlin)은 1983년에 *Poetics and Interpretation of Biblical Narrative*를 저술하여 이야기작법의 기술에 관해 명쾌하게 설명하였다.[151)]

150) 장덕순, **설화문학개설**, 개정판 (서울: 반도출판사, 1994) 33.

151) David Gunn, "설화비평", **성서비평 방법론과 그 적용**(서울: 대한기독교서회, 1997) 270-272; David Gunn, **The Story of King David**, (Sheffield: JSOTpress 1978); Polzin,

"이야기비평"이라는 단어는 형식주의 분석(formalist analysis)에서 사용되었으며, 특히 본문이 저자와 해석자와는 무관하게 해석될 수 있다는 신비평(New-Criticism)에서 사용되었다.[152] 이야기 비평은 때로는 '서사 비평' 혹은 '설화 비평'이라 번역되기도 한다.

한국에서도 성경 이야기에 대한 관심이 높아지고 있다. 장일선 교수의 **히브리 설화의 문학적 연구**(1985)를 비롯하여, 성경 이야기의 구조를 분석한 서인석 교수의 성경과 **언어과학: 구조분석의 이론과 실천**(1984)이 길안내를 해주고 있다. 또한 이종록 교수는 Mark Allan Powell의 **서사비평이란 무엇인가?** (*What is Narrative Criticism?*)를 번역하여 이야기 비평의 방법론을 소개하였고(1993), 박종수 교수는 **히브리 설화 연구: 한국인의 문화전통적 성경이해**(1995)라는 저서를 통해 성경이야기와 한국의 이야기를 연결시켜 주었다. 논문으로는 룻기를 연구한 신영섭의 학위 논문을 들 수 있으며, 신약의 이야기에 관한 것은 양재훈 교수가 번역한 **이야기 마가**를 들 수 있다.[153]

3. 이야기 비평의 방법론

이야기의 원형은 서사시에서 찾아 볼 수 있다. 예를 들면 홍해를 기

Moses and the Deuteronomist (New York: Seabury, 1980).

152) David Gunn, "설화비평", **성서비평 방법론과 그 적용**, 171.

153) 장일선, **히브리 설화의 문학적 연구**(대한기독교출판사, 1985); 서인석, **성경과 언어과학: 구조분석의 이론과 실천** (성바오로출판사, 1984); 박종수, **히브리 설화 연구: 한국인의 문화전통적 성경이해** (안양: 도서출판 글터, 1995); Mark Allan Powell, *What is Narrative Criticism?* (Minneapolis: Fortress, 1990), 이종록 역, **서사비평이란 무엇인가?** (서울: 대한예수교장로회 총회교육부, 1993); 신영섭, "성경 이야기(Biblical Narrative)에 관한 문학적 해석 방법론의 모델연구: Robert Alter, Meier Sternberg와 Shimon Bar-Efrat의 방법론을 중심으로 한 룻기 연구," 침례신학대학 대학원 박사학위 논문 (대전: 침례신학대학교, 1995). David Rhoads and Donald Michie, 양재훈 역, **이야기 마가** (서울: 이래서원, 2003).

적적으로 건넌 후 하나님을 찬양한 '모세의 노래'(출 15:1-18)가 바로 서사시다.

서사시를 원형으로 하는 이야기의 구성요소는 사건, 등장인물, 배경이며 이 세 가지 요소 사이의 상호작용을 플롯(plot)이라 한다. 플롯은 "얽어 짜다"라는 의미가 있는데, 이야기의 플롯은 발단(제시), 전개(갈등), 절정, 결말(대단원)로 구성되어 있다. 이 가운데 전개(갈등)의 단계는 주로 대화로서 진행되는데 때로는 사건의 전개로 진행되기도 한다. 이 단계에서는 갈등이 무르익게 된다. 그 다음의 단계는 이 갈등이 첨예화되는 단계인데 절정(climax)의 단계이다. 룻기를 예로 들어보면 발단(1장), 전개(2장), 절정(3장), 대단원(4장) 등으로 나눌 수 있다.

등장인물들은 이야기 속에서 서로 대화하며 때로는 해설자가 해설을 곁들이기도 한다. 그리고 배경에는 공간적 배경과 시간적 배경, 그리고 사회적 배경 등이 있다.

'사건'은 이야기에서 등장인물들이 행동하므로 생겨나는 일을 가리킨다. 사건이 진행함으로 인해 갈등이 생겨날 수 있는데, 이야기 비평가는 이러한 갈등을 밝히고, 전개시키고, 해결하는 방법에 관심을 기울인다. 사건 가운데는 핵심 사건이 있는데 동시에 주변 사건들도 나타난다.

또한 성경 이야기를 해석할 때 주목해야할 요소들은, 단어의 반복, 행동, 대화, 해설 등이다.

(1) 단어의 반복

반복되는 단어는 이야기의 중요한 의미를 전달하는 핵심단어(Leitwort)

이다. 예를들면 창세기에 반복되는 "축복"이라는 단어, 그리고 야곱의 이야기에 자주 등장하는 "돌(바위)"이라는 단어를 들 수 있다.

(2) 행동

이야기에 나타나는 행동에는 반복되는 행동, 평행되는 행동, 유비되는 행동 등으로 나누어 볼 수 있다. 이야기에 나타나는 반복된 행동은 예를 들면 사사기에 나타나는 주기적인 사건들(평화 - 백성의 배반 - 외적의 침략 - 백성의 부르짖음 - 사사의 출현과 백성의 구원), 광야에서 백성들이 여러번 하나님의 뜻을 거역하는 행동 등을 들 수 있다. 마치 반복되는 단어처럼 어떤 패턴을 이루며 반복되는 행동들은 이야기의 주제를 강하게 부각시키는 효과가 있다. 또한 아이를 낳지 못해 고통을 당하는 여인들의 이야기가 자주 등장하는 모습도 볼 수 있다; 사라, 리브가, 라헬, 한나. 어떤 이야기들은 평행하여 나타나는 경우도 있다. 즉 아브라함의 아들들인 이스마엘과 이삭이 생명의 위협에 직면하는 이야기가 연달아 창세기 21장과 22장에 이어지고 있다.

이야기에 나타나는 유비를 보면 한 행동이 먼저 나타나고 그 후에 그 행동에 대한 평가와 해석이 따르는 것을 볼 수 있다. 예를 들어 야곱이 아버지를 속이고 형의 축복을 도둑질한 행위에 대해서는 그 후에 일어나는 사건들을 통해서 야곱이 잘못을 저질렀으며 야곱이 이러한 행동에 대한 대가를 치루었음을 밝혀주고 있다. 야곱은 정든 집에서 야밤에 도주할 수밖에 없었고 외삼촌 라반으로부터 여러 차례 속임을 당한 이야기가 바로 야곱의 행동에 대한 해석으로 볼 수 있다.

(3) 대화

이야기의 중심은 역시 대화이다. 비록 해설자가 역할을 하고 있지만 보조 설명일 뿐 핵심적인 내용은 대화 가운데 표출된다. 이야기의 저자는 대화에는 서로 대비되는 모습을 통해 이야기를 이끌어 가고 있는데 예를 들면, 간결한 것과 장황한 것, 단순한 것과 복잡한 것, 균형 잡힌 것과 흐트러진 것, 예민한 것과 둔감한 것 등으로 대비되는 상황을 만들어 흥미있게 대화를 진행시킨다. 그리고 저자는 직접적으로 단언하는 형식을 취하기보다 간접적인 힌트를 주어 독자로 하여금 추론할 수 있도록 길을 안내하기도 한다. 성경 이야기 가운데는 대화를 반복하는 경우가 종종 나타난다(창 12:12-48). 먼저 나누었던 대화의 요점을 이야기하기보다 대화 전체를 되풀이하면서 그 내용을 전달하는 경우를 볼 수 있는데 이러한 테크닉은 전하고자 하는 메시지를 강하게 부각시키는 힘이 있다.

(4) 해설

성경 이야기에 나타나는 해설자들은 전지전능한 모습과 주제넘게 나서지 않는 모습의 양면성을 갖추고 있다. 따라서 해설자는 이야기의 흐름에 중요한 안내자 역할을 하고 있지만 핵심적인 것은 대화 부분에 맡기는 유연성을 보여준나.

4. 이야기 비평의 실제

1) 라헬과 야곱의 이야기

야곱이 장가드는 이야기와 야곱의 두 아내와 출산에 대한 이야기가 창세기 29-30장에 펼쳐진다. 아버지를 속인 야곱은 이제 외삼촌으로부터 속임을 당하며 사랑하는 아내 라헬을 얻기 위해 14년 동안 머슴

살이를 하는 모습이 그려져 있다.

야곱의 두 아내인 레아와 라헬은 서로 긴장관계에 놓이게 된다. 야곱과 에서가 형제이면서 긴장과 갈등을 동반한 관계인 것과 유사하다. 하나님은 남편의 사랑을 받지 못하는 레아에게 먼저 아들들을 선물로 주셨다. 반면 동생이면서 남편의 사랑을 받는 라헬에게는 아들을 주시지 않으셨다. 그러나 라헬은 남편에게 항의하면서 자식을 낳게 해 달라고 "명령"한다.

> "나에게 아들들을 주시오. 만일 그렇지 않으면 나는 죽을 것이요."
> (하바-리 바님 베임-아인 메타 아노키) 창 30:1

라헬이 야곱에게 명령하는 모습은 히스테리에 가깝다. 아들을 낳는 문제는 사람이 할 수 없고 하나님께서 허락하셔야만 된다는 것이 구약성경의 일관된 메시지이다. 그런데 그 문제를 남편에게 해결하라고 명령하는 것은 얼토당토않게 생떼를 쓰는 것이 된다. 라헬이 사용하는 언어도 거칠기만 하다. "주다(give"라는 뜻의 단어인 "야하브"는 주로 명령형으로 쓰이며 극단적인 상황에서 요구할 때 주로 사용되는 단어이다. 예를 들면 굶어 죽을 지경에 다다른 이집트 백성들이 요셉에게 와서 양식을 달라고 요청할 때(창 47:15)와 요셉의 대답에(창 47:16), 결혼 첫날밤 라헬 대신 레아와 지샌 후에 야곱이 속은 줄 알고 외삼촌 라반에게 라헬을 달라고 달려들 때(창 29:21) 이 단어가 사용되었다.

라헬이 이렇게까지 극단적으로 말을 함부로 하는 것은 그 당시 아들이 없는 여인이 얼마나 비참하고 자신의 신분과 장래가 보장되지 않는다는 점을 참고하면 이해 할 수 있다. 그러나 라헬의 말은 정도를 벗어나는 과격한 말이었다. 더구나 라헬은 "아들"이 아니라 "아들들"을 달라고 명령하였다. 라헬의 야망은 아들 한 명으로 만족할 수 있는 것이 아니었다. 자신이 형 레아를 이기고 족장의 정부인의 위치를 확고히 해야 한다는 강박관념에 사로잡혀 있는 것이다. 이러한 레아의 억지 섞인 몸부림에 야곱은 분노하면서 "내가 하나님을 대신하겠는가?"라는 말로 대답하였다. 야곱은 생전에 형인 에서가 자기에게 팥죽을 "먹게하라"고 명령하는 경험이 있었다(창 25:30). 이제는 사랑하는 아내가 자기에게 명령하고 있는 것이다.

라헬이 분노하는 남편에게 응수한 대목은 나타나지 않는다. 대화 가운데 있을 법한 세밀한 것을 과감하게 줄이고 줄거리를 급하게 진전시키고 있는 저자의 의도를 엿볼 수 있다. 라헬은 현실성있는 대안을 제시하였다. 자신의 시녀인 빌하를 야곱에게 첩으로 주었다. 라헬의 이러한 처방은 당시의 관습을 따른 것이었다. 아들을 낳지 못한 여인이 자신의 신분을 유지하고 장래를 보장받기 위해 시녀를 남편에게 첩으로 주는 일은 고대의 관습이었다. 아브라함의 아내 사라가 아들을 기다리기에 지쳐 시녀인 하갈을 남편에게 첩으로 준적도 있었다. 문제는 아들을 낳는 일이, 즉 생명의 주인이 하나님이라는 구약성경의 일관된 신학에서 볼 때 이러한 여인들의 행동은 하나님에 대한 믿음이 부족한데서 비롯된다는 사실이다. 더구나 라헬은 야곱에게 빌하를 주면서 "그녀에게 가라!"라고 명령하는 태도는 라헬이 히스테릭한 행동을 하고 있었음을, 라헬의 심정이 몸부림치고 있었음을 나타내 주는 태도이다.

라헬이 나중에 아들을 낳게 된 것은 하나님의 허락으로 이루어진 것이었다. 라헬은 아들의 이름을 "더하다"라는 뜻의 단어인 "야사프"

에서 파생된 단어인 "요셉"이라 지었다(창 30:22-24). 그러나 라헬의 야망은 비극으로 마감되었다. 둘째 아들 베냐민을 낳으면서 산고 때문에 라헬은 죽었다(창 35:16-20). 라헬이 한 말 "나에게 아들들을 주시오. 만일 그렇지 않으면 나는 **죽을 것이요**"라는 말이 다시 귓전에 울리고 있다. 생명을 걸면서 아들들을 낳아야 하는 여인의 처절한 몸부림이 묘사되어 있다. 형 에서의 장자권과 축복을 빼앗고 그것을 누리려고 하는 야곱의 모습이 형 레아를 제치고 자기가 정부인이 되겠다고 몸부림치는 라헬의 모습과 점철되어 나타난다. 라헬의 기대는 끝내 이루어지지 않았다. 후대에 왕이 되고 제사장이 된 것은 레아의 아들들인 유다와 레위의 자손들이었다.

2) 다말 이야기(창 38장)와 요셉 이야기(창 37장, 39-48장)

요셉의 이야기가 37장에서 시작되어 39장 이하로 계속되는데 느닷없이 요셉의 형 유다와 그의 며느리 다말의 이야기가 38장에 튀어 나온다. 38장의 위치가 정확한가? 무슨 이유로 이 짧은 이야기가 요셉 이야기 중간에 들어 있는가? 역사적 비평의 방법으로는 "이 이야기는 완전히 독립된 단위이다. 요셉의 이야기와는 아무 연관성이 없으며...."[154]라고 말할 수밖에 없다. 그러나 이야기비평의 기법을 사용하면 38장이 왜 이 위치에 배치되어야 하는지 그 이유를 밝힐 수 있다.

우선 이야기들의 주제들을 살펴볼 필요가 있다. 37장에서는 요셉의 형들이 아우인 요셉을 죽이려다가 결국 노예상인들에게 팔아넘긴 사건이 나타난다. 이 이야기는 가족에 의해 부당한 대우를 받은 한 많은

154) E. A. Apeiser, *Genesis,* The Anchor Bible (Garden City: Doubleday & Company, Inc., 1982) 299.

소년의 이야기이며(ill treated boy), 힘있는 가족이 연약한 가족을 부당하게 억압하는 이야기다. 그런데 38장의 이야기도 가부장적 가족제도 속에서 남편을 잃고 아들없는 약자인 과부 며느리가 가장인 시아버지로부터 부당한 대우를 받은 이야기로 나타난다. 그리고 부당한 대우를 받은 약자는 말이 없다. 요셉의 비명도 없었고 다말의 애간장을 녹이는 통곡도 들리지 않고 있다. 침묵은 말없는 분노와 항거를 대변하는 듯 하다. 여기까지는 37장과 38장의 주제가 비슷하게 나타난다. 그러나 38장의 나머지 이야기는 부당한 대우를 받은 약자인 과부 며느리가 학대자인 시아버지 유다의 방해에도 불구하고 통쾌하게 자기의 신분과 권리를 되찾는 이야기가 나타난다. 이 이야기는 39장부터 이어질 요셉의 통쾌한 승리의 이야기와 비슷하다.

따라서 38장은 연대적으로 혹은 순서상 유다와 그의 가족의 상황이 미리 언급되어야 되었기에 삽입된 면도 있지만[155] 요셉의 이야기 전체를 선도하는 이미지를 제시하기 위해 배치된 것이었다.

5. 구약성경의 이야기와 한국의 이야기

1) 신화

전해 내려오는 이야기 가운데는 신화(神話)가 있다. 신화를 '신들의 이야기'로 치부하면서 이방종교의 이야기로 이해하는 경향이 있는데

155) George W. Coats는 38장이 요셉의 이야기와 연관성있다는 Redford의 해석을 소개하면서도 38장은 독립된 이야기임을 주장하였다. 연대적으로나 순서적으로 유다의 이야기가 38장에 언급되어야 한다는 주장은 Redford의 주장이다. George W. Coats, *Genesis,* FOTL (Grand Rapids: William B. Eerdmans, 1983) 273.

이러한 생각은 신화의 의미를 왜곡시킬 수 있다. 웹스터 영어사전에는 신화를 다음과 같이 정의한다;

신화는 일종의 오래된 전승담(an old traditional story)이거나 전설(legend)로서 주로 믿기 어려운 일이나 초자연적 존재에 관심한다. 신화는 때론 인류의 초기믿음이나 인간사회의 분위기나 정서를 드러내기도 하며, 자연현상이나 인류의 기원을 설명하는 것이다.[156)]

신화를 자세히 보면 신들의 이야기가 아니라 인간에 대한 이야기임을 알 수 있으며 자신들의 삶의 모습이 투영된 이야기임을 알 수 있다. 자신들의 정체성을 보여주는 거울과도 같은 것이 신화이다. 그리고 인간의 능력으로는 어찌할 수 없는 신비한 자영현상을 신들의 이야기로 설명한 것이다. 그래서 신화를 '신들의 이야기'가 아니라 '신비한 이야기'로 이해할 필요가 있다.

창세기에는 창조이야기가 나타난다. 그리고 한국과 동양에도 창세설화 즉 창조이야기가 전해오고 있다. 한국에는 주로 민중 사이에서 명맥을 유지하는 무가(巫歌)로 전해내려 오고 있는데 창세가(創世歌)를 그 예로 들 수 있다. 창세가는 함흥지역의 '세인굿'의 서두에서 가창되는 본풀이에 들어 있다.[157)]

홍수이야기도 성경 뿐 만 아니라 다른 문명권에도 자주 나타나는데 바벨론의 홍수이야기를 그 예로 들 수 있다. 한국의 홍수이야기들은

---

156) D. D. Bolander eds. *Webster's Dictionary of the English Language* (New York: Lexicon Publication, Inc., 1987) 660.

157) 박종수, **히브리 설화 연구**(안양: 글터, 1995) 49.

남매의 결합형과 목도령형으로 나누어 볼 수 있다.[158]

2) 전설

대부분의 전설은 허구적이 아니라 실제의 이야기를 바탕으로 하고 있다. 따라서 전설은 체험적인 이야기이며 역사적인 이야기이기도 하다. 그러나 전설은 반드시 역사적이 아닐 수도 있다. 전설은 주로 특정한 장소에 대한 것이거나 사건에 관한 원인론적 전설이 많은데 소돔과 고모라에 관한 이야기를 한 예로 들 수 있다. 왜 소돔과 고모라가 파괴되었으며 왜 소금 기둥이 세워졌는가에 대한 이야기다. 이 이야기는 한국의 장자못 전설과 유사하다.[159] 성소에 대한 역사적 전설로는 벧엘(하나님의 집)이야기를 들 수 있는데(창 28:11-22) 한국의 미륵사전설이 이와 유사하다.[160]

3) 민담

신화는 주체가 신이지만 민담의 주체는 사람이거나 의인화된 동식물로 차이가 있다. 또한 전설에는 실제 일어난 사건이라는 의미에서 역사적인 증거물이 포함되어 있지만 민담에는 그러한 것이 필요 없다. 보다 더 중요한 것은 흥미가 있고 때로는 교훈적인 것이 들어 있어서 누구나 재미있게 들을 수 있는 것이 민담이다. 예를 들어 민담은 "옛날 옛적에"로 시작하여 "행복하게 살았더라"라는 구절로 마무리를 하

158) 박종수, **히브리 설화 연구**, 51-52.
159) 박종수, **히브리 설화 연구**, 56-57.
160) 박종수, **히브리 설화 연구**, 59-60.

는 구수한 이야기일 경우가 많다.

제사와 관련된 이야기로는 레위기 10장에 1-2절에 소개된 "제사장들의 죽음"을 들 수 있는데 이와 유사한 한국의 이야기로는 삼국유사에 소개된 "영규 아간의 죽음"이 있다.[161] 영규 아간은 장군이라는 직위를 빌어 함부로 사당에 제사를 지내다가 대들보가 부러져 치여 죽었다.

기적이야기도 성경에 자주 등장한다. 홍해와 요단강이 갈라지는 기적이야기(출 14:21; 수 3;14-17), 이집트에 내려진 10가지 재앙 이야기(출 7:20-12:51) 등 수많은 기적이야기를 들을 수 있다. 그런데 한국에도 기적이야기가 많다. 그 가운데는 백제가 멸망당하기 직전 사비수의 물이 핏빛으로 변한 기적이야기도 있다.[162]

제비를 뽑아 하나님의 뜻을 알아낸다는 주술담은 성경에 자주 나타나는데, 제사장은 하나님의 뜻을 알기 위해 점을 치는 도구인 우림과 둠밈을 가슴에 품고 있다. 예를 들어 누가 범인인지 알기위해 제비를 뽑다가 왕의 아들이 요나단의 정체가 드러난 이야기가 있다(삼상 14:24-45). 또한 아이성 전투에서 패배한 원인이 아간의 행동이었다는 것을 밝혀낸 제비뽑기의 이야기도 있다(수 7장).[163] 삼국유사에는 제비뽑기를 한 이야기가 기록되어 있다. 신라 51대 진성여왕의 막내 아들 양패가 후백제의 해적을 토벌하고 있었을 때 풍랑이 크게 일었다. 이 때 꿈에 한 노인이 나타나서 활쏘는 사람 하나를 섬에 남겨두면 풍랑이 잔잔해 질 것이라 하여 군사들 가운데 제비뽑기를 하였다. 제비를 뽑아 한 사람을 섬에 남겨두었더니 풍랑이 멈추었다는 이야기

161) 일연, 이민수역, **삼국유사**(상) (파주: 범우사, 1986) 156-157.
162) 일연, **삼국유사**(상), 74.
163) 박종수, **히브리 설화 연구**, 73.

다.[164)]

이 외에도 박정세는 창세기와 한국의 천지왕 본풀이, 노아 홍수 이야기와 한국의 남매의 혼인 이야기, 소돔과 고모라 이야기와 장자늪 전설, 이삭의 번제와 벼락맞은 아버지 이야기, 메시아 예언과 정감록, 예수 탄생 이야기와 아기 장수 이야기, 십자가와 부활과 한국의 원혼 설화, 성령 감림 이야기와 계룡산 떡보살 이야기, 마지막 심판 이야기와 바리공주 무가 등의 이야기들을 비교 하였다.[165)] 그리고 박종수는 모세의 일생과 유충렬전을 비교하였고, 아브라함이 이삭을 바치는 이야기와 손순매아의 이야기를 비교하였다.[166)] 곽노순은 심청전 이야기와 예수의 이야기를 비교하였고, 아브라함과 단군 이야기를 비교하였다.[167)]

6. 이야기 비평의 공헌과 한계

경전 비평을 주창한 샌더스(James Sanders)도 성경이 이야기임을 주목하였다. 즉 성경이 영원한 진리나 신학적 교리를 제공하기보다 이야기들을 들려주고 있다는 점에 주목하면서 여러 시대를 통해 전승되어온 이야기들이 다양한 상황에 융통성있게 적용되었다는 것을 강조하였다. 따라서 이야기 비평은 역사비평학을 넘어서서 새로운 해석방법론을 모색할 수 있도록 연결하는 징검다리 역할도 하고 있는 것이다.

---

164) 일연, **삼국유사**(상), 116-117.

165) 박정세, **성서와 한국 민담의 비교 연구**, (서울: 연세대학교 출판부, 1996).

166) 박종수, **히브리 설화 연구**, 76-85.

167) 곽노순, "한국 성서학의 민족신학적 조명", 조성노 편, **민족신학의 모색,** (서울: 현대신학연구소, 1992), 121.

이야기 비평은 성경 본문 자체에 초점을 맞추고 있으며 성경을 의미로 가득 찬 세계로 이해하고 있다. 따라서 해석 전문가가 아닌 일반 독자도 비평에 참여할 수 있는 길을 열어 주고 있다.

또한 알터는 이야기의 의미가 고정되어 있지 않다고 보면서 이야기의 의미는 이야기를 읽거나 듣는 과정에서 발견된다고 하였다. 즉 이야기 비평은 본문 중심적 해석이지만 독자 중심 해석의 길도 열어놓고 있음을 알 수 있다.

그러나 이야기 비평의 한계점도 발견된다. 기본적으로 성경은 신학적인 의미를 전해주려고 하는데 이야기 비평은 그러한 의미보다 이야기 자체의 문학적인 주제에 관심을 집중하고 있다는 점이다. 또한 성경의 신학적인 의미를 이해하기 위해서는 역사비평학적인 연구결과도 필요하다. 특히 이야기의 배경 연구에 있어서 이러한 도움이 필요하기 때문에 역사비평학과 상호보완하려는 노력이 있어야 한다. 그리고 이야기 비평이 독자를 초청하면서 독자의 역할을 강조하는 면이 있다. 이러한 것은 장점이기도 하지만 독자의 주관성이 너무 많이 들어가는 해석이 될 가능성이 있으므로 주의를 기울일 필요가 있다.

제4장

구조주의 비평 (Structuralist Criticism)

역사비평학이 성경 본문(text)을 창문으로 생각하고 그 창문을 통해 본문의 저자와 저자의 의도 그리고 저자의 상황 등을 찾으려 애썼다면, 구조주의자들은 성경 본문을 거울로 생각하며 해석한다.[168] 그 거울에는 보편적으로 공유하고 있는 구조와 관심들이 비춰져 있는 것이다. 구조주의자들은 성경 본문 너머에 있는 과거의 상황들에는 관심이 없으며 현재 앞에 놓여진 성경의 최종 본문에서 출발하고 본문에만 관심을 기울인다.

---

168) John H. Hayes, and Carl R. Holladay, 김근수 역, **성서주석학**(서울: 나단출판사, 1988), 110-111.

1. 구조주의 비평의 배경과 발전

바톤(John Barton)은 구조주의비평이 나오게 된 배경에 대해 두 가지로 지적한다.169) 첫째, 전통적인 역사비평학적 방법들에 대한 한계와 본문을 있는 그대로 읽을 수 없다는 한계이다. 성경본문의 의미를 과거나 역사적 지식을 뜻하지 않는 다른 것, 즉 본문의 구조에 근거한 것으로 이해하게 되었다. 둘째, 일반 문학이론을 성경을 비평적으로 연구하는데 도입한 결과이다. 여기서 일반 문학이론은 구조주의를 뜻하는데, 이것은 1950년대에 프랑스를 중심으로 나타난 현대 사상들 중 하나이다. 그 종류는 구조언어학(Structural Linguistics), 구조 인류학(Structural Anthropology), 기호학(Semiotics), 구조적 문학연구(Literary Structuralism) 등이다.

구조주의 방법론은 현대언어학의 시조인 소쉬르(Ferdinand de Saussure, 1857-1913)의 **일반언어학 강의**에서 비롯하였다.170) 소쉬르는 언어는 언제나 다른 언어와의 관계와 차이로 규정되어 있다고 하였다. 예를 들어 '들판'이라는 말은 산과 숲과 강과 연관될 때 비로소 의미를 가진다. 그리고 단어의 어원이라든가 시대적으로 어떻게 사용되었는가에 대해서는 구조주의에서 관심을 가지지 않는다. 즉 언어는 부분들이 전체와의 관계에서 이해되어 하는 체계이기에 공시적으로 분석할 수 밖에 없는 것이다.

그리고 구조주의의 원류를 추적해 보면 1920년대의 흐름인 러시아의 형식주의를 발견할 수 있다. 러시아의 형식주의자인 프롭(Vladimir Propp)의 **민담의 형태론**은 구조적 이야기 연구의 대표적 저서이다.171)

---

169) John Barton, *Reading the Old Testament* (Philadelphia: The Westminster Press, 1984), 105-106.

170) Ferdinand de Saussure, *Sours de linguistique générale* 오원교 역 (서울: 형설출판사, 1982).

프롭은 100여개의 러시아 민담을 분석하여 등장인물들이 일곱 가지 주요한 역할과 서른 한 가지의 연속적인 행동을 한다는 사실을 도식화하여 보여 주었다. 즉 민담의 이야기가 일정한 틀 혹은 구조에 따라 전개되고 있음을 발견한 것이다.[172]

2. 구조주의 비평의 특징

역사비평학이 통시적인(通時的, diachronic) 성경해석 방법이라면 구조주의자들은 공시적(共時的, synchronic) 성경해석 방법이라 부를 수 있다. 저자가 본문을 기록할 당시에는 본문의 의미가 어떠했으며(What the text meant?) 그리고 지금은 어떠한 의미가 있느냐(What the text means?)라는 질문에 구조주의자들은 별 관심을 보이지 않는다. 구조주의자들은 성경 본문을 대할 때 "시간"이란 요소를 염두에 두지 않고 읽는다(*atemporal* reading).[173] 따라서 구조주의비평은 본문의 과거를 묻지 않고 현재 앞에 놓여진 본문을 있는 그대로 대하는, 철저한 본문 중심(text centered) 해석방법이라 할 수 있다.

구조주의자들의 전제는 "모든 사회활동은 추상적인 관례적 관습(conventions)이나 신념이나 규칙 등에 의해 통제되고 있다"는 것이다.[174] 어떤 옷을 입을 것인가 혹은 어떤 스타일로 장식할 것인가 그리고 어떠한 언어를 사용할 것인가 혹은 어떠한 매너로 사람을 대해

---

171) Vladimir Propp, *Morphology of the Folktale,* tr. by L. Scott (Austine: University of Texas, 1968).

172) 이경재, **현대 문예 비평과 신학**(서울: 도서출판 호산, 1996) 93.

173) John H. Hayes, and Carl R. Holladay, **성서주석학**, 112.

174) John H. Hayes, and Carl R. Holladay, **성서주석학**, 111.

야 하는가 하는 모든 말과 행동의 바탕에는 내면적인 체계와 구조가 자리잡고 있으며 말과 행동은 그러한 구조를 반영하고 있다는 것이다. 이러한 관습과 신념과 규칙들은 체계화되어 어떤 구조를 형성하고 있는데 그 구조는 의식적인 곳에 혹은 무의식적인 곳에 자리잡고 있다. 표면적으로 쉽게 관찰할 수 있는 구조를 구조주의자들은 "표면구조(surface structure)"라 부르고, 눈에 보이지 않거나 쉽게 관찰되지 않고 또는 무의식의 세계에 자리잡고 있는 구조를 "심층구조(deep structure)"라 부른다. 성경 본문을 분석할 때 구조주의자들은 언어로 쉽게 노출되는 문법이나 이야기의 흐름 등을 표면구조로 보고, 본문 깊숙이 자리잡고 있는 신념의 체계나 복잡한 언어구조를 심층구조라 부른다. 즉 심층구조에 대한 연구는 무의식의 영역에 대한 고찰이라 할 수 있다.

3. 구조주의 비평의 방법과 실제

구조분석을 할 때 발견할 수 있는 기본적인 구조는 서로 대비되어 짝을 이루는 구조이다 - "병행 대비의 원리(principle of binary opposition)".[175] 동양철학에서 모든 것을 음과 양의 대비 구조로 설명하는 것도 하나의 구조분석으로 볼 수 있다. 남자와 여자, 악과 선, 밝음과 어두움, 열기와 냉기, 건강한 사람과 병든 사람 등으로 대비되어 있는 구조를 볼 수 있다. 한편 파란 색과 붉은 색, 바다와 강, 산과 들 등 비교할 수 있는 다양한 것들 속에 놓여 있는 구조도 볼 수 있다. 구조비평은 본문 속에 짝을 이루며 대비되거나 비교되는 구조를 파악하여 본문의 핵심적인 메시지를 발굴하려고 한다.

---

175) John H. Hayes, and Carl R. Holladay, **성서주석학**, 115.

구조주의 비평에서 특히 관심을 기울이는 부분은 의사전달에 있어서의 상호 관련성이다. 구조주의 비평은 다음과 같은 질문을 던진다;

(1) 특정 단어들은 어떻게 다른 말들과 서로 관련을 맺고 있는가?
(2) 서로 다른 상징과 특징들이 어떻게 서로 관련되어 전체를 형성하는가?
(3) 본문이 사회적, 종교적, 정치적 환경과 어떻게 관련되어 있는가?
(4) 어떻게 본문이 독자와 함께 상호작용하여 의미생산에 참여하는가?[176)]

구조주의 비평가들은 표면구조를 살피는 것 보다 심층구조를 살피는 것에 집중하고 있다. 그러나 심층구조를 표면구조와 대비해 본다면 심층구조의 의미가 보다 더 명확하게 드러날 수 있다. 예를 들어 창세기 1:1-2:1 부분의 표면구조를 살핀다면 다음과 같은 사실을 발견할 수 있을 것이다.[177)]

창세기의 첫 부분은 전통적으로 자료비평을 통해서 두 개의 창조이야기로 구분되어 왔다. 즉 1:1-2:4a와 2:4b-25로 구분된다. 그러나 구조주의비평에 의해 표면구조를 살핀다면 1:1-2:1이 하나의 해석단위로 구별된다. 이 해석단위에 대한 구조주의적 분석을 살펴보자; (1) 1장 1절에 "하늘과 땅"이 처음 언급되고 2장 1절에 다시 "하늘과 땅"이 완성되는 장면이 나타나 서로 대비되는 짝을 이룬다. (2) "하나님이 말씀하기를"이란 구절이 10번 나타나는데 전반부에 5번(3, 6, 9, 11, 14

---

176) Daniel Patte, "구조주의 비평," 241-245; 이러한 질문들은 특히 James Barr가 선도하는 학자들이 자주 질문하는 것들이다. 참조: James Barr, *The Semantics of Biblical Language* (London: Oxford University Press, 1961).

177) John H. Hayes, and Carl R. Holladay, **성서주석학**, 115.

절) 그리고 후반부에 5번(20, 24, 26, 28, 29절) 나타나 서로 대조를 이루고 있다. (3) 히브리어 단어 수를 살펴보면 전반부(1:1-19)에 207 단어, 그리고 후반부(1:20-2:1)에 206 단어로 서로 대비를 이루고 있다. 또한 전반부는 무생물이 창조되었으며 후반부는 생물이 창조되어 서로 대비되고 있다. (4) 전반부는 해와 달과 별이 하늘을 통치하는 것으로 끝을 맺고 있고, 후반부는 인간이 땅을 통치하는 것으로 끝을 맺고 있다.

그러나 구조주의 비평에는 심층구조를 밝히는 방법이 주류를 이루고 있다. 심층구조를 밝히는 구조주의 비평의 목표를 간단히 요약한다면 다음과 같다.

(1) 인간의 행위와 사건에서 보이는 현상은 실제가 아니기 때문에 본문 자체 안에 있는 심층 구조를 밝히려는 것.
(2) 이런 심층구조는 본문에서 암호로 표현되어 있다. 구조이론에서 언어학이 중요한데, 인간의 행위를 해독하여 일상생활에서 보여지는 현상의 배후에 있는 실체를 발견하는 것.

그레마스(A. J. Greimas)는 본문에 기호학(semiotics) 이론을 적용시켜 최초로 심층 구조를 강조하였다. 그레마스는 민담의 구조에서 힌트를 얻어 본문의 등장 인물을 여섯 역할(actant)에 따라서 나누고 이 역할들을 이원적 대립 관계의 세 쌍에서 설명하여 본문의 의미를 파악하려고 하였다. 그는 6명의 행역자(actant)로 구성된 설화의 모델을 아래의 도표로 제안하고 설명하였다.[178)]

---

178) A. J. Greimas, *Sémantique Structurale: Recherche* de méthode (Paris: Larousse, 1966), 173; **서인석, 성경과 언어 과학-구조 분석의 이론과 실제** (서울 : 성바오로 출판사, 1984)

발신자	→	객체	→	수신자	→	전달의 축
		↑			↑	의지의 축
보조자	→	주체	←	반대자	→ ←	능력의 축

* 발신자는 설화에 발동을 거는 행역자이다. 발신자는 객체를 찾아와야 하며 주체를 물색하기도 한다.
* 객체는 잃어버린 것 혹은 찾아 와야 하는 것을 가리킨다.
* 주체는 발신자의 호소에 응답하여 객체를 찾아오겠다고 용감히 나서는 영웅이다.
* 보조자는 객체를 찾는 주체를 도우는 행역자이다.
* 반대자는 객체를 찾는 주체를 방해하는 행역자이다.
* 수신자는 이야기 끝에서 객체를 선물로 받는 사람을 가리킨다.

그는 이러한 관계를 통하여 어떠한 이야기이든지 욕구, 추구 혹은 목적이라는 내용적 형태를 지니거나, 소통의 형태 혹은 부수적인 지원이나 방해의 형태를 지닌다고 보았다.

또한 세 가지 시련이 일어나게 된다. 즉 "자격시련"은 발신자가 주체에게 자격을 부여하는 시련을 말하는데 주체는 이 시련을 이겨낸 후 보조자를 얻게 된다. 자격을 얻은 주체는 이제 객체를 찾기 위한 "본격시련"에 돌입하게 된다. 마지막으로 객체가 수신자의 손으로 들어가는 단계에서 나타나는 "영광시련"은 인정의 단계를 가리킨다.

다음에 나오는 두 사건을 그레마스가 제시한 도표로 분석하면 다음과 같다.

334-335; 이동수, **구약주석과 설교,** 300-301.

발신자	→	객체-영광시련 →	수신자
자격시련↘		↑ 본격시련	
보조자	→	주체 ←	반대자

〈선한 사마리아인의 비유(눅 10:30-35)〉

예를 들어 선한 사마리아인의 비유(눅 10:30-35)의 구조를 살펴보면 다음과 같다.

하나님 (발신자)	→	건강회복 (객체)	→	강도 (수신자)
		↑		
여관주인 (보조자)	→	사마리아인 (주체)	←	강도, 레위인, 제사장 (반대자)

발신자는 하나님이라 볼 수 있고, 수신자는 강도 만난 사람이다. 영웅과 같이 행동한 주체는 사마리아인이고 도와주는 사람은 여관 주인이다. 반대로 영웅을 방해하는 것은 강도 혹은 레위인과 제사장일 수 있을 것이다. 객체는 상처받은 사람의 회복 즉 건강회복이라 볼 수 있다. 일반적으로 천대를 받은 사마리아인이 오히려 주체가 되어 영웅과 같은 행동을 하고 제도권 안에서 종교적 정통성을 소유하고 있던 레위인과 제사장이 방해하는 요소로 등장하고 있음은 상식을 뒤엎는 혁명적인 모습이라 할 수 있다.

〈이삭 번제 (창 22장)〉

창세기 22장에는 이삭을 번제로 바치라는 하나님의 명령이 나타난다. 이 사건을 그레마스의 도형으로 분석하면 다음과 같다. 먼저 발신자는 명령을 내리시는 하나님이다. 주체는 아브라함이며 보조자는 칼, 불씨, 장작, 그리고 순종하는 이삭, 그리고 나중에는 천사가 보조자로 등장한다. 한편 반대자는 아들에 대한 아버지의 혈육의 정이라 할 수 있다. 객체는 번제물인데 수양을 발견하기 전에는 이삭이 번제물로 등장한다. 또한 아브라함이 하나님으로부터 받은 "의(義)"가 객체라 할 수 있다. 마지막으로 수신자는 번제물을 받으시는 하나님이라 볼 수 있다. 동시에 하나님으로부터 의롭다고 인정받은 아브라함이 수신자로도 등장한다. 이러한 구조분석에서 볼 수 있듯이 창세기 22장은 하나의 구조가 아니라 여러개의 구조가 중복되어 나타나고 있음을 발견할 수 있다.[179]

하나님 (발신자)	→	번제물, 번제물로서의 이삭, 의 (객체)	→	하나님 (수신자)
		↑		
칼, 불씨, 장작, 이삭, 천사 (보조자)	→	아브라함 (주체)	←	혈육의 정 (반대자)

그레마스의 방법론은 치밀하지만 문제가 있다. 너무 복잡하여 학자

179) 서인석, **성경과 언어 과학-구조 분석의 이론과 실제**, 303-325.

들의 전유물이 되어 버린 것이다. 따라서 설교를 위해 성경을 해석하려는 목회자나 일반 성경 해석자들이 쉽게 사용할 수 있는 방법론이 절실히 필요하다.

이러한 필요성에 부응하여, 알렌(Robert J. Allen)은 다음과 같은 질문을 주목하면서 구조주의 비평을 시도하도록 권유하고 있다;[180]

(1) 본문의 기본 단위는 무엇인가?

(2) 본문의 서두에서 어떤 상황이 전개되었는가?

(3) 본문의 끝에는 어떤 상황이 전개되었는가?

(4) 본문에 존재하는 근본적인 대립 관계는 무엇인가?

(5) 본문의 요소들은 본문에 기여하는 보다 넓은 구조들을 일깨우는가?

(6) 본문의 서두에서 끝 부분으로 진행되는 동안 어떤 변화들이 일어나는가?

(7) 본문에 내재하는 대립 관계와 그것의 회복은 설교의 구조와 내용을 위하여 무엇을 제시하는가?

알렌은 열왕기상 17장 7-16절을 해석할 때 위의 질문들을 던지면서 구조주의 비평을 시도하였다.[181] 그는 먼저 기본단위를 나누고, 처음 상황이 이스라엘 땅과 이방 땅에 가뭄과 기근이 발생하여 엘리야와 과부가 생명의 위협을 받고 있는 상황임을 파악하였다. 그리고 끝에 나타난 상황은 풍부한 음식으로 생명의 위협에서 벗어났다는 것으로 보았다.

---

180) Robert J. Allen, *Contemporary Biblical Interpretation for Preaching* (Valley Forge: Judson Press, 1984) 77.

181) Robert J. Allen, *Contemporary Biblical Interpretation for Preaching*, 77-79; 이형원, **구약성서 비평학 입문**, 269-270.

따라서 본문에 나타난 대립관계를 기근/풍부, 사망/생명 등으로 분석하였으며, 남자/여자, 이스라엘(정결)/이방(부정) 등의 관계적 구조들도 암시하고 있다고 보았다. 그리고 본문의 서두에서 끝 부분으로 진행되는 변화의 내용은, 이스라엘 남자가 이방 지역으로 음식을 구하기 위해 갔으며, 이방인 여인은 이 남자의 교훈(하나님의 말씀)을 신뢰하고 음식을 나눌 때 큰 기적이 일어났다.

이러한 구조분석을 통해 설교자는 기근/풍부, 사망/생명 등의 대립관계를 부각시켜 성도들로 하여금 긴장을 느끼도록 해야 하며, 하나님의 말씀을 순종하는 가운데 문제가 해결되었다는 사실을 깨닫도록 해야 한다. 그리고 근본적인 대립관계를 해결할 때 관련되는 남자/여자, 이스라엘(정결)/이방(부정) 등의 문제도 함께 해결된다는 점을 설명할 필요가 있다.

4. 구조주의 비평의 공헌과 한계

구조주의 비평이 주는 긍정적인 점은 다음과 같다.

(1) 구조주의 비평은 본문의 최종 형태에서 언어구조의 상호관계성을 통해 본문의 다양한 의미들을 찾을 수 있는 공시적 방법 중 하나로서 가치가 있다.

(2) 구조주의 비평은 본문 언어의 상관관계와 구조 연구를 통한 의미를 찾는 다른 문학비평방법론들을 연구하는데 도움을 준다.

그러나 구조비평에는 다음과 같은 한계가 있다.

(1) 독자의 관점에서만 본문을 대하는 것에 대한 한계이다. 본문을 저자의 의도와 관계없이 독자가 본문을 읽고 파악한 심층구조를 분석

하여 다양한 의미를 찾을 수 있다고 보는 구조주의 비평은 자칫 주관적인 요소가 들어갈 여지가 많다. 이것은 본문이 저자와 관계없이 스스로 있지만 동시에 독자와도 관계없이 스스로 존재한다는 것도 지적되어야 한다.[182)]

(2) 이원적인 대립관계에 대한 한계이다. 구조주의 비평에서 주장하는 이원적 대립관계가 히브리어 언에서 대부분 분명한 대조를 이루지 않는다. 따라서 구약성경의 모든 본문을 과학적으로 분석하여 의미를 찾기란 어렵다.

(3) 심층구조를 통한 주제 파악에 대한 한계이다. 구조주의비평이 심층구조분석을 통해 주제를 발견함으로써 소주제나 부수적인 다양한 의미를 놓칠 수 있다는 것이다.

182) R. C. Culley, "Structural Analysis: Is It Done with Mirrors?," *INT* 28/2 (1974), 168.

제4부

독자 중심 해석

신앙공동체는 성경이 영감 받은 본문임을 받아들인다. 그리고 신앙공동체는 그 본문을 읽을 때 역시 성령의 인도를 받아 새로운 본문을 산출하는 창의적 작업을 해야 한다. 단순히 옛것을 발굴해서 받아들이는 한정적이고 수동적인 작업이 아니라 능동적으로 새것을 창출하려는 태도로 임해야 한다. 독자중심 해석이 제창하는 것은 본문 안에 묶여 있는 독자가 아니라 본문과 함께 "놀이하는 인간(*homo ludens*)"의 모습이다.

역사비평학적 시각에 바탕을 둔 독자는 저자의 의도를 탐색하여 복구하려 노력을 기울인다. 이러한 시각의 독자는 본문을 텅 비어있는 공간으로 이해하고, 본문 밑바탕에 있는 그 무엇을 찾아서 그 비어있는 공간에 채우려고 시도하는 것이다. 그리고 본문중심의 해석방법들은 본문이라는 창고에 있는 것들을 모두 끌어내어 정리하고자 한다. 백화점같이 물품들을 나열하고 이름을 붙여 놓는 것으로 작업을 끝내는 것이다. 그러나 독자중심 해석은 이러한 작업에 만족하지 않는다. 먼저 본문을 창고에 비유하지 않는다. 본문(text)은 직조기로 짠 옷감(texture)과 같이 보면서 본문 안에 있는 여러 요소들이 서로 연관되어 있다는 것을 세밀히 관찰한다. 또한 독자는 본문에 있는 모든 것을 모두 취할 수 없다는 것을 정직하게 고백한다. 독자는 본문이라는 옷감에서 특정한 올을 선택할 수밖에 없고 그 올을 손에 들고 다시 기표적

(記標的) 공간의 형태로 만들고 조직하는 것이라 보는 것이다.[183]

좀 더 쉽게 이야기 하자. 달란트 비유에서 보듯이 본문을 그대로 묵혀두는 것이 아니라 본문을 사용해서 더 많은 이득을 보려는 노력과 같다. 마치 농부가 땅을 묵혀두는 것이 아니라 경작해서 곡식과 과일을 수확하려는 것과 같은 태도인 것이다. 독서란 본문에서 무엇인가 건져내는 작업이 아니라 본문과 독자가 대화하면서 무엇인가 새로운 의미를 창출해내는 작업이라는 의미이다. 이러한 작업은 예언자들이 감행했던 창의적인 작업이었다. 예언자들은 하나님의 말씀을 듣고 그 말씀을 있는 그대로 성실하게 전달하려고 한 사람들이었다. 동시에 그들은 그 말씀을 자신의 경험과 하나님의 다른 말씀과 그리고 현재의 상황과 연관시켜 소화한 후 백성들에게 새롭고 힘찬 메시지를 전달하였던 것이다. 하나님 말씀에 대한 창조적인 읽기와 해석작업이 있었던 것이다.

순수 언어학자인 데리다(Jacques Derrida)는 현대 언어학의 시조인 소쉬르(Ferdinand de Saussure, 1857-1913)가 독자의 "다시 쓰기"보다 "말씀"을 중시하는 고전문화의 테두리를 벗어나지 못했다고 비판하였다.[184] 한걸음 더 나아가서 데리다는 서구의 철학전통 자체가 문자활동(쓰기 작업)을 희생시키면서 "말씀"과 "목소리"를 중대시했다고 비판하였다.[185] 독서는 본문에 나타나는 권위있는 어떤 것을 받아들이며 단순히 읽는 것으로 끝날 수 없다. 독자는 본문을 읽으면서 자신의 말로 본문을 다시 쓰는 작업을 하게되는 것이다. 따라서 본문의 의미는 고정된 것이 아니라 독자에 따라 언제나 변화할 수 있는 것이다.

---

183) 서인석, **성서와 언어과학: 구조분석의 이론과 실천** (성바오로출판사, 1984) 62.
184) 서인석, **성서와 언어과학**, 75.
185) 서인석, **성서와 언어과학**, 74.

본문은 독자에 대해서 언제나 문을 개방하고 있으며 본문의 의미는 계속 미완성인 체로 남아있는 것이다.

성경을 읽는 독자는 본문과 대화하면서 본문을 자신의 말로 자신의 이야기로 다시 이야기 할 수 있을 때 본문의 의미는 자유를 회복하고 살아 생명력을 발휘하게 되는 것이다. 신약의 빛 아래서 구약을 이해하자는 자세도 이러한 견해와 일맥상통하는 것이다.[186] 새로운 세대가 새로운 상황 속에 살면서 새로운 경험을 할 때 성경읽기를 통해서 어떻게 "의미"를 발견할 수 있을까? 우선 본문에 자유를 주어야 한다. 그리고 본문과 새 시대의 독자가 자유롭게 대화할 수 있는 장을 마련해 주어야 한다. 그리고 새 시대의 독자가 자신의 말로서 본문의 의미를 자유롭게 표현할 수 있도록 격려하고 도와주어야 한다. 살아있는 하나님의 말씀은 살아있는 독자와 함께 계속 살아 숨쉬는 것이다.

186) 서인석, **성서와 언어과학,** 99.

제1장

독자 반응 비평 (Reader Response Criticism)

역사비평학적 해석은 "저자가 무엇을 말하는가?"에 주목하였다면, 본문 중심의 해석은 "본문이 무엇을 말하는가?"에 주목하였다. 그러나 독자 중심의 해석방법은 "본문이 창조하는 것이 무엇인가?"에 관심을 기울이며, 한걸음 더 나아가서 "독자가 본문을 읽는 과정에서 무엇을 생산하고 창조하는가?"에 관심을 옮긴다. 즉 관심의 추가 본문에서 "읽는 과정"으로 옮겨가는 것을 말한다. 원래 저자는 본문을 만들었지만, 독자가 본문을 읽는 과정에서 무엇인가 새로운 것을 만들고 있음을 주목하는 것이다. 쉽게 이야기하면, 북두칠성을 바라보는 두 사람이 있는데 한 사람(농부)은 그것을 쟁기와 같다고 보고 또 한 사람(굶주린 사람)은 그것을 국자와 같다고 느끼는 현상과 비슷하다.[187]

187) Wolfgang Iser, *The Implied Reader: Patterns of Communication in Prose Fiction from Bunyan to Beckett* (Baltimore: The Johns Hopkins University Press, 1974) 280.

텍스트를 읽는 독자의 반응에 따라 상이한 의미가 나올 수 있다는 것이다.

독자반응비평은 "독자가 본문을 읽는 과정에서 무엇을 생산하고 창조하는가?"에 주목한다. 즉 관심의 추가 저자에 있는 것도 아니요 본문에 있는 것도 아니다. "읽는 과정"에 있는 것이다.

독자지향적 해석방법(reader oriented approach)인 독자 반응 비평의 기원은 1929년 발표된 리차드(I. A. Richard)의 **실제적 비평** (*Practical Criticism*)에서 찾을 수 있으나 본격적인 활동은 1950년대에 시작되었으며 1960년대에 더욱 발전하였다. 독자 반응 비평은 문학비평의 발전과 함께 등장하였으며 60년대의 발전기를 거쳐 80년대에는 더욱 확산되었다.

1. 독자 반응 비평의 특징과 방법

역사비평 이전에는 성경의 세계와 독자의 세계간의 차이가 별로 없었다. 알레고리로 성경을 해석했으며 유형론적 해석이 독자를 도왔다. 아담으로부터 현대까지 모든 세계는 신적인 세계였다.

그러나 계몽주의의 영향으로 역사성이 관심의 대상이 되었으며 신학적인 개념은 뒷전으로 밀려나갔다. 역사성이 기준이 되었다. 성경의 설화는 역사를 재구성하는 자료로 활용되었다. 이러한 역사비평학 시대에는 성경이 정보의 창고로 인식되었다.

한편 성경을 문학작품으로 인식할 때 혹은 경전으로 인식할 때 성경은 개인의 삶에 어떤 역할을 하며 영향을 끼칠 수 있다. 성경은 고대의 문서로서 원래의 의미가 있고 현대인이 발견할 수 있는 살아있는 의미가 있는데 이 둘 사이에 교량역할을 할 수 있는 것이 필요하다.

종교적 문학으로서의 성경 혹은 경전으로서의 성경은 신앙공동체에서 읽혀져 왔다. 그리고 성경은 그 의미가 비극이 아니라 회복과 부활이 강조되어 있다.

독자반응비평의 기본적인 도식은 체트만(S. Chatman) 이 고안한 것으로 다음과 같다;[188]

〈표 1 – 체트만의 표〉

텍스트

실제저자 → **내재된 저자 → (말할이) → (들을이)→ 내재된 독자** → 실제독자

체트만의 도식에는 오직 내재된 저자와 내재된 독자 만 텍스트에 들어가서 대화할 수 있는 것으로 표시되어 있다. 이러한 도표를 다노브(P. L. Danove)는 한단계 더 발전 시켰다. 다노브는 실제독자가 능동적으로 역할을 한다는 것을 주목하여 실제독자와 내재된 독자 사이를 쌍방향 화살표로 표시하였다.[189] 그리고 저자와 독자는 동일한 해석공동체(interpretive community)에 소속되어 있다는 점도 첨가시켰다.[190]

---

188) Seynour Chatman, *Story and Discourse: Narrative Structure in Fiction and Film* (Ithaca, N. Y., and London: Cornell University Press, 1978)151; Robert Fowler, *Let the Reader Understand - Reader-Response Criticism and the Gospel of Mark.* (Minneapolis: Fortress Press, 1991) 31.

189) P. L. Danove, *The End of Mark's Story: A Methodological Study* (BIS, 3; Leiden: E. J. Brill, 1993) 64.

〈표 2 - 다노브의 표〉

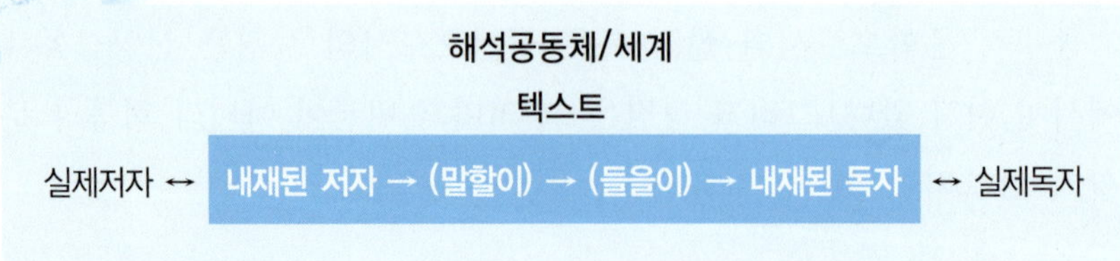

반 이젤(Bas M. F. van Iersel)은 한걸음 더 나아가 독자에 의해 생성되는 또 다른 텍스트의 의미를 표에 표시하였다.[191] 독자는 저자의 모든 것을 알 수 없다. 혹은 독자가 "틈새 메우기(gap filling)"를 통해 또 다른 의미를 확대시킬 수도 있다. 어떤 경우든 독자가 생산하는 의미는 저자의 의도하는 의미와 일치하기 힘든다. 특히 텍스트가 낭독되고 그것을 청중이 들을 때 생성되는 의미는 당연히 다를 수밖에 없다. 이젤은 새롭게 생성된 텍스트를 점으로 표시하였다.

〈표 3 - 이젤의 표〉

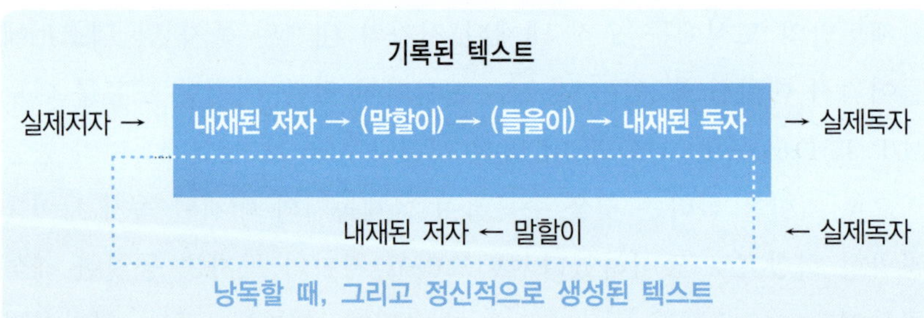

---

190) '해석공동체(interpretive community)'라는 어휘는 S. Fish가 사용한 것으로 독서에 있어서 읽기전략이라든가 전제들을 공유하는 공동체를 가리킨다. 이러한 공동체에 소속되어 있음으로 인해 어느 정도 해석의 혼돈을 방지할 수 있게 되는 것이다; S. Fish, *Is There a Text in This Class? The Authority of Interpretive Communities* (Cambridge, MA: Harvard University Press, 1980).

191) Bas M. F. van Iersel, *Mark: A Reader-Response Commentary* (JSNTSS 164; Sheffield: Sheffield Academic Press, 1998) 19.

이젤은 주장하기를 독자는 실제저자에게는 영향을 줄 수 없지만 내재적 저자/해설자의 특징적 모습을 형성할 수 있고 그에게 어떤 것을 부여할 수도 있다고 하였다.192) 그래서 표의 화살표 방향이 달라진 것이다. 그리고 실제로는 실선 부분과 점선 부분이 상당히 많이 겹쳐지는 것이 대부분이다.

독자 반응 비평의 흐름을 살펴볼 때 세 가지 흐름, 세 가지 접근방법이 있음을 발견할 수 있다.

(1) 본문의 언어가 이미 완성되어 있으며 본문의 의미는 결정되어 있다는 신비평의 견해를 바탕으로 하는 접근방법이다.193) 따라서 본문에 대한 지식이 있는 독자는 본문을 비슷하게 이해할 수 있다. 이러한 견해는 스탠리 피쉬(Stanly Fish)의 초기견해이다. 독자반응비평은 신비평(New Criticism)의 견해를 그 토대로 하고 있다. 즉 문학작품은 역사나 사건의 정보를 담고있는 창고가 아니라 하나의 독립된 예술작품이며 완성품이라는 견해를 바탕으로 하고 있다. 그리고 문학작품의 의미가 책의 공간적인 페이지에 담겨있는 것이 아니라 책을 읽는 과정에서 생성되는 즉 시간적으로 움직이는 진행과정에서 생성된다는 것이다. 읽기과정에서 독자는 전통적인 비평에서 관심을 두고있는 것들을 용해시켜 새로운 것을 창조해 나간다.

(2) 독자의 창의적인 독서가 진행되지만 저자의 의도와 계속성을 유지하면서 독서하는 접근방법이다. 볼프강 이제르(Wolfgang Iser)의 견

192) Bas M. F. van Iersel, *Mark: A Reader-Response Commentary*, 20.

193) Stanley Fish, *Is There a Text in This Class?* The Authority of Interpretative Communities (Cambridge: Harvard University Press, 1980) 67.

해는 독자 반응 비평의 전통적인 견해와 극단적인 견해의 중도를 택하고 있다. 즉 독자의 주관적인 활동만 주목하는 것이 아니라 저자의 의도도 염두에 두는 것이다.[194] 본문은 완전히 독립적으로 완벽하게 존재하는 것이 아니라 본문에 어떤 불충분한 부분(gap)이 있다는 것이다. 문장 자체에도 미완성된 부분이 있을 수 있지만 문장에서 문장으로 다음 문장으로 넘어갈 때 그리고 문단에서 다음 문단으로 넘어갈 때 그 사이의 틈새(gap)를 메우고 연결시키며 연관시키는 작업은 독자의 몫이라는 것이다. 주제의 흐름에 있어서도 앞의 주제가 그 다음 주제의 출발점을 제공해 주기 때문에 독자는 그 주제들을 나름대로 연관시켜 전체의 의미를 파악하는 것이다. 독자는 본문의 세계를 자세히 관찰할 필요는 있지만 본문의 의미를 파악하기 위해서는 본문을 뛰어넘는 활동이 필요하다. 즉 독자가 위치해 있는 상황에서 독자는 본문의 의미를 새롭게 발견하고 만들어 가는 작업을 계속하는 것이다.

볼프강 이제르는 독서과정이란 본문과 상상력이 함께 융합되는 과정이라 주장했다. 독서과정에서 독자는 사고의 주관자가 된다. 독서과정에서 자기초월을 경험하며 자기 속에 또 다른 것이 활동하는 것을 감지할 수 있다. 볼프강 이제르는 다음과 같이 독서에 대해서 말하였다;

> (독서)행위는 텍스트 이상이다. 왜냐하면 텍스트를 깨달았을 때 비로소 텍스트는 생명을 얻게 되기 때문이다. 한걸음 더 나아가서 그 깨달음은 독자의 개인적 기질과 결코 무관하지 않다는 사실이

194) Wolfgang Iser, *The Act of Reading: A Theory of Aesthetic Respinse* (Londen: Routledge & Kegan Paul, 1978) 37 (25-44).

다... 텍스트와 독자가 합일점에 이르러서야 비로소 문학작품은 존재하게 되는 것이다.[195]

(3) 본문이나 언어가 결정된 것이 아니기 때문에 독자는 본문을 만들어가는 집단의 일원으로 활동한다는 접근방법이다. 후기에 스탠리 피쉬(Stanley Fish)는 신비평의 '완성된 본문'이라는 견해에서 이탈하여 어떤 본문이라도 중립적으로 독자적인 본문으로 존재하는 것은 없다고 주장했다. 그리고 "본문을 만들어가는 사람은 바로 독자이다"라고 주장했다.[196] 독자는 더 이상 외부인이 아니라 해석집단의 일원으로 행동하는 것이다.

핵심은 본문이나 언어가 결정된 것이냐 아니냐에 달려있다. 만약 본문의 의미가 결정된 것이라면 본문은 역사나 과학적 문서와 같이 정보의 창고가 되며 해석방법도 과학적이며 역사비평적인 해석방법을 사용해야 한다. 그러나 실제 독자는 본문의 잠재적인 것을 이끌어내는 작업을 하고 있다. 더구나 어떤 시점에 혹은 어떤 상황에서 읽은 본문이 다른 시점에서나 혹은 다른 상황에서 그 본문을 읽으면 다르게 보이는 경우가 있다. 소위 전통적인 독서는 독자의 상황과는 상관없이 독서하도록 강요당해 왔다.

형식주의(Formalism)란 본문을 완벽한 것으로 그리고 외부의 상황과는 별도로 떨어져 있는 독립된 것으로 보는 접근방법이다. 신비평

195) Wolfgang Iser, *The Implied Reader,* 274-275.

196) Stanley Fish, *Is There a Text in This Class? The Authority of Interpretative Communities* (Cambridge: Harvard University Press, 1980) 67.

이 이 범주에 들어가며 구조주의도 이 범주에 속한다. 형식주의는 본문에 내재해있는 구조에만 관심을 두려한다. 예를 들어 실로 옷감을 짤 때 옷을 파는 시장상황이나 섬유산업정책에 대해서는 관심이 없고 오직 옷감을 짜는 기술에만 집착해있는 모습과같다.197)

그러나 동구권 프라그의 형식주의자 무카로브스키(Jan Mukarovsky)는 시장상황이 옷감짜는 기술을 개발시키는데 영향을 준다고 주장했다. 마찬가지로 문학작품의 의미 구조는 고정된 것이 아니라 역동적인 것으로 상황이 변함에 따라 다양하게 반응할 수 있다. 주관적인 견해는 독자 반응 비평에 있어서 아주 중요한 것이다.

2. 독자 반응 비평의 실제

시편 18편의 "하나님 현현"의 부분을 예로 들어보자. 하나님께서 의로운 사람을 구하시려 강림하실 때 땅이 진동하고 우박과 불이 내리며 하나님께서 그룹을 타고 날으신다는 표현으로 "하나님의 현현"을 묘사하고 있다.

"이에 땅이 진동하고 산의 터도 요동하였으니 그의 진노를 인함이로다. 그 코에서 연기가 오르고 입에서 불이 나와 사름이여 그 불에 숯이 피었도다. 저가 또 하늘을 드리우시고 강림하시니 그 발 아래는 어둑캄캄하도다. 그룹을 타고 날으심이여 바람 날개로 높이 뜨셨도다....." (시 18:7-10)

197) Viktor Sklovski, O teorii prozy [Theory of Prose](Moscow and Leningrad, 1925). 헤이네스 315-316.

그러나 이 모든 표현은 다분히 상징적이며 구체적이지 않다. 많은 부분이 상상력을 동원하도록 유도되고 있음을 발견할 수 있다. 본문에서 구체적으로 묘사하거나 직설적으로 말하지 않는 부분은 독자가 이 부분을 읽으면서 나름대로 구체적인 것을 만들어가게 되어 있다. 말하자면 독자가 읽으면서 본문 가운데 나타나는 틈새(gap)를 보충시켜 나가는 것이다. 이러한 작업은 결국 독자가 읽기를 통해 "무슨 의미"인지를 결정해 가는 모습이라 볼 수도 있다. 볼프강 이제르는 이러한 작업을 "지속적인 해석(consistent interpretation)"이라 부른다.

또 다른 면을 살펴보자. 시편 18편은 제왕 감사시로, 원래는 왕 중심의 문장이었는데 구약에서는 야웨중심으로 변화되었고 기독교공동체에서는 메시야중심으로 그 중심이 변경되는 것을 찾아 볼 수 있다. 이러한 변경은 "의미"가 변화되는 것이요 그 변화는 본문을 살아있게 만드는 결정적 요인이라 볼 수 있다.

시편을 대하는 독자의 차이를 보면 "의미"가 변화하는 면을 실감할 수 있다. 이스라엘인들은 시편을 소리 내어 찬송하며 예배 가운데서 회중 속의 "나"를 의식한다. 반면에 현대인들은 시편을 눈으로 조용히 속으로 "읽으며" 다른 사람과 떨어져 있는 개인적인 "나"를 의식한다. 이스라엘인들은 영성 향상의 목적으로 시편을 시(詩)로 대한다. 한편 현대인들은 시(詩)에 주목하지 않고 그 내용과 정보를 중시한다. 다시 말하면 현대인들은 찬송가 가사를 설교본문으로 사용하고 노래를 소설같이 묵독하는 것이다. 이러한 변화 속에서 시편의 "원래적 의미"가 변화될 가능성이 있는 것이다. 이스라엘인들이 공유했던 "의미"를 현대 기독교인들도 공유하는 것도 중요하지만, 이미 변화된 상황 속에 살고 있는 현대인들이 새로운 의미를 창출하여 시편 본문을 살아있게 만드는 작업 또한 중요한 작업이다.

독자지향적 해석방법은 저자가 보지 못한 새로운 의미를 창출해낼 수도 있으며 이것은 또 신앙인들의 눈으로 보기에는 위험해 보일 수도 있다. 그러나 실제로 설교자들이 사용하고 있고 신앙의 선배들도 사용해온 방법이다.

독자지향적 방법을 비판하는 소리도 있다. 코흐(Koch)는 비평하기를 "성경에는 문학적인 작품으로서의 완전한 개별성이란 존재하지 않는다"고 했다. 코흐(Koch)는 성경의 거룩한 면 곧 신학적인 측면을 도외시하는 점을 들어 이 방법을 비판하고 있는 것이다.

독자지향적 방법은 분명 해석의 전부일 수는 없다. 그러나 독자의 역할과 "읽기 과정"의 중요성 또한 간과할 수 없는 부분이다. 독자를 적극적으로 끌어들여 해석활동에 참여하게 만든다는 점에서 이 방법의 공헌점이 있다.

3. 독자 반응 비평의 공헌과 한계

독자 반응 비평이 공헌한 점을 열거해 보면 다음과 같다;

(1) 신비평학이 유사한 역할을 했듯이 독자 반응 비평도 성경을 역사학, 사회학, 심리학의 전횡에서 해방시켰다.

(2) 한마디로 독자의 승리다. 특정한 독자가 특수한 상황 속에서 자유롭게 본문을 읽고 본문과 대화할 수 있게 되었다. 독자는 자신의 상황에서 본문을 의미있게 읽을 수 있게 된 것이다.

(3) 독자가 관심을 두는 방향으로 성경을 신앙적으로 읽을 수 있게 되었다. 전문가들이 놓치기 쉽지만 평신도들은 특수한 혜안으로 발견할 수 있는 의미를 평신도 독자들이 즐길 수 있다. 현재 QT에서 성경

을 명상하고 자신의 깨달음을 나누는 것이 독자 반응 비평적 해석의 상황과 비슷함을 알 수 있다.

(4) 역사비평학적 방법들을 활용해서 전체의 의미를 재건설하는 활동이 가능하게 되었다.

한편 독자 반응 비평의 한계점도 눈여겨보아야 한다. 그 한계를 살펴보면 다음과 같다;

(1) 독자 반응 비평은 형식주의, 구조주의, 현상학, 해체주의, 막시즘, 여성주의, speech-act 이론 등과 보조를 같이한다. 따라서 완벽하지 않으며 종합적이지 않다.

(2) 저자의 의도를 무시하는 면이 있다.

(3) 안정적인 본문을 희구하는 사람에게는 실망을 안겨준다. 역사비평학이 다양한 본문을 단순하게 해석한다면 독자 반응 비평은 본문을 다양하게 창의적으로 해석해 줄 수 있다. 하지만 너무 주관적이어서 불안한 느낌을 준다. 이러한 불안을 차단하기 위해서는 해석공동체의 역할을 강화시켜야 할 것이다.

제2장

여성학적 비평 (Feminist Criticism)

여성학적 비평이 왜 필요한가? 성경이 저술된 시대는 가부장적 시대였으며 성경 내용을 들은 대상도 대부분 남성이었다. 따라서 남성을 위주로 해서 성경이 저술되었으리라는 점은 충분히 짐작할 수 있다. 이 과정에서 소외된 것은 여성의 마음과 여성의 소리였다. 따라서 여성학적 비평은 이러한 면을 주목하면서 성경을 여성의 눈으로 다시 해석하려는 것이다. 그리하여 성경의 소리가 남성과 여성의 이중창으로 들려올 수 있도록 하려는 것이다.

페미니즘은 1960년대의 여성운동의 부상과 함께 주목을 받기 시작했으며, 여성학적 비평은 전통적인 방식에서 탈피하여 절대적인 진리를 찾기보다 적합성(relevance)에 더 관심을 기울인다.[198] 여성학적 비평은 성경 본문을 볼 때 성적(性的)으로 구분되어 있는 것으로 본다.

---

198) Danna Nolan Fewell, "이념적 성경해석: 페미니스트 비평," **성서비평방법론과 그 적용**, 372.

특별히 성경이 남성화되어 있으며 성차별의 시각을 부추기고 있다는 점을 주목한다. 그리고 여성이 말하고 여성이 경험하고 여성의 눈으로 본 대부분의 것들이 남성에 의해 수정되고 부당하게 삭제된 것이 있음을 중요시 여기고 사라진 삶과 목소리를 다시 재생시키려 노력하는 것이다. 예를 한 가지 들어보자;

> 산모(라헬)는 마지막 숨을 거두면서, 자기가 낳은 아들의 이름을 "슬픔의 내 아들"(베노니)라고 하였다. 그러나 그 아이의 아버지는 아들의 이름을 "남쪽의 아들"(베냐민)이라고 하였다. (창 35:18)

라헬이 마지막 숨을 쉬면서 지어준 이름은 사라지고 오직 아이의 아버지가 지어준 이름만 길이 길이 보존된 것이다. 성경은 그 고통의 흔적을 지우지 않았지만 이와 유사한 경우로 수많은 여성들의 삶이 지워지고 사라져 버린 것을 페미니스트들은 안타까워하는 것이다. 따라서 여성학적 비평의 임무 가운데 하나는 사라진 여성의 삶과 목소리와 가치를 재발견하려는 것이다.

한걸음 더 나아가 여성학적 비평이 성(gender)에만 초점을 맞추는 것이 아니다. 오히려 계급, 인종, 소수민족이 당하고 있는 억압의 구조에 대해 다시금 조명하는 것이다. 여성학적 비평은 성경이 단순히 남성중심적인 사고와 문화를 반영할 뿐만 아니라, 인종차별주의, 계급주의, 식민주의, 문화적 제국주의도 반영하고 있는 것으로 본다.[199)]

---

199) Kwok Pui-Lan, "Racism and Ethnocentrism in Feminist Biblical Interpretation," in *Searching the Scriptures: Volume one: A Feminist Introduction,* E. S. Fiorenza ed. (New York: Crossroad, 1993) 101.

1. 여성학적 비평의 발전

페웰(Danna Nolan Fewell)은 성별은 단순히 차이의 문제가 아니라 권력의 문제라고 보았다. 그래서 여성학적 비평은 여성의 정치적, 사회적, 경제적 권리에 주목한다고 하였다.[200] 따라서 여성학적 비평의 임무는 여성의 권리를 제한하고 여성을 부당하게 억압하는 전제들을 밝혀내는 것이된다.

쉐릴 엑섬(J. Cheryl Exum)은 본문의 이데올로기를 벗기는 전략적인 방법들을 통해 선별된 성경 본문들 속에 있는 문화적이고 이데올로기적인 요소들을 해체시킬 수 있으며 나아가 페미니스트적인 본문도 만들 수 있을 것이라고 보았다.[201] 그녀는 성경을 종교적인 경전으로서가 아니라 하나의 문화적이고 인위적인 산물로서 간주하여 접근한다.

피오렌자(Elizabeth S. Fiorenza)는 여성을 억압하거나 아니면 그 반대로 여성을 해방하게 할 수 있는 본문들이 모두 성경에 있다고 본다. 그래서 여성학적 비평은 성경의 성차별적 성격들을 폭로하고 그 권위를 거부할 수 있는 근거를 마련해야 한다고 보는 것이다. 그녀는 여성학적 비평의 모델을 네 가지로 제시하는데, (1) 의심의 해석학 (2) 선포의 해석학 (3) 비판적 회상의 해석학 (4) 창조적 실현의 해석학 등으로 제시하였다.[202]

필리스 트리블(Phyllis Trible)과 레티 러셀(Letty Russell)은 성경의 본질이 가부장적이지 않다는 점을 주장하면서 성경의 본질을 드러내는

---

200) Danna Nolan Fewell, "이념적 성경해석: 페미니스트 비평," 372-373.

201) J. C. Exum, 김상래외 역, **산산이 부서진 여성들- 페미니즘 비평으로 본 성서의 여성들** (서울: 한들, 2001) 20.

202) E. S. Fiorenza, *Bread not Stone: The Challenge of Feminist Biblical Interpretation*, (Boston: Beacon Press, 1995) 8-14.

성경해석을 해야 한다고 주장한다. 따라서 여성신학적 비평은 성경의 권위를 높일 수 있는 해석방법이라 주장하였다.

2. 여성학적 비평의 방법

여성학적 비평은 다음과 같은 단계를 통해 이루어진다.

(1) 성경에 대한 비판과 회의의 단계(= 비판, 부정의 단계) - 성경이 가진 시대적, 문화적 한계를 인정하고 비판적인 시각을 가지고 읽어야 한다. 그것은 문자적으로 그대로 받아들이는 것이 아닌 성경 본문이 형성된 시대, 저자, 편집, 경전으로 채택된 과정 등의 역사비평, 문학비평적인 성경연구 방법론의 도움을 받을 수 있다.

(2) 적극적으로 재구성하는 단계(=재구성, 긍정의 단계) - 여성해방적 상상력을 가지고 부정적으로 묘사된 여성과 부차적인 존재로 언급조차 되지 않은 여성들에 대해 과거와 현재, 미래의 여성들의 삶과 희망의 모습들을 그려내야 한다.

(3) 재해석, 재구성된 본문과의 동일시 단계 - 여성 억압적인 언어나 행태는 성경에만 있는 것이 아니라 교리, 예배, 교회생활 전반에 걸쳐 나타난다. 따라서 여성신학적인 성경해석을 통해 구체적인 말씀 실천의 과정까지 포함할 때 그 의미는 더 크다고 할 수 있다.

3. 여성학적 비평의 실제

1) 창세기 2:4b-3:21

남녀 불평등에 대해 이야기할 때마다 거론되는 것은 창세기 2-3장에 대한 해석이다. 창세기 2-3장이 남성 위주로 해석되어 온 역사에 반기를 들면서 필리스 트리블은 여성학적 비평 방법으로 다시 이 부분을 해석하였다.

여성학적 비평 방법론을 적용할 수 있는 성경의 본문으로 창세기 2-3장의 예를 들어 보겠다.

첫째, 성경본문에 대한 비판과 회의의 단계인데 남성에게는 자연스럽게 다가 올 수 있는 인간의 창조이야기가 여성에게는 먼저 창조되어진 남성에 비해 이차적인 존재로 비쳐 질 수 있다. 또한 선악과를 아담보다 먼저 따 먹음으로써 이 사건 이후 하나님이 하와에게 준 형벌은 남성으로부터 다스림을 받는 존재라는 것이다. 특히 "돕는 배필"이라는 구절은 여성의 위상이 남성보다 낮다는 인상을 준다. 따라서 과연 그러한가라는 회의와 의심을 가지고 본문을 살펴본다.

둘째, 적극적으로 재구성하는 단계로서 하와의 창조와 이후의 사건들을 재조명한다.

창세기 1장 27절 " 하나님의 형상대로 남자와 여자를 창조하시고~"란 구절과는 다르게 창세기 2장에서 여성의 창조이야기가 따로 나온다. 1장부터 계속해서 "좋았다"는 하나님의 탄성을 그치게 한 이유는 남성이 혼자 있는 것이었다. 아담의 창조(창 2:7)와 마찬가지로 하나님 한 분에 의해서 하와도 창조되었다.

하와가 창조된 목적은 아담의 "돕는 배필"로서의 역할이라고 할 수 있다. 여기서 '돕는다'고 할 때 사용한 히브리어 에제르(עזר)는 하나님이 우리를 도우실 때, 혹은 우리가 도움을 요청할 때 사용하는 단어와 동일한 것이다(신 33:29, 시 33:20; 22:19; 38:22; 40:13; 70:1; 89:19). 하나님은 우리를 도울 수 있는 능력을 가진 분이시며 도울 수 있는 능력을 부여하는 분이시다. 시리아 왕명은 '하닷 에제르'다. 폭풍의 신 하닷과 '도우는 자'라는 뜻의 에제르가 합해져서 만들어진 이름이다. 이처럼 왕명에도 사용되는 '에제르'라는 단어는 단순히 낮은 위치에 있는 사람들을 가리키는 단어가 아니다.

이후 아담이 "이는 내 뼈 중의 뼈요 살 중의 살이라"(창 2:23)는 감격적인 인사를 통해 남성과 여성의 관계가 사랑의 관계이지 종속적 개념이 아님을 알 수 있다. 하나님 역시 "둘이 한 몸을 이룰지로다"(창 2:24)라는 말을 통해 남녀의 하나 됨을 말해 주면서 동시에 남녀가 드디어 하나님 앞에서 동등한 인격체임을 알려 준다. 여기에 남녀간의 능력의 차이나 지배적인 관계는 결코 존재하지 않는다.

그리고 선악과 사건은 또 다른 책임을 여성에게 돌리는 계기가 되었다. 우선 하와가 하나님의 명령을 마음대로 해석하여 왜곡시켰다는 것이다. 그러나 하와는 왜곡시키지 않았다. 오히려 더 정확하게 이해하고 있었다. "죽지 않도록 만지지도 말라"(창 3:3)라는 해석을 첨가하여 결코 먹어서는 안된다는 점을 부각시킨 것이지 하나님의 명령을 왜곡시킨 것이 아니었다. 한글 번역에 "죽을까 하노라"고 번역한 것은 오해의 소지를 불러일으킨다. "죽지 않도록"으로 번역하는 것이 히브리어 원문의 뜻을 정확하는 번역이다. 하와는 하나님의 말씀을 해석한 최초의 인물로 인정을 받아야 한다.

문제는 행동이다. 하와가 먼저 선악과를 따먹었다는 것이다. 그러나 현장에 함께 있으면서도 아무런 반대도 없이 하와가 주는 선악과를 먹은 아담의 태도를 어떻게 이해해야 하는가? "여자가 그 열매를 따먹고 자기와 함께 있는 남편에게도 주매 그도 먹은지라"(창 3:6)라는 구절에서 알 수 있는 것은 남편인 아담은 여자와 함께 있었다. 아담은 무언(無言)의 공범자라고 할 수 있다. 그는 현장에 있었으면서도 아내가 뱀과 대화하는 중에도, 선악과를 먹는 중에도 어떤 의심도 반항도 없이 그대로 따르고 있다. 아내에게 자신의 결정권을 넘겨주었고 자신은 종속적인 존재가 되었다는 뜻인가? 아담의 말은 하나님과의 대화에서 비로소 들려온다. 모든 책임을 아내에게 넘기면서 하와의 탓이라고 자신을 변명하기에 바빴다(창 3:10, 12).

비록 죄를 지었지만 하와의 행동은 주도적이었고 적극적이었다. 문학비평가 발은 선악과의 열매를 먹기로 한 이브의 결정을 인간의 첫 번째 독립적인 행동이라고 높이 평가했다.[203] 지적인 욕구를 충족시키는 행동에 적극성을 보인 것이다.

그다음 형벌을 보자. 하나님은 죄의 결과로 여자에게 "내가 네게 임신하는 고통을 더하게 하리니 네가 수고하고 자식을 낳을 것이며 너는 남편을 사모하고 남편은 너를 다스릴 것"(창 3:16)이라고 명령한다. 그러나 아내가 남편의 다스림을 받는 것은 형벌에 속하지 창조질서는 아니다. 오히려 창세기 2장에 나오는 양성간의 평등성이 그것을 부정하는 창세기 3장의 이야기보다 앞서 있는 것이라고 필리스 버드(Phyllis Bird)는 말한다.[204] 타락한 인간이 만든 불의하고 불합리한 질서 속에서 형성된 것이 남성과 여성 사이의 위계적인 종속관계라고

---

203) Mieke Bal, "Sexuality, Sin and Sorrow: The Emergence of Female Character (A Reading of Genesis 1-3)," in Susan *The Female Body in Western Culture: Contemporary Perspectives,* Rubin Suleiman ed. (Harvard University Press, 1986) 317-335.

204) Phyllis Bird, "Genesis 1-3 as a Source for a Contemporary Theology of Sexuality," *Ex Auditu* 3 (1987) 39.

볼 수 있다.

그 후 아담의 신앙적 내용은 더 이상 성경에 나타나지 않는다. 이와 비교해 하와는 첫째 아들인 가인을 낳은 후 "내가 여호와로 말미암아 득남하였다"(창 4:1)라고 하며 하나님을 변함없이 찬양한다. 심판 이후에도 여전히 하나님을 향하여 능동적으로 감사의 고백을 하고 있는 것이다. 자녀를 낳는 잉태의 수고와 남편을 사모하는 불평등한 명령을 받았음에도 불구하고 하나님을 향하여 기쁨의 신앙고백을 한 이는 아담이 아닌 하와였다.

셋째, 재해석과 재구성된 본문과의 동일시 단계로서, 여성을 교회에서나 사회에서 소외시키거나 여성을 향한 억압적인 언어나 행동을 계속하는 것을 중지시켜야 할 것이다. 성경이 남녀 불평등의 근거가 될 수 없음을 알리고 설교와 교육현장에서도 이러한 사실을 실행에 옮겨야 하며 정책에도 반영시켜야 할 것이다.

4. 여성학적 비평의 평가

여성학적 비평의 긍정적인 면은, 성경에서 잃어버린 여성의 모습을 찾아내는데 도움을 줄 수 있다는 것이다. 가부장적 문화 속에 파묻혀버린 여성의 목소리를 다시 들을 수 있도록 장애물을 제거하는데 유용한 도구가 될 수 있다는 것이다. 그리고 이렇게 발굴한 소리로 인해 조화로운 이중창이 들려질 때 인간과 자연과 하나님으로 구성된 총체적 공동체 모두가 자유를 느끼며 행복해 질 수 있게 되는 것이다. 그러나 우려의 목소리가 있는 것도 사실이다. 과도한 여성편향적인 해석이 될 수 있다는 우려다. 남녀 모두를 공정하게 바라보는 시각이 필요하다. 그리하여 “서로 돕는” 모습을 보여줄 때 성경의 진정한 목소리가 들려지게 될 것이다.

제5부

새로운 해석

제5부는 새롭게 등장한 해석 방법들에 관한 부분이지만 동시에 어느 범주에도 들어가기 힘든 해석 방법들도 포함되어 있다. 예를 들면 이데올로기 비평은 새로운 해석 방법이기도 하지만 동시에 종합적인 해석을 할 수 있도록 안내해 주는 해석 방법이기도 하다. 성경이 저술되고 전승되어 오는 과정에서 메시지를 담아 온 바구니나 상자처럼, 혹은 내용을 보호하는 단단한 껍질처럼 본문은 다양한 이데올로기로 감싸여 있다. 이 바구니에서 본문을 끄집어 내는 해석 방법, 혹은 단단한 껍질을 깨뜨리고 본문의 핵심을 얻으려는 방법이 바로 이데올로기 비평적 방법이다.

사회과학적 비평은 고대 이스라엘의 사회와 그 구성원의 역할에 주목한다. 그래서 현대의 독자들이 시간, 거리, 문화 등의 한계를 넘어 당시의 상황을 세밀하게 파악하고 그 상황 안으로 걸어 들어갈 수 있도록 도움을 준다.

해체주의 비평에 대해서는 경계하는 목소리가 높다. 어떻게 이 방법을 성경해석에 사용할 수 있느냐는 것이다. 그러나 "가난한 자는 복이 있나니..."라고 외칠 때 이미 기존의 사고방식과 사상은 해체될 수밖에 없다. 주의하면서 사용할 필요는 있지만 해체주의 방법론을 도외시 할 필요는 없다. 새로운 해석 방법이 도입될 때는 언제나 이러한 진통을 겪어왔다. 동시에 아직 완성된 방법론이 아니기 때문에 계속해서 이 방법론의 발전을 지켜볼 필요가 있다.

의식적 비평은 종교 의식을 주목한다. 매 주일 드리는 대예배는 기독교인의 신앙생활에 있어서 중심이 되는 기둥이라 해도 과언이 아니다. 예배는 바로 종교 의식이다. 성경이 저술되고 전승되고 낭독되어진 모든 과정에도 역시 성전과 회당에서 드려지는 제사(예배) 의식이 중심이 되어 있다. 따라서 성경 본문을 이해하기 위해서는 제의적 상황과 연결시켜 본문을 해석해야 한다. 의식비평은 바로 이러한 해석을 위해 도움을 주려는 것이다.

감성적 해석 방법은 앞에서 열거한 모든 해석 방법과는 다른 방법이다. 본문의 논리를 중시하기보다 본문의 감성적인 면을 주목한다. 사실 외치던 말씀이 문자로 전환될 때 많은 것을 잃어버렸다. 다양한 감정이 들어있는 소리도 사라졌고 말씀을 외치던 몸동작도 볼 수 없다. 뿐 만 아니라 주위환경과 이미지들이 사라져버렸다. 감성적 해석은 잃어버린 이러한 감성적인 면을 회복시키려는 것이다. 특히 이 해석 방법은 성경을 영상화시킬 때 그리고 가상현실 기법을 활용하여 성경을 제작할 때 반드시 필요한 해석 방법이다.

제1장

이데올로기 비평
(Ideological Criticism)

일반적으로 '이데올로기'라 하면 공산주의를 떠올리고 좌파 우파라는 단어를 생각한다. 그러나 '이데올로기'라는 용어의 개념은 상당히 광범위하며, 막시즘에서 사용하는 개념은 사회과학적 개념의 한 종류일 뿐이다.

'이데올로기'가 무엇인가에 대해 답을 하는 것은 쉽지 않다. 그만큼 범위가 넓은 개념이기 때문이다. 이데올로기란 인간의 보편적 삶의 형태와 행동을 결정하는데 많은 영향을 끼치는 사상들인데 현대 사상가들이 대체로 동의하는 정의를 나열해 보면 다음과 같다.[205]

(1) 다소간 연결되어 있는 사상군

205) Louis Althusser, "Ideology and Ideological State Apparatuses," 121-173, 김종윤, "성서교육에 있어서의 이데올로기 비평의 유용 및 한계," **기독교와 교육** 12호 (2004) 19.

(2) 세계관 혹은 인생관으로 향하는 상대적으로 정연한 사상체계
(3) 특별한 사회 계층이나 집단에 해당하는 특수한 사상체계
(4) 한 사회의 지배 그룹에 의해 유지되는 사상체계들
(5) 다른 사람들과 공유하고 있는 사상들
(6) 행동을 촉발하는 사상들, 행동을 지배하거나 영향을 끼치는 사상들

이 가운데 이데올로기 비평에서 특별히 주목하는 것은 3-4번에 해당하는 내용이다. 즉 성경 텍스트에 어떤 지배 계층의 이익이 투사되어 있는지를 분석하는 것이다. 그리고 이러한 거대 이데올로기에 의해 가려지고 억제된 목소리와 주장을 들으려고 노력하는 것이다.

1. 이데올로기 비평 방법

이데올로기 비평의 특징은 저자와 텍스트 그리고 독자의 차원을 모두 넘나들면서 해석을 한다는 것이다.

(1) 외부적 분석(Extrinsic Analysis) – 저자에 대해서

외부적 분석이란, 역사비평적이며 사회과학적인 방법론을 사용하며, 텍스트를 탄생시킨 특정한 저자의 역사적·이데올로기적 정황들을 재구성하는 것이다. 즉 저자는 어떠한 이데올로기를 가지고 저술했는지를 탐색하는 것이다. 그리고 텍스트가 저술될 당시 권력을 창출해내는 사회, 정치, 경제적 구조가 어떻게 이루어져 있는지 밝히려는 것이다.

예를 들면, 신명기 역사가는 다윗을 묘사할 때 다윗의 긍정적인 면과 부정적인 면을 모두 소개하고 있다. 왜냐하면 신명기 역사가는 하나님께 순종할 때 복을 받고 순종하지 않으면 벌을 받는다는 이데올로기를 가지고 있었기 때문이다. 그러나 역대기 사가는 다른 이데올로기를 가지고 있었기 때문에 다윗의 부정적인 면을 전혀 소개하지 않았다.

이사야와 미가도 동 시대에 살았지만 이데올로기가 달랐다. 이사야는 다윗 왕조와 예루살렘 중심의 이데올로기를 가지고 있었고, 미가는 농촌인 모레셋 출신으로 예루살렘의 악행에 대해서 신랄하게 비판하였다.

(2) 내부적 분석(Intrinsic Analysis) – 본문에 대해서

내부적 분석이란, 이야기 비평, 구조 비평, 수사 비평 등 문학비평 방법론을 활용하여 텍스트가 재생산하고자 하는 이데올로기를 추적하는 것이다. 텍스트는 이데올로기로 물들어 있으며, 이데올로기 비평가는 텍스트 안에서 저자와 독자가 공유하는 이데올로기적 정황을 밝히려고 한다. 그리고 텍스트에서 생략되고 억제된 목소리를 추적하는 것이다.

예를 들면, "여호와께서 그 터를 바다 위에 세우심이여 강들 위에 건설하셨도다"(시 24:2)라는 구절은 고대 사람들의 우주관을 공유하지 않고는 이해하기 힘들다. 즉 고대 사람들은 이 세상이 하늘의 물과 땅 아래의 물 사이에 존재한다는 우주관을 갖고 있었다.

(3) 해석학적 분석(Consumption Analysis) – 독자에 대해서

해석학적 분석이란, 이미 자신들의 이데올로기를 갖고 있는 독자들이 텍스트의 이데올로기를 어떻게 받아들이고 있는가를 연구하는 것이다. 고대 이스라엘의 이데올로기는 오늘날 우리가 가지고 있는 이데올로기와는 많은 차이를 보이고 있다. 이러한 차이를 염두에 두면서 현대 독자들이 텍스트를 어떻게 해석하고 있는지를 살펴보는 것이다.

2. 이데올로기 비평의 실제

창세기 16장에는 사래, 아브람, 하갈, 야웨의 사자 등이 등장하고 있다. 그 가운데 주목할 사람은 하갈인데 하갈을 소개할 때 "그에게 한 여종이 있으니 애굽 사람이요 이름은 하갈"(1절)이라고 소개하고 있다. 이 표현에는 (1) 여자라는 성(性) 이데올로기, (2) 종이라는 계급 이데올로기, (3) 이집트인이라는 인종 이데올로기가 나타나 있다.[206]

(1) 성(性) 이데올로기

표면적으로 보면 아브람의 목소리가 별로 들리지 않고 사래의 목소리가 들려온다. 따라서 여성의 주도권이 강조되는 것이 아닌가 하는 생각을 할 수 있다. 그러나 본문을 분석해보면 철저하게 여성인 사래를 추락시키고 남성 우위의 가부장적인 위세를 높이고 있는 것을 발견할 수 있다.

16장은 "사래는 출산하지 못하였고"(1절)라는 구절로 시작된다. 대를 이어갈 아들이 없는 것이 사래의 탓임을 분명히 했다. 그리고 가부장적 제도 속에서 여자가 아들을 낳지 못했을 때 당할 수밖에 없는

206) 김상래, "이데올로기 비평으로 본 창 16장 -'성'(性)과 '계급'과 '인종'을 중심으로," **구약논단** 23집 (2007) 80-96.

온갖 굴욕을 적나라하게 드러내고 있는 것이다. 오죽했으면 아브람에게 "내 여종에게 들어가라"(2절)고 권했겠는가! 더구나 하녀인 하갈이 아이를 임신한 후 여주인인 사래를 멸시하기까지 하는 하극상이 일어났으니 말이다. 그리고 하갈을 투기하며 학대까지 하는 상황을 노출시킨다. 중요한 것은 '학대'라는 단어가 사용되었다는 것이다. 따라서 이 이야기를 듣는 사람이면 누구나 학대받는 하갈에게 동정심을 느끼고 학대자인 사래를 곱지 않는 시선으로 볼 것이다. 그리고 여자끼리 소위 닭싸움하듯 하는 모습을 연출하면서 여자에 대한 부정적인 시각을 강화시켜 주고 있다. 사래의 희망은 오직 "내가... 자녀를 얻을까 하노라"(2절)였다. 그러나 돌아 온 것은 "(하갈이 낳은)아브람의 아들"(15절)이었지 "사래의 아들"이 아니었다. 사래는 허망한 꿈을 꾼 것이었다.

반면에 아브람의 소리는 별로 들리지 않는다. 그냥 점잖은 주인이요 평화(?)를 사랑하는 온유한 남편의 모습으로 온전히 보존되어 있다. 첩을 얻은 것도 사래의 간청으로 된 것이니 아브람의 탓이 아니고, 가족인 하갈, 임신한 연약한 가족을 사막으로 쫓아내는 천륜을 거부하고 인간 이하의 행동을 저지른 것도 사래의 분노로 인한 것이니 아브람에게는 책임을 물을 수 없다는 논리가 흐르고 있다. 참으로 이상한 논리다. 모든 권력과 결정권을 가진 가장이며 족장인 아브람이 자기가 결정하고 자기가 저지른 행동임에도 자신의 잘못된 행동에 자신이 전혀 책임을 지지 않아도 된다는 분위기가 흐르고 있는 것이다.

이렇게 남성 중심으로 편향된 텍스트에서 이데올로기 비평가는 숨어있는 소리를 발굴해 내어야 한다. 종횡무진하는 가부장적 이데올로기의 실체를 드러내 주는 것도 하나의 목적이 될 수 있지만 더 중요한 것은 가부장적 이데올로기에 파묻혀 있는 그리고 숨도 제대로 쉬지 못하는 여인들의 작은 소리에 귀를 기울일 수 있어야 한다. 사래 뿐만 아니라 하갈의 소리도 들을 수 있어야 할 것이다.

(2) 계급 이데올로기

'여주인'인 사래와 그녀의 '시녀'인 하갈, 이것이 계급의 차이를 보여준다. 또 다른 계급이 있는가? 그들 위에 족장인 아브람이 있다. 이러한 계급의 차이를 본문은 철저히 옹호하고 있다.

한순간 이러한 계급의 차이가 허물어질 가능성이 있었다. 하갈이 임신했을 때 감히 여주인에게 저항하였다. 그러나 본문은 이 저항을 주인을 멸시하는 행동이라 묘사하였다. 한 마디로 '나쁜 행동'을 한 것으로 묘사한 것이다. 그런데 사래가 그러한 모욕을 당하고 있지는 않았다. 정확하게 반격하여 하갈을 광야로 내몰았다. 사래가 아브람에게 이러한 사태가 아브람의 책임이니 아브람이 해결하라고 하나님의 이름까지 들면서 요청한 것이다. 하나님이 계급의 수호자임을 분명히 지적한 것이다. 결국 하갈은 임신한 몸으로 광야로 도망갈 수밖에 없었다. 아브람이 보호해 주지 않으니 그 방법밖에 없었기 때문이다.

그런데 광야에서 야웨의 사자를 만났다. 다시 하갈의 역전극이 전개되나 싶은 상황이다. 그러나 실망 그 자체다. 야웨의 사자는 "네 여주인에게 돌아가서 그 수하에 복종하라"(9절)는 명령을 내렸다. 사래가 자신있게 말한 것과 같이 하나님은 현재의 계급 이데올로기를 유지시켜 주신 것이다. 결국 하갈은 다시 돌아갔고 이스마엘을 낳았다. 아마도 야웨의 사자의 명령대로 사래를 여주인으로 섬겼을 것이다.

어떤 일이 있더라도 계급이 무너지지 않았다. 임신한 여인이 광야로, 죽음의 땅으로 도망치는 상황이 벌어졌어도 계급이 무너지지 않았다. 더구나 야웨의 사자까지 그 질서를 존중하고 지키라고 하셨다.

그러니 누가 이 계급 이데올로기를 파괴할 수 있겠는가!

이데올로기 비평가는 철옹성같은 계급 이데올로기를 확연하게 드러내면서, 동시에 계급 이데올로기에 의해 신음하고 있는, 저항에 실패한 하갈의 고통스러운 신음소리를 들을 수 있어야 한다.

(3) 인종 이데올로기

외국인의 신분은 취약한 신분이었다. 아브람도 외국인의 신분으로 이집트로 갔을 때 아내를 빼앗길 뻔 하지 않았는가! 그런데 이스라엘 사람들에게는 이집트인이라면 특별한 기억을 떠올린다. 바로 노예로 종살이했던 이집트, 그리고 그곳에서 광야로 탈출했던 출애굽 이야기를 떠올린다. 그런데 지금은 반대로, 이집트인이 이스라엘 사람들의 종이 되었고, 또 광야로 탈출하고 있는 것이다. 이스라엘 사람들에게는 통쾌한 드라마임이 분명하다. 따라서 창세기 16장은 히브리 민족의 우월성을 드높이는 본문이고 인종 이데올로기를 강화시키는 본문이다.

창세기 16장에 나타나는 이데올로기의 큰 흐름은 당시 강조되어야 할 이데올로기가 반영된 것이다. 그러나 현대의 독자는 주도적인 이러한 이데올로기에 전폭적으로 동의하지 않는다. 오히려 이데올로기에 가려진 부분들에 주목하면서 메시지를 찾고자 한다. 아브람의 무책임한 행동에 분통을 터뜨리기도 한다. 그리고 사라와 하갈의 처지에 동정심을 보이기도 한다. 계급 이데올로기를 싫어하는 현대인들은 임신한 하갈이 여주인 사래를 모시며 살아가는 모습에 안타까워한다. 외국인이라고 해서 소외되어야 된다는 사고방식을 비판하는 현대인들은 하갈의 어렵고도 외로운 처지를 공감하면서 하갈이 용기있게 살아가기를 바란다.

특히 현대의 독자들은 이러한 큰 이데올로기들을 옹호하는 듯한 하나님의 의도에 멈칫하면서 당황하게 된다. 본문에 주도적으로 부각된 이데올로기들은 당시 청중(독자)들과 대화하기 위한 방편임을 알아야 한다. 당시에는 이러한 이데올로기를 공유하지 않으면 메시지 자체가 전달되지 않기 때문이다. 이데올로기는 마치 메시지를 담는 바구니와 같아 보인다. 따라서 바구니를 메시지로 착각하면 큰 오해를 불러일으킨다.

오히려 창세기의 큰 흐름을 보면서 진정한 메시지를 찾아야 한다. 하나님께서 아브람에게 후손을 약속해주셨는데 그 약속을 믿지 못하고 인내하지 못해서 첩을 들여 후손을 잇겠다는 생각이 잘못된 것임을 보여주었다는 것이다. 하나님의 약속을 믿지 못하고 조급하게 행동한 결과가 결국 가정의 풍파만 일으켰다는 것을 똑똑히 볼 수 있게 된 것이다. 동시에 인간의 잘못이 있었음에도 불구하고 하나님의 개입으로 아브람의 가정이 깨어지지 않고 지속될 수 있도록 보호하시는 하나님의 손길을 발견하게 된다. 하나님의 복을 만백성에게 전할 아브람의 가정이 굳건히 이어 나갈 수 있도록 인도하시는 하나님의 모습을 발견하게 되는 것이다.

그리고 당시의 이데올로기의 괴력 앞에 숨죽이고 살아야 하며 억압을 받을 수 밖에 없는 하갈이 오히려 하나님의 뜻을 이해하고 하나님의 약속을 믿어 의심치 않는 모습을 발견하게 된다. 하나님의 약속을 받았으나 기다리지 못하고 믿지 못한 아브람과 사래가 부끄러워질 수 밖에 없다. 당시의 이데올로기에 의해 억압받은 자 하갈이 다시 아브람의 가정으로 돌아옴으로서 아브람은 자식과 아내(첩)를 버리는 악행을 저지르지 않게 되었다. 또한 사래는 잔인한 악녀에서 첩을 거두어 아이를 낳게 해주는 자애로운 여주인의 모습으로 변할 수 있게 되었다는 또 다른 메시지도 발견할 수 있게 된다. 억압받고 학대받는 자가 어떻게 큰 일을 할 수 있는지를 보여주는 것이 창세기 16장이다.

3. 이데올로기 비평의 공헌과 한계

이데올로기 비평을 통해 주류를 이루고 있는 이데올로기가 무엇이며 억제되고 생략된 목소리가 무엇인지 알 수 있게 된 것은 큰 공헌이라 할 수 있다. 그러나 성경을 사회과학적인 개념인 이데올로기로만 파악할 수는 없는 것이다. 이데올로기를 넘어 선 신앙적이며 초월적인 특성이 성경에 있다는 점을 간과해서는 안되는 것이다. 예를 들어 지도이념으로 왕정 이데올로기를 통해 하나님의 뜻을 펼쳐 보일 때도 있고 때로는 왕정을 신랄하게 비판할 때도 있는 것이다. 이데올로기보다 더 중요한 것은 이데올로기라는 바구니에 담겨진 하나님의 뜻이 어떻게 나타나고 있는지 그리고 하나님의 나라를 향한 발걸음이 어떻게 진행되고 있는지 살피는 것이다. 이 흐름을 파악하는 일에 이데올로기 비평은 다만 한 몫을 감당하고 있을 뿐이다.

신명기 역사서나 역대기 역사서에는 이데올로기를 쉽게 간파할 수 있지만 지혜서나 시편에서는 특정한 그룹의 이데올로기를 파악하기가 쉽지 않다. 따라서 이데올로기 비평은 성경의 일부분에 한정해서 적용할 필요가 있다.

이데올로기 비평의 장점은 저자와 본문과 독자의 이데올로기적 상호관계성을 모두 살피면서 성경을 해석하는 방법이라는데 있다. 그러나 고대 이스라엘의 저자와 당시 독자의 이데올로기적 정황을 파악하기가 쉽지 않다. 따라서 이데올로기 비평에는 한계가 있을 수밖에 없다.

마지막으로 주의할 점은 이데올로기 비평이 현대의 독자를 염두에 두면서 해석하고 있기에 독자 중심의 주관적인 해석으로 흐를 위험도 있다는 점이다. 그러나 이러한 한계가 있음에도 불구하고 이데올로기 비평이 저자와 본문과 독자 중심으로 나누어져 있는 해석 방법론을 통합하여 운용할 수 있다는 점은 분명한 장점이라 할 수 있다.

제2장

사회과학적 비평
(Social-Scientific Criticism)

마치 해변에 파도가 밀려오듯이 우리들이 살고 있는 사회에는 다양한 문제들이 계속 발생하고 있다. 이러한 문제들 가운데는 인간 개인이 해결할 수 있는 것도 있지만 때로는 인류 전체에까지 좌절과 공포를 가져다주는 문제도 있다. 성경은 이러한 문제들에 대해 답을 해 주고 있다. 즉 좌절하고 고통 중에 있는 이들에게 위로와 희망의 메시지를 제시해 주고 있다. 그런데 이러한 메시지에는 필연적으로 사회학적 성찰이 포함되어 있다.

전통적으로 성경해석에 있어서 지배적이었던 것은 본문의 문학적, 양식적 요소와 전승적, 편집적 또는 신학적 주제나 동기가 무엇인가를 밝혀내는 일이었다. 비록 이러한 방법론을 사용하여 성경의 의미를 많이 발굴하였지만 문제는 사회학적정보와 자료들이 이미 형성된 문학적, 신학적 결론들 속에서 제 빛을 찾지 못한다는데 있다. 즉 성경의 많은 전승과 내용들을 연구하면서도 사회역사적 상황이 "무엇"이었으며 "어떻게" 그리고 "왜" 그런 정황들을 유발시켰는지에 대해서는 규명하지 못한 것이다. 사회학적 비평은 바로 이러한 물음에 해답을 제시하려는 것이다.

예를 들어 게이저(John G. Gager)는 초대 그리스도교에 대한 연구가 사회학적 관심을 무시한 채, 문학적, 역사적 혹은 신학적인 면에 지나치게 집착하였다고 지적하면서 **초대 그리스도교의 사회적 세계**라는 저서를 저술하였다.[207] 이 저서에서 게이저는 초대 그리스도교를 급박한 종말을 기대하는 '천년왕국 운동'으로 분석하였다.

2. 사회과학적 비평의 발전

성경의 사회적 배경에 대한 관심은 사실 양식비평에서 "삶의 자리"를 이야기할 때 이미 시작되었다고 볼 수 있다. 그리고 종교사학파와 시카고학파가 사회학적 비평의 선구자 역할을 했다고 볼 수 있다. 시카고학파는 매튜(Shailer Mathews)와 케이스(Shirley Jackson Case)가 이끌었는데, 왜 그리스도가 유대인들이 아닌 이방인들 사이에서 번성했는가 하는 사회적 문제를 연구하였다.[208]

타이센(Gerd Theissen)은 사회과학적 비평을 양식비평과 비교하여 이렇게 말한다;

---

207) John G. Gager, *Kingdom and Community: The Social World of Early Christianity* (Englewood Cliffs; Prentice-Hall, 1975). 안병무 편, **사회학적 성서해석** (서울: 한국신학연구소, 1983), 90.

208) Shailer Mathews, *The Social Teaching of Jesus: An Essay in Christian Sociology*(New York: Macmillan, 1897); Shirley Jackson Case, *The Evolution of Early Christianity*(Chicago: University of Chicago, 1914); *The Social Origins of Christianity*(Chicago: University of Chicago, 1923).

신약에 대한 사회학적 연구는 양식사적 연구의 갱신이요 연속이라고 주장할 수 있다. 시대사가 사회사로 발전하듯이 양식사 역시 문학사회학으로 확대해야만 한다.

그는 양식비평에서 발굴한 삶의 자리와 관련해서 둘의 차이점들을 지적하는데 그 중에 중요한 것은 사회과학적 비평은 본문들의 삶의 자리를 전체 사회의 틀 안에서 해석하려고 한 점이다. 이것은 양식비평이 주목하는 세계보다 훨씬 더 확대된 것이라 할 수 있다. 그는 이 전체 사회의 틀에서 보는 시각으로 다음의 네 가지 요인을 설정하였다; ① 사회경제적 요인 ② 사회생태학적 요인 ③ 사회정치적 요인 ④ 사회문화적 요인.[209]

구약학에서 사회과학적 접근이 시도된 것은 19세기 말부터였지만 본격적인 작업은 막스베버(Max Weber)의 **개신교 윤리와 자본주의 정신**(*Die Protestantische Ethik und der Geist des Kapitalismus*)이라는 책이 나오기 시작하면서부터였다.[210] 여기서 그는 서구의 자본주의 사회에서 기독교라는 종교가 서구사회의 경제활동의 원천으로 작용했음을 밝혔다. 베버 이후 종교에 대한 사회학적 접근을 한 허버트 한(Herbert F. Hahn)은 두 가지의 기본 전제를 주장했다. 하나는 종교는 모두 특수한 사회적 환경에서 나오고 거기에 영향을 받는다는 것이고, 다른 하나는 사회구조 형성에 종교가 영향을 끼친다는 것이다.

윌슨(Robert R. Wilson)은 19세기부터 급격하게 발전된 사회과학의

209) Gerd Theissen, "원시 그리스도교의 예수 말씀 전승에 대한 문학사회학적 고찰," 안병무 편, **사회학적 성서해석**, 295.

210) 사회학적 접근의 첫 시도로 알려지고 있는 것은 John Fenton, *Early Hebrew Life: A Study in Sociology* (London, 1880) 이다. 안병무 편, **사회학적 성서해석**, 23.

여러 분야 가운데 구약성경의 사회학적 비평에 직접적으로 혹은 간접적으로 영향을 준 부분에 대해 설명하고 있다. 그 중에는 스펜서, 마르크스, 베버, 뒤르껭 등이 주장한 사회이론들과 인종학, 사회 인류학, 민속학, 고고학, 구조적 인류학, 그리고 심리학 등을 내포하는 인류학이 포함되어 있다.[211] 이와 같이 사회학의 여러 이론들은 각 개인의 심리적인 특징이나 그들의 경제적인 결정에 기인하지 않고 오히려 그들이 살고 있는 사회의 조건에 의해 이뤄진다고 보면서 인간의 사회적 행위의 일상성과 사회변화의 전반적인 형태를 찾으려고 하였다.

사회학적 비평은 1960년대 이후에 미주 지역에서 활발하게 진행되었으며, 갓왈트(Norman K. Gottwald)는 "사회과학적 비평이란 성경 각 책이나 혹은 부분을 적합한 사회 상황 속에 놓는 것을 시도하며, 그 본문에 담겨 있는 명백한 그리고 암시적인 사회적 요소를 연구하여 본문을 조명하려고 시도하는 것"이라고 정의했다.[212]

갓왈트는 그의 대표적인 저서인 **야웨의 지파들**(*The Tribes of Yahweh*)에서 초기 이스라엘, 즉 이스라엘 왕국 시대 이전의 사회조직을 소개했다.[213] 그리고 그 속에서 종교가 사회의 제반 요소와 어떤 연관이 있는지를 논했다. 그는 초기 이스라엘의 기원에 관해, 이스라엘이 가나안 내의 농민으로서 봉건제도에 대항하여 혁명 봉기를 일으켰다고 주장했다.

브루그만(Walter Brueggrmann)은 구약 시대에 모세계약전승과 다윗계약전승이 서로 대안적으로 존재해왔다고 주장했다.[214] 모세계약전

---

211) Robert R. Wilson, *Sociological Approaches to the Old Testament* (Philadelphia: Fortress Press, 1984), 12-22.

212) Norman K. Gottwald, *The Hebrew Bible: A Socio-Literary Introduction* (Philadephia: Fortress Press, 1985), 29.

213) Norman K. Gottwald, *The Tribes of Yahweh* (Maryknoll: Orbis Books, 1979).

승은 억압받는 자들의 저항 운동으로 이어지며, 다윗계약전승은 권력을 잡고 현 체제를 유지하려는 자들이 이어가는 전승이라 하였다. 두 가지 전승은 서로 대립하기도 하지만 나름대로 신학적 기반을 갖추고 있다는 사실도 언급하고 있다.

윌슨(Robert R. Wilson)은 예언자들에 대해 사회인류학적 해석을 시도하였다.[215] 모세를 대표로하는 에브라임 전승의 예언자들은 종교와 정치면에서 사회의 중추적인 기능을 담당했지만 왕정이 수립된 후부터 사회의 변두리로 밀려나갔다고 주장하였다. 그리고 유다 전승 예언자들은 사회의 중요한 위치에서 활동했으며 왕정 체제에서 더욱 사회적 안정에 기여하였다는 사실을 주장하여 대비시켰다.

폴 핸슨(Paul Hanson)은 구약성경에 나타나는 종말론을 예언자적 종말론과 묵시적 종말론으로 나누었다.[216] 그는 이사야 56-66장과 스가랴 9-14장을 연구하면서 묵시적 종말론의 역사적, 사회적 기원을 탐색하였다. 묵시적 종말론은 예언서에서 그 선례를 찾아볼 수 있지만 시작된 것은 포로 후기 시대였다고 주장하며, 사독 계열 제사장 집단과 그 외의 제사장 집단 간의 투쟁의 결과라 설명하였다.

타이센(Gerd Theissen)은 팔레스타인 기독교의 전역사를 재구성하기 위해 복음서 본문들을 사용했는데, 거기서 그는 복음서의 많은 말씀들이 1세기 팔레스타인의 사회경제적 긴장들과 문제들 때문에 직업과 가정 등의 정상적인 사회구조를 버리고 예수의 메시지를 전하면서 유랑하던 "급진적 순례자" (Radical Itinerant)의 사회적 역할을 반영하

---

214) Walter Brueggemann, "Trajectories in Old Testament Literature and the Sociology of Ancient Israel," *JBL* 98 (1979) 161-185.

215) Robert R. Wilson, *Prophecy and Society in Ancient Israel* (Philadelphia: Fortress Press, 1984) 323.

216) Paul Hanson, *The Dawn of Apocalyptic: The Historical and Sociological Roots of Jewish Apocalyptic Eschatology*. Rev. ed. (Philadelphia: Fortress Press, 1979) 11-12.

고 있다고 주장했다.[217]

3. 사회과학적 비평의 방법

윌슨은 사회과학적 비평방법론을 따르기 전에 주의할 점들을 다음과 같이 제시하였다;[218]

첫째, 사회과학적 비평가는 그가 사용하는 사회과학적 방법에 대해 충분히 알고 있어야 하며 그 범위와 한계도 인식해야 한다.

둘째, 사회과학적 비평가는 저명한 사회학자들의 업적만을 이용해야 해야 한다.

셋째, 사회과학적 비평가는 인류학적 사회과학적 연구를 충분히 이해한 후 고대 이스라엘 연구에 적용하여야 한다.

넷째, 인류학적 자료를 사용할 때에는 하나의 현상을 연구하는 그 사회를 광범위하게 조사해야 한다.

다섯째, 사회과학적 비평가는 사회학자들이 그들의 자료를 제시할 때 사용하는 해석적 개요는 알아야 하지만, 의도적으로 사용해야 할 경우가 아니라면 피하는 것이 좋다.

이러한 점들을 염두에 두면서 성경을 사회과학적으로 해석할 때 주목할 점은 다음과 같다;

1) 본문에 나타난 사회의 구조와 구성원 간의 관계를 파악한다.
2) 이스라엘 역사와 고대 중동세계에 대한 고고학적 발굴물을 통해서 본문의 사회 구조와 사회 구성원 등을 분석한다.

---

217) Dale B. Martin, "사회학적 비평", **성서비평방법론과 그 적용**(서울: 대한기독교서회, 1998), 165-166.

218) Robert R. Wilson, *Prophecy and Society in Ancient Israel,* 28-29.

3) 본문에 나타난 사회의 정치, 경제, 사회, 종교의 상태를 파악한다.

4) 이러한 사회에서 종교가 담당하는 역할이 무엇인지 살펴본다.

5) 이러한 연구를 통해 해석자가 속한 사회의 긍정적인 변화를 위한 교훈 혹은 사상을 찾아낸다.

4. 사회과학적 비평의 실제(시편 23편)

시편 23편을 사회적 상황과 사회적 관계를 중심으로 다시 살펴보자. "여호와는 나의 목자시니"에서 하나님을 상징하는 목자의 이미지는 통치자, 왕의 이미지로 볼 수 있다. 고대 중동에서는 양떼를 인도하는 '목자'라는 친근한 이미지로 백성을 인도하는 왕을 묘사하였다.

목자의 이미지는 손에 든 지팡이와 막대기의 이미지로 옮겨간다. 양들은 순하기만 하고 방어능력이 없다. 목자는 이들을 이리떼나 사나운 짐승으로부터 보호해야 한다. 그리고 비가 오지 않아 풀포기도 제대로 자라지 못하는 들판을 이리 저리로 다니며 풀을 뜯을 수 있도록 양떼를 데리고 다녀야 한다. 때로는 협곡을 지날 때도 있고 벼랑위로 지날 때도 있다. 어느 곳에나 사나운 짐승들이 양떼를 노리고 있다. 오직 목자의 지팡이와 막대기가 짐승의 공격을 물리치고 양떼를 보호할 수 있다.

그다음 이러한 목자이신 하나님과 이 시인과는 어떠한 관계일까? 우선 집단이 아니라 개인이며 개인이 목자이신 하나님을 향한 고백과 부르짖음이며 신뢰에 찬 찬양이라 볼 수 있다.[219] 그리고 이 시편에는

219) W. Schottroff, "시편 23편의 사회사적 성경주석," **새로운 성경해석**, 김창락편 (한국신학연구소, 1987) 119-157.

개인이 평범한 사람이 아니라 지도자라는 점을 발견할 수 있다. "당신께서 기름을 내 머리에 부으셨다"(5절)는 구절로 알 수 있는 것은 이 사람이 지도자라는 것이다. 기름부음 받을 수 있는 사람은 왕이나 예언자나 제사장과 같은 지도자가 받을 수 있는 것이다. 지도자이기에 하나님의 리더쉽을 먼저 살피면서 자신도 그러한 리더쉽을 실행할 수 있도록 각오를 다지는 것으로 이해할 수 있다. 이 시편은 하나님으로부터의 특별한 소명을 받았다는 뜻으로 해석해서 일반 사람들에게도 적용할 수 있지만 특별히 지도자의 사명을 감당하는 사람들을 위한 시편임을 주목해야 한다.

이 구절은 지도자를 가리키는 뜻이지만 이 시편의 핵심적인 구절이기도 하다. 이 시편 가운데 한 단어 외에는 모든 동사가 미완료형이다. 현재와 미래에 이어지는 행동들을 이야기하고 있다. 그 가운데 "(당신께서 기름을 내 머리에) 부으셨다"의 단어는 완료형이다. 이미 미리 과거에 부어주셨다는 뜻이다. 나를 이미 선택해 주시고, 나를 인정하여 지도자로 임명해주시고, 나에게 사명을 맡겨주셨다는 과거의 사건을 회상하는 것이다. 하나님과의 특별한 관계가 이미 형성되어 있다는 뜻이다. 이것이 중요하다. 이것이 핵심이다. 이러한 선택이 있었기에 "하나님의 이름을 위하여"라는 특별한 은혜도 기대할 수 있는 것이다.

평생토록 선함과 인자함이 자기를 추격할 것이라는 확신이 바로 이러한 특별한 관계에서 나올 수 있는 것이다. 하나님의 집에 살겠다는 것도(6절; 시 27:4) 이러한 관계 속에 살겠다는 뜻이다. 이러한 관계 속에서 하나님의 집의 일원으로서 하나님께서 자기를 인도하신 것처럼 자기도 지도자의 사명을 충실히 감당하겠다는 뜻이 들어있다.

처음에는 하나님을 삼인칭으로 "여호와는 나의 목자시라!"(1절)라 부르며 하나님께서 어떻게 자기를 인도하시는지 상세히 묘사하고 있다. 배가 고플 때는 푸른 풀밭으로 인도하여 풀을 뜯게 하시고 목이 마를 때는 물가로 인도하시는 하나님을 찬양하며 결코 부족함이 없을 것이라고 확신한다. 살아가는 데 있어서 가장 중요한 것을 하나님께서 제공하신다는 믿음을 고백한 것이다. 비록 힘이 없어 주저앉아 있지만 하나님께서 나를 다시 소생시키시고 일으켜 세워 주실 것이라 확신한다.

더구나 "자기(하나님의) 이름을 위하여" 나를 의롭게 인도하실 것이라 고백한다. 비록 내가 잘못하는 점이 있다 하더라도 하나님의 명예 때문이라도 나를 버리지 않고 선하게 인도하실 것이라는 믿음을 고백한 것이다. 이 모든 고백은 하나님께서 자신에게 해 주시는 일들을 침착하게 살필 때 발견할 수 있는 것이었다. "주신 복을 헤아려 보아라"는 찬송가 가사처럼 하나님의 은혜를 생각하면서 신학적으로 사고할 때 얻을 수 있는 합리적인 결론을 고백하고 있는 것이다.

이러한 고백을 한 후 용기를 내어 확신에 찬 목소리로 하나님을 향하여 "당신은 나와 함께 하십니다"며 외친다. 임마누엘의 하나님을 큰 소리로 부른 것이다. 그리고는 죽음의 골짜기를 가겠다고 한다. 그가 살아가는 세상은 이처럼 목숨을 걸고 가야하는 상황인 것이다. 그런데 용기가 생겼다. 왜냐하면 자기를 보호해주고 인도해 줄 하나님의 지팡이와 막대기를 보았기 때문이다. "당신의 지팡이와 막대기"라고 하면서 하나님을 향해 직접 이야기하고 있다. 그의 영적인 눈이 열린 것이다.

시 23편은 전원 풍경의 목가적인 분위기를 상상하도록 인도하지 않는다. 하나님을 부르짖는 이 사람에게는 '원수'도 있고 죽음의 위험도 있다. 아마도 '원수'는 그를 추적하며 공격하는 사람들로 보인다. 원수 앞에서 상을 차려주는 행동은 유목민 사회에서 피난처를 제공하고 추적하는 사람들로부터 보호하는 표시로 알려진 행동이다. 텐트에서 음식을 제공한다는 것은 피난한 사람을 보호하겠다는 의지의 표현인 것이다. 특히 "상을 차리다"라는 표현은 주로 왕의 식탁이나(삼상 4:27; 20:29; 삼하 9:13), 성전의 진설상(출 25:23; 민 4:7; 말 1:7, 12)을 차릴 때 사용하는데, 가끔 개인 가정의 식탁을 가리킬 때도 있다(시 128:3). 따라서 원수 앞에서 상을 차려주고 마실 것까지 제공하는 것은 단순히 보호해준다는 의미 이상으로 귀한 사람으로 대접해 준다는 의미가 들어있다.

비록 지도자이지만 이 시인은 힘을 잃고 주저앉아 있고 원수가 쫓아오고 있다. 목숨의 위협을 받고 있으면서도 앞으로 걸어가야 하는 절박한 사람의 고통과 고민이 녹아있는 시다. 허약해있고 두려워하는 지도자의 타는 마음이 녹아 있는 시편이다. 경제적으로도 궁핍하고 그를 착취하고 압제하려는 세력이 그를 추격하고 있고 마음과 몸이 허약한 상태에 있지만 오직 하나님과의 특별한 관계에 의지하여 일어서려는 사람의 노래다. 이러한 상황임에도 불구하고 영의 눈을 떠서 하나님의 자비로운 손길을 발견하고 용기있게 걸어가겠다는 각오를 다지는 시편이다.

그 어느 곳에서도 하나님의 목소리가 들려오지 않지만 주신 복을 헤아려 보고 생각을 정리하면서 하나님과의 특별한 관계를 발견한 사람의 시편이다.

5. 사회과학적 비평의 공헌과 한계

사회과학적 비평의 공헌을 든다면;

(1) 성경이 자칫 신앙, 종교라는 틀 속에서 제한적으로 해석될 수 있었던 역사비평학의 한계를 뛰어 넘게 했다는 점이다. 일반 사회과학이론을 적용함으로써 고대 이스라엘의 사회와 그 구성원의 역할을 강조한다. 그것은 현대의 독자에게 시간, 거리, 문화의 한계를 넘어 개인의 일상의 삶을 조명하는데 도움을 준다.

(2) 성경의 의미를 오늘의 사회에 적용하여 바람직한 사회 모습을 재구성하는데 도움을 준다. 사회과학이 사회를 폭넓게 이해하게 하는 측면을 통해 지금까지의 성경해석이 그냥 지나쳤거나 오해했거나, 다루지 않은 의미들을 밝히는데 그 몫을 담당한다.

그러나 사회과학적 비평이 갖는 한계점도 있다.

(1) 성경을 사회과학적 비평방법을 통해 사회체계의 한 모습으로만 해석해 그 이면에 있는 신앙, 초월성 등을 간과할 우려가 있다. 어떤 비평방법이든 그것은 각각 인식된 사항들의 규칙적인 현상으로 그리고 현상의 관계성들에 대한 추상적 개념으로 환원시키려는 경향이 있다.[220] 문학비평은 텍스트에 역사비평은 역사적 사건들에 사회과학적 비평은 사회적 구조와 과정들에 그리고 신학적 비평은 종교적인 신앙과 의식들로 환원시킨다. 따라서 다양한 도구 중의 하나로 이용할 필요가 있다.

(2) 사회과학 이론은 매우 다양하여 공통적인 개념, 방법 등이 부족하다. 이것은 자칫 객관성을 잃게 할 우려가 있다.

---

220) 안병무 편, **사회학적 성서해석**, 21.

(3) 사회과학적 비평을 통해 드러난 주제들, 예를 들면 자유, 해방, 경제, 인권, 정의 등을 단편적으로 강조하거나 그에 부합하지 않는 것에 대해 지나친 평가절하는 경계해야 한다.[221)]

221) 참조; 이동수, **구약주석과 설교**, 255-257.

제3장

해체주의 비평 (Deconstructive Criticism)

해체주의 비평은 질문을 하는 독자를 격려한다. "가난한 자가 행복하다"라는 선언이 기존의 틀 속에서 조화될 수 없다는 점을 눈치 채고 질문을 하며 새로운 포괄적인 틀을 찾아 헤매는 독자를 응원한다. 또한 시편에서 탄식의 눈물이 흐르고 있는데 갑자기 기쁨의 환호성을 올리는 탄원시의 급격한 변화를 어떻게 받아들여야 할지에 대해 질문을 하는 독자를 환영한다.

해체주의 비평이란 본문의 불완전성을 발견하고 폭로하여 독자가 비확정적인 본문과 관련을 맺으며 새로운 세계를 창조하려는 해석방법이다.[222] 즉 구조주의가 본문 심층부에 자리잡고 있는 언어의 망을 발견하여 본문의 신념체계를 밝히려 하는 반면, 후기구조주의비평의

222) S. R. Haynes and S. L. McKenzie편, 김은규, 김수남 역, **성서비평방법론과 그 적용**, 345-346.

한 종류인 해체주의 비평은 본문을 결정된 것으로 보지 않는다. 해체주의자는 본문에 어떤 일관된 패턴이나 결정된 것이 없다고 보면서 독자를 자유롭게 해준다. 오히려 본문의 불완전성을 밝혀내고 불완전한 본문에 독자가 무엇인가 채워 넣도록 격려한다. 따라서 해체주의자는 언어의 구조를 해체하려고(disassembling) 우선 시도한다. 이 때 해체주의자는 본문에 나타나는 불완전성과 언어유희에 특히 주목하는 것이다. 해체주의자는 본문의 언어구조를 해체하면서 본문과 관련을 맺는 가운데 완전히 새로운 세계를 창조하려고 시도하는 것이다.

1. 해체주의의 배경

해체주의가 나타난 배경을 살펴보면 칸트와 헤겔을 우선 발견할 수 있고, 마르크스(Marx)와 프로이드(Freud)가 해체주의의 선구자임을 발견할 수 있다. 표면상 논리가 있는 어떤 이야기가 경제에서(마르크스) 그리고 심리학에서(프로이드) 실제로 어떤 기능을 하고 있다는 것이다. 그리고 실존주의도 해체주의의 배경으로 볼 수 있는데 그것은 실존주의가 세상에 질서가 있다는 신념을 포기했기 때문이다. 그러나 실존주의에서 강조하는 "중심적 자아(centered self)"를 해체주의자들은 "관계의 망 속에서 중심점(node)이 되는 자아"로 대체하였다.[223) 이제 해체주의 비평은 해방신학과 결합하여 연구가 진행되기도 하고, 여성학적 비평과 결합되어 새로운 연구 지평을 열기도 한다.

223) S. R. Haynes and S. L. McKenzie편, **성서비평방법론과 그 적용**, 346-351.

2. 해체주의 비평 방법론과 실제

해체주의 비평에는 언뜻 보아도 의구심을 가질 수밖에 없는 것이 있다. 해체주의의 논리를 적용시키면 기존의 가치 체계가 허물어져 버리기 때문이다. 따라서 조심스럽게 사용할 필요가 있다. 그리고 해체주의 비평가 내부에서도 다양한 주장이 제기되고 있다는 점을 주목하면서 방법론을 다듬어 나갈 필요가 있다. 예를 들면 데리다(J. Derrida)와 가다머(Gadamer)의 논쟁과 같이 극단적인 해체주의와 수정된 해체주의의 토론을 지켜볼 필요가 있다.[224)]

해체주의는 전통적인 종교와 신학에 대해 매우 비판적이다. 데리다(J. Derrida)에게 있어서 의미는 언어의 덧없는 놀이 외에 아무것도 아니다. 의미는 결단코 정립되지 않는다고 보는 것이다. 이러한 논리에 따른다면 해체는 허무주의적일 수 밖에 없다. 그러나 가다머(Gadamer)의 놀이는 언어체험의 놀이이다. 그것은 목표는 없으나 의미는 있는 놀이인 것이다. 가다머의 목적은 주체성을 포기하는 것이 아니라 덜 주관주의적인 것에 도달하는 것으로 볼 수 있다. 그리고 가다머는 최종적인 텍스트는 없다 하더라도 텍스트와 텍스트의 질서 바깥에 어떤 것이 있다고 주장한다. 그리고 그것이 결정할 수 있는 의미(decidable meaning)를 허용하는 것이라 하였다.[225)] 가다머는 해체작업에 대립하여 해석학은 항상 의미의 가능성이 있다고 주장한다.[226)]

크로산(John Dominic Crossan)은 비유가 조직을 파괴시키는 이야기이며 세상을 뒤엎는 것임을 주목하였다.[227)] 즉 성경의 비유는 청중의

---

224) 정기철, "해석학과 해체주의: 가다머와 데리다의 논쟁," **해석학은 무엇인가?** 한국해석학회 엮음 (지평문화사, 1995) 277-312.

225) 김영한, "해체주의와 해석학 - 데리다와 가다머," 286.

226) 김영한, "해체주의와 해석학 - 데리다와 가다머," 294.

세계를 산산이 부수고 조직을 파괴함으로 새로운 조직을 형성하는 요소들이 있는 것이다. 이처럼 성경 본문에 이미 해체주의적인 움직임이 있음을 발견할 수 있다.

"가난한 자는 행복하다. 하나님의 나라가 너희 것이다(눅 6:20)"라는 예수의 축복선언은 전통적인 가치와 체제에 대해 도전하고 새로운 공동체에 대한 비젼을 제시한 것이다. 이러한 선언은 기존의 체제가 수용할 수 없는 말이었으며 사회나 교회에서 이미 관행으로 굳어져 있는 것에 대해 섬광과 같은 타격을 가해 그 구조를 깨뜨린 것이다. 도오시(James M. Dawsey)는 누가의 평지 설교 전체에 대해, "어떻게 하나님이 사회 질서를 전복시키시는가에 관한 선언의 백미"라고 해석하였다.[228]

누가복음과 사도행전에 나타나는 가난한 사람들에 대한 본문에서도 이와 비슷한 것을 발견할 수 있다.

> (주께서는)... 제왕들을 왕좌에서 끌어 내리시고 비천한 사람들을 높이셨습니다. 주린 사람들을 좋은 것으로 배부르게 하시고, 부한 사람들을 빈손으로 떠나 보내셨습니다. (눅 1:52-53, 마리아의 찬양에서)

그리고 나사렛 회당에서 가난한 사람들에게 기쁜 소식을 전하는 예수의 모습에서(눅 4:18), 자기의 소유를 내어 놓고 함께 공동체를 이루어

---

227) John Dominic Crossan, *Dark Interval: Toward a Theology of Story* (Allen, Texas: Argus Communications, 1975) 57-62.

228) James M. Dawsey, *The Lucan Voice: Confusion and Irony in the Gospel of Luke* (Macon, Ga: Mercer University Press, 1986) 146.

살아가는 초대교회의 모습에서(행 4:32), 그리고 가난한 사람에게 구제금을 전달하러 예루살렘을 방문하는 바울의 발걸음에서(행 24:17) 가난한 사람을 향한 파격적인 관심과 기쁨의 메시지를 발견할 수 있다. 가난한 것은 불행한 것이다 라는 고정관념을 해체시키고 새로운 미래를 열어 놓는 창조적인 메시지를 발견할 수 있다.

기존의 권위체계나 구조를 파괴하였으면서도 다시 재건하지 않은 상황을 독자에게 있는 그대로 제시한 그곳에서 독자는 스스로 새로운 구조물을 다시 건축하고 비어 있는 공간이 있으면 그 자신의 말과 자신의 삶 전체로 그 여백을 채우는 작업을 시작하는 것이다. 이러한 작업을 보면 예레미야가 받은 사명이 연상된다; "뽑고 파괴하며 파멸하고 넘어뜨리며 건설하고 심게하였느니라..."(렘 1:10). 해체되는 것은 바벨탑이 되어야 하며 새롭게 건설해야 하는 것은 하나님의 나라가 되어야 할 것이다. 때로는 해체만 하고 새롭게 건설되지 않는 고통스러운 상황이 계속될 수도 있을 것이다. 그러나 이러한 노력이 신앙인의 삶 속에 끊임없이 새로운 에너지와 새로운 창조성을 공급할 수도 있다는 점을 주목해야 한다.[229]

---

229) 해체주의 비평에 대한 긍정적인 평가에 대해서는 다음의 저서를 참조하기 바람; Stephen D. Moor, *Literary Criticism of the Gospels: The Theoretical Challenge* (New Haven, Conn.: Yale University Press, 1989).

제4장

의식(儀式)적 비평 (Ritual Criticism)

성경해석의 흐름은 역사비평학적 방법론을 넘어서는 새로운 방법을 향해 흐르고 있다. 성경학자들은 성경 본문의 과거를 더듬어 그 역사를 발굴하기보다 경전으로 확정된 본문의 구조와 문학적인 면을 분석하고 수사학적인 흐름을 파악하려고 노력을 기울이고 있다. 한걸음 더 나아가 최근의 성경학자들은 독자와 성경본문과의 상호작용을 통해 새로운 것이 창조되는 새로운 면을 주목하고 있다.

이러한 큰 흐름 속에 본 연구가 주목하고자 하는 것은 성경이 예배의식과 밀접히 연관되어 있다는 사실이다. 종교는 의식과 더불어 발전하여 왔으며 야웨종교도 제사의식 곧 예배의식을 통해 다듬어져 왔다. 성경본문에 나타나는 제의적 요소도 물론 중요하겠지만 그보다 더 핵심적인 것은 성경 본문의 구조와 흐름에 나타나는 제의적 요소인 것이다. 예를 들면 사울의 일생이 나타나 있는 사무엘상의 구조와 흐름 속에 제의적 요소가 흐르고 있다. 제비 뽑혀 왕이 된 모습에서 그리고 희생양의 모습과 유사하게 마감하는 사울의 모습에서 제의적 요소가 핵심적으로 흐르고 있음을 발견할 수 있다.230)

제사의식 속에서, 예배의식 속에서 읽혀지고 들려진 성경의 본문은 제의와 떨어져있는 문학작품이 결코 될 수 없는 것이다. 성경의 성격이 이러함에도 불구하고 이제껏 성경을 제의적으로 살펴보는 소위 "의식 비평"이 심도 깊게 연구되지 않았다. 의식적 해석방법에 관한 연구가 부진한 이유는 개신교가 카톨릭에서 독립하여 나오면서 제사의식과 제사장에 대한 부정적 견해를 키워왔기 때문이다.

이제 세계는 21세기를 달리면서 급속히 변하고 있으며 신앙공동체도 변모하고 있다. 공동체는 의식을 통해서 그 자체의 문제를 해결하며 공동체 의식을 증진시키게 되어 있다. 개인화가 촉진되고 있는 현 상황에서도 공동체의식(意識)을 강화하기 위한 의식(儀式)의 중요성이 증대되고 있는 것이다. 이러한 추세는 성경해석과 목회 현장에도 영향을 미치고 있다. 의식적 해석방법을 연구하는 본연구의 필요성은 성경해석차원 뿐 만 아니라 목회 활동에서도 찾아 볼 수 있는 것이다,

성경해석과 목회 현장과의 괴리현상이 깊어지고 있는 시점에서 그 괴리현상을 극복하려는 노력은 반드시 필요하며 의식 비평을 그 대안으로 제시할 수 있다.

1. 의식학 동향과 의식적 성경 해석사

의식(ritual)은 인류역사상 고대사회부터 이미 있었던 것이지만 의식

---

230) James G. Williams, "Sacrifice and the Beginning of Kingship," *Semeia* 67(1994) 82-90.

에 관한 연구는 최근 새롭게 활발해지고 있다. 또한 의식에 대한 연구는 인류문화학자와 예배의식 전공자의 고유영역으로 머물지 않고 학제간 연구 과제로 부상하고 있다. "의식"이 중요한 주제로 떠오르는 경향은 학술적 토론장에서만 발견되는 것이 아니라 일반인들의 세미나, 워크샵, 수련회, 학부모 모임 등 다양한 영역에서 광범위하게 나타나고 있다.231)

비단 종교의식 뿐 만 아니라 세속 의식도 주목을 받고 있다. 예를 들어 대중 공연예술의 탤런트와 가수들, 그리고 스포츠 선수들이 부각되어 있다. 대중예술이 주는 의식에 심취할 수 있게 만드는 것은 쉽게 접근할 수 있는 편리성과, 현대 기술을 매개로 한 대중문화 보급의 효율성이다.232)

의식에 대한 관심이 고조됨에 따라 미국종교학회(AAR)에서는 1982년 종교학의 한 분야인 Ritual Studies(의례학, 의식학)를 하나의 연구모임(group)으로 출범시켰다. 그리고 1985년에는 Journal of Ritual Studies가 창간되어 현재까지 계간으로 발간되고 있으며 이 학술지를 주도하는 학자는 그라임스(Ronald A. Grimes)이다. 그라임스는 의식학이 신체적, 탐험적, 비확정적, 비규정적, 반란적인 면이 있음을 지적하였다.233)

강돈구는 의식연구의 최근 경향을 다음과 같이 정리하였다; 1) 종교의식과 비종교의식(세속의식)의 차이를 강조하지 않는 경향, 2) 의식연구가 학문적(academic) 성격과 실천적(practical) 성격을 동시에 지니

---

231) 예를 들면 *The Circle of Life: Rituals from the Human Family Album* 같은 제목의 책들이 등장하고 있는 것이다; David Cohen and Art Davidson eds., *The Circle of Life: Rituals from the Human Family Album* (New York: Harper Collins, 1991).

232) 윤이흠, "종교와 의례 - 문화의 형성과 전수," **종교연구** 16(1998) 21.

233) Bobby C. Alexander, "An Afterword on Ritual in Biblical Studies," *Semeia* 67(1994) 219

고 있다는 점, 3) 의식연구가 의식의 변동과 새로운 의식의 생성 과정에 보다 많은 관심을 보이고 있다는 점 등이다.[234]

의식적 해석방법을 활용하여 성경을 해석하려는 시도는 최근 여러 학자들의 논문에서 발견되고 있다. 레벤슨(J. D. Levenson)은 창세기 1:1-2:4a를 제의의 상황에서 분석하였는데 바벨론 신화와 연결하여 해석하려 하였다.[235] 그리고 고으만(F. H. Gorman Jr.)은 제사장적 창조신학의 범주 안에 제사장적 의식을 위치시켜보려는 시도를 하였다.[236] 특히 역사비평학으로는 제사의식이 포함된 본문을 충분히 해석할 수 없음을 지적하면서 의식적 해석방법으로 제사장자료를 해석하려 하였다. 앤더슨(G. A. Anderson)은 성경에 나타난 기도문을 문학적 단위로 보기보다 제의적 행위로 보아 기도문들을 분석하였다.[237] 밀그롬(J. Milgrom)은 고대 근동 문헌에서 발견되는 제의적 자료들을 세밀히 분석하였으며 특히 후기 유대교 문헌들을 중시하였다.[238] 이러한 연구결과를 바탕으로 제사장자료를 분석하였는데 그의 연구는 제사장자료 연구의 기초를 놓았다고 해도 과언이 아니다. 벨런타인(Samuel E. Balentine)은 오경이 제사의식을 중심으로 구성되어 있으며 의식을 통해 새로운 희망을 만들어 가고 있음을 강조하였다.[239]

---

234) 강돈구, "종교의례 연구의 경향과 과제," **종교연구** 17 (1999) 1-19.

235) J. D. Levenson, Creation and the *Persistence of Evil*, The Jewish Drama of Divine Omnipotence, (San Francisco: Harper & Row, 1988).

236) Frank H. Gorman Jr., The Ideology of Ritual: Space, *Time and Status in the Priestly Theology*, (JSOTSup 91. Sheffield: JSOT, 1990).

237) Gary A. Anderson, "The Praise of God as a Cultic Event," *in Priesthood and Cult in Ancient Israel*, Ed. A. Anderson and S. M. Olyan (JSOTS 125; Sheffield: JSOT Press, 1991).

238) Jacob Milgrom, *Leviticus* 1-16 (Anchor Bible vol. 3; New York: Doubleday, 1991).

239) Samuel E. Balentine, *The Torah's Vision of Worship* (Minneapolis: Fortress Press, 1999).

2. 의식의 중요성

의식의 특징을 보면 신체적, 임기응변적, 열린 결말 등의 요소가 있음을 알 수 있다. 의식은 단순히 당시의 사회 질서와 문화적 체계를 반영하는 면 뿐 만 아니라 생산적인 요소가 있음을 발견할 수 있다. 즉 파괴적 요소를 치유하고 질서를 회복시키며 새로운 질서를 창조해 내는 능력이 의식에 있다. 의식에는 사회와 문화를 형성시키는 힘이 있다.[240)]

특정 의식인 종교의식은 제사나 예배와 같은 종교적 실천체계로서 정형화된 행동(stylized action)으로 나타나며 반복성과 표준화의 경향이 있다.[241)] 그리고 하나 하나의 정형화된 행동에는 각각 교리적 의미 즉 선험적(先驗的) 의미가 담겨있다. 기독교인은 정형화된 동일한 종교의식을 시간과 공간을 넘어서서 반복하게 된다. 예를 들어 주일 대예배를 매 주일 평생 동안 반복해서 드리는 모습에서 종교의식의 반복성을 발견할 수 있다. 표준화는 이러한 정형성과 반복성을 통해 나타나는 결과물이라 할 수 있다. 예를 들어 한국 기독교인이 예배를 드리는 모습을 볼 때, 어느 교회나 어느 예배모임에 가도 비슷한 절차와 행동으로 진행되는 것을 볼 수 있는데 이것이 바로 표준화가 이루어진 상태인 것이다. 반복해서 지속적으로 종교의식에 참여함으로서 종교인은 종교의식에 담긴 선험적 가치를 내면화(內面化)하여 자신의 신념체계(信念體系)로 만든다.

종교의식은 1) 서장부, 2) 주목적부, 3) 종결부 등으로 구성되며 전체적으로 성스러운 연극(sacred drama)으로 볼 수 있다. 이 드라마에서

240) Bobby C. Alexander, "An Afterword on Ritual in Biblical Studies," 209-211.
241) 윤이흠, “종교와 의례-문화의 형성과 전수,” 2-3.

종교인은 신과 만나며 진리를 체득하고 신비경험을 하게된다.[242] 종교의식을 통해 종교인은 종교 특유의 신비경험을 하게 되며 전인적 경험을 하게 된다. 전인적 경험이란 논리적이며 이성적인 이해 뿐 만 아니라 신체를 통한 경험을 포괄한다. 종교의식에 참여할 때 기쁨과 슬픔 그리고 정신적 만족감을 느낄 수도 있고 특별한 경험도 한다. 예를 들어 열정적인 집단예배나 기도를 통해서 정신적 고양상태에 들어가기도 하고 몰아 상태를 경험하기도 한다. 이러한 경험을 통해서 개인의 영성적 성숙과 인격의 성장을 유도하는 정신적 변화가 일어날 수 있다.

종교의식의 기능에는 선험적 가치인 신념체계 즉 교리를 1) 내면화하고, 2) 자기표현을 하도록 하며, 3)자아 정체감의 변화(transformation of self-identity)를 경험하게 한다.[243] 종교의식을 통해 종교적 지식이 삶의 지혜로 전환될 수 있다. 여기서 지혜란 선험적 가치에 대한 불굴의 확신을 갖고 삶을 통일하는 힘(integral power of life)이다.[244]

불행한 것은 개신교가 종교의식의 이러한 힘을 경시했다는 사실이다. 종교개혁이후로 카톨릭을 비판하는 흐름 속에 카톨릭이 주도해왔던 예배의식도 비판적으로 비라보게 되었던 것이다. 즉 의식을 중심으로 신앙생활을 하는 것은 올바른 신앙생활이 아니라는 편견이 자리잡게 되었다. 역사비평학도 이러한 분위기를 더 강화시켜 주었다. 또 다른 면으로 보면 현대 이성주의자들이 의식을 마술이나 미개한 어떤 것으로 간주해 버리는 경향이 의식을 경시하는 흐름에 일조하였다.[245]

242) 윤이흠, "종교와 의례-문화의 형성과 전수," 10-11.
243) 윤이흠, "종교와 의례-문화의 형성과 전수," 14.
244) 윤이흠, "종교와 의례-문화의 형성과 전수," 17.
245) Mark McVann, "Introduction," *Semeia* 67(1994) 7.

한국 개신교도 마찬가지였다. 즉 설교와 성경공부를 중시하였고 세례와 성만찬같은 의식을 자주 거행하지 않았다. 그러나 한국 교회는 한국특유의 의식을 창안하기도 하였는데 새벽기도회가 바로 그것이다. 길선주 목사가 불교의 새벽예불이나 선도(仙道)의 정시기도(定時祈禱)에서 새벽기도의 전통을 세웠다는 주장이 있다.[246] 그리고 예배 첫머리에 묵상기도하는 순서는 한국교회에만 있는 유일한 종교의식이다. 또한 구역예배도 한국에 깊이 뿌리를 내렸다. 구역예배의 기원을 성경에서 찾아본다면 구약 시대의 디아스포라의 모임이나 초대교회의 다락방 모임에서 찾을 수 있다. 교회사를 살펴볼 때 소그룹 예배모임을 무수히 발견할 수 있다. 한국에서는 사랑방 모임에서 구역 예배모임으로 발전해 갔다.[247]

3. 구약성경과 의식

구약성경에서 발견할 수 있는 것은 예배의식이 세계질서를 회복시켜주고 재조절해주는 도구라는 사실이다.[248] 구약의 핵심적인 예배의식은 성전 혹은 성막을 중심으로 하는 제사의식이다. 우선 떠오르는 부분은 레위기와 시편이다. 레위기에는 제사의식 규정과 일년중 거행되는 다양한 의식에 대해 기술되어 있다. 또한 시편에는 다양한 경우에 드리는 예배의식을 위한 찬양과 기도가 기록되어 있다. 성경 가운데 나타나는 기도와 찬양 부분 역시 의식의 한 부분이다. 기도와 찬양은 희생제사 의식을 대신할 수 있는 것이다. 특히 시편의 경우 기

246) 유동식, **한국신학의 광맥** (서울, 전망사, 1982) 58.
247) 류성민, "한국 기독교 의례에 대한 역사적 고찰," **종교연구** 16(1998) 119.
248) W. Harrelson, *From Fertility Cult to Worship* (New York: Doubleday, 1969) 14.

도와 찬양으로 충만해 있으며 시편을 예배의식과 분리하여 해석하기는 불가능하다. 시편이 다섯 권의 책으로 편집된 것은 오경의 구성과 유사함을 알 수 있다. 이렇게 구성된 이유는 오경을 매 주 읽어 나가는 오경 리터지에 따라 시편도 보조를 맞추도록 하기 위해서이다.

일곱이라는 숫자는 완전숫자로 알려져 있으며 의식과 관련된 본문에 특히 많이 사용되는 것을 볼 수 있다. 제사의식의 행동을 지시하는 본문 즉 희생제사를 지시하는 본문인 레위기 1:1-7:38을 살펴보면 머리말인 1:1-2을 제외한 본문 전체에서 "야웨께서 모세에게 말씀하셨다"는 구절이 7번 나타난다(레위기 5:14; 6:1, 8, 19, 24; 7:22, 28).[249] 아론과 그의 아들들이 임직하는 레위기 8-9장을 보면 7일간 계속 의식이 진행되며 아론과 그의 아들들은 7일간 회막의 문에 남아 지내게 된다. 레위기 8장에도 "야웨께서 모세에게 말씀하신대로"라는 구절이 7번 나타난다(레 8:4, 9, 13, 17, 21, 29, 36).

출애굽기에도 일곱이라는 숫자가 많이 나타나는 본문이 있으며 이러한 본문들은 의식과 관련된 본문임을 알 수 있다. 성막 건조를 지시하는 본문(출 24-35장)에서 "야웨께서 모세에게 이르시기를"이 7번이나 반복되어 나타난다(출 25:1; 30:11, 17, 22, 34; 31:1, 12). 이것은 성막의 기원이 하나님의 말씀에서 비롯되었다는 것을 강조한 것이다. 창세기 1:1-2:4a 본문에도 7번의 하나님 말씀이 나타나며 7번째는 안식일에 대한 내용이 나타나는데 성막 건조를 지시하는 출애굽기에도 7번째에 안식일에 관한 내용이 나타난다. 하나님이 거주하시는 성막을 건조하는 것과 하나님의 손에 의해 세계가 창조되는 것이 동일한 패턴으로 표현되어 있다. 그리고 실제 성막이 건조되는 과정을 보면(출 40:17-33) 역시 7번의 행동에 의해 건조되는 것을 발견할 수 있다. 이

249) Frank H. Gorman Jr., *The Ideology of Ritual*, 47-49.

본문에도 "야웨께서 모세에게 명하신대로"라는 구절이 7번 나타난다(출 40: 19, 21, 23, 25, 27, 29, 32).[250)]

이 외에 구약 전반에 걸쳐 제사의식과 관련된 내용이 빈번하게 나타난다.[251)] 우선 개인의 경우를 살펴보자. 농부가 곡식을 수확할 때 첫 열매를 드리는 의식이 있다(신 26:1-11). 또한 십일조를 드릴 때도 의식이 거행된다(신 26:12-15). 심각한 병을 얻어 환자가 되었을 때와 병이 완치되어 다시 가족의 품으로 돌아올 때 의식이 거행된다(레위기 13-15장, 욥 19:13-22). 범법자를 재판하는 과정도 의식과 연결되어 있다. 살인자가 도피성에 피신하는 경우(출 21:12-14; 신 19:1-13; 왕상 1:49-53; 2:28-35), 그리고 의심이 가지만 증거가 없는 경우(민 5:5-31; 삼상 14:24-46; 여호수아 7장)에도 의식에 의해 재판이 진행된다. 명백하게 죄를 범한 경우 성전에 나아와 죄를 해결하는 제사를 드리게 된다. 또한 서원을 했을 경우 서원을 위한 의식을 거행한다(창 28:18-22; 삼하 15:7-9).

공동체가 의식을 거행하는 경우를 살펴보자. 공동체가 드리는 제사는 매일 드리는 제사(출 29:38-46; 민 28:1-8; 왕상 18:36; 왕하 16:15), 안식일 제사(민 28:9-10), 월초에 드리는 제사(민 10:10; 28:11-15; 삼상 20:5; 왕하 4:23; 호 2:11) 등이 있다. 또한 절기에 드리는 제사가 있는데 유월절, 무교절, 장막절 등을 대표적으로 들 수 있다(출 23:14-17; 34:18-26; 레위기 23장; 신 16:1-17). 이 외에도 오순절과 왕의 대관식을 들 수 있다.

창세기 1:1-2:4a를 제의적 상황이라는 관점에서 다시 볼 수 있는데 혼돈에서 질서를 만드는 과정으로 볼 수 있다. 희생제사에서 파괴된

---

250) Samuel E. Balentine, *The Torah's Vision of Worship*, 64.

251) J. H. Hayes, *Understanding the Psalms* (Valley Forge: Judson Press, 1976), 13-20.

질서를 회복하여 정결하며 거룩한 상태를 회복시키는 것과 유사하다.

또한 출애굽과 광야전승 및 정착전승을 통과의례(rites of passage)의 관점에서 재해석할 수도 있다. 통과 의례를 보면 1) 분리, 2) 경계점 통과(limen), 3) 재결합(reincorporation) 등의 요소가 있는데 출애굽과 광야 그리고 정착 전승에서 이러한 요소를 발견할 수 있다.[252] 출애굽과 홍해 사건은 "분리"에 속하며, 광야를 행진하는 부분은 "경계점 통과"에 속하고, 가나안을 정복하고 정착하는 것은 "재결합"에 속하는 것이다. 전체의 과정은, 거룩한 산을 향해 순례하여 하나님의 현현을 경험하는 것으로 요약하여 정리할 수 있다. 그리고 제사장 취임 의식에서도 당연히 의식적 요소를 발견할 수 있으며 통과의례의 요소를 발견할 수 있다.

예언서에는 청중 혹은 예배공동체로 여겨지는 '우리'가 화자(話者)가 되어 내용이 전개되는 부분이 나타나고, 예배공동체의 영광송(Doxology)으로 여겨지는 부분이 포함되어 있다. 이 부분들이 예언자 자신의 말이었는지 아니면 예언서 형성 과정에서 예배 공동체에 의해 첨가된 부분인지 확인하기는 어렵지만, 적어도 청중 즉 하나님을 섬기는 예배공동체의 요소가 들어 있는 것은 분명하다. 이 부분들이 예언자의 말이었다면 이렇게 설명해 볼 수 있을 것이다. 예언자가 예언의 말씀을 선포할 때 청중인 예배 공동체의 반응을 대변하고 그들의 고백과 응답을 유도하는 측면에서 일인칭 복수형인 '우리'라는 문체의 양식으로 예언하는 부분이 있으며(사 1:9; 2:5; 미 4:5), 예배공동체가 영광송(Doxology)으로 화답하도록 이끄는 부분이 있다(호 12:5; 암4:13; 5:8-9; 9:5-6; 참조. 사 12장; 미 7:8 이하; 슥 2:17)고 설명할 수 있을 것이다.

---

252) Frank H. Gorman, Jr., "Ritual Studies and Biblical Studies: Assessment of the Past, Prospects for the Future," *Semeia* 67(1994) 26.

4. 의식비평(Ritual Criticism)

의식비평(Ritual Criticism)이란 특정 의식이 특정 문화적 상황에서 왜 그리고 어떻게 성공 혹은 실패하는가를 살피는 작업이다. 의식비평을 실시하는데 있어서 기본적으로 어려움이 있는데 그것은 의식을 보통 거룩하게 여기는 일반적인 통념 때문이다. 즉 거룩한 의식을 해부하거나 비판한다는 데 대해 거부감을 표시하면서 거룩한 의식이 비평적 사고로 평가하는 평가 대상이 될 수 없다고 생각하는 통념이 있기 때문이다.[253] 드물기는 하지만 공식적으로 의식비평을 하는 경우도 있다. 미국 뉴저지 주의 한 장로교회는 예배 마친 후 소그룹 모임을 통해 그 주일날에 설교한 내용에 대해 목사와 평신도가 함께 이야기를 나누고 비평과 제안을 서로 교환하는 모임을 가진다. 그리고 이 모임을 통해 자연스럽게 예배 의식 전반에 걸친 의견도 교환하게 된다. 그러나 대부분 거룩한 예배에 대해서는 공식적으로 의식비평을 하기를 꺼려한다.

오히려 비공식적으로 의식비평을 하는 경우가 대부분이다. 예를 들어 예배를 마치고 나서 교인들은 오늘 예배에 대해 설교가 좋았다거나 혹은 예화가 적절치 못했다거나 하는 이야기를 서로 나눈다. 혹은 성가대의 소프라노가 아직 연습이 부족한 것 같다고 꼬집기도 한다. 거룩하다고 여기는 예배 조차도 이미 비공식적으로 비평을 하고 있는 것이다. 중요한 것은 바로 이것이다. 공식적으로는 의식비평을 삼가고 있지만 비공식적으로는 의식비평이 이미 널리 시행되고 있는 것이다.

한편 거룩한 의식으로 인정하는 의식을 제외한 일반 의식에 대해서

---

253) Ronald L. Grimes, *Ritual Criticism: Case Studies in Its Practice, Essays on Its Theory* (Columbia: University of South Carolina, 1991) 17.

는 공식적으로 의식비평을 하고 있는 경우도 있다. 회갑연이나 돌잔치에 참석하고 나서는 잔치에 대해 이런 저런 이야기를 소감삼아 부담없이 자연스럽게 나눈다. 결혼식장에 참여한 하객도 마찬가지로 결혼식에 대해 많은 이야기를 나눈다. 때로는 대중 미디어에서 이 문제를 심각하게 다루며 비판하기도 한다. 그러나 전체적으로 볼 때 의식을 비평할 때는 공식적이기 보다 비공식적으로 시행되는 경우가 많다.

의식비평의 또 다른 중요한 측면은 의식비평이 엘리트나 전문학자의 전유물이 아니라는 사실이다.[254] 예를 들어 아기의 돌잔치를 준비하는 어머니는 종교적 예식을 평가하는 학자만큼이나 의식비평을 하면서 화기애애하고 축복의 기운이 넘쳐나는 돌잔치가 될 수 있도록 정성을 다해 준비한다. 의식비평은 문헌연구라기보다 실제 의식이 진행되고 있는 현장을 보면서 종합적으로 실시해야 하며 특정의식에 참여하는 사람들의 총체적인 느낌도 고려해야 한다. 이러한 특성 때문에 전문가가 아니라도 일반인도 의식비평의 상당부분을 수행할 수 있다.

5. 의식 비평의 실제

1) 이사야 1:10-17

〈번역〉

(10) 야웨의 말씀을 들어라! 소돔의 통치자들이여
하나님의 가르침에 귀를 기울이라! 고모라의 백성들이여

254) Ronald L. Grimes, *Ritual Criticism*, 18.

(11) 야웨께서 말씀하시기를 너희들의 무수한 화목제사가 내게 무슨 의미가 있느냐?
나는 수양들의 번제와 짐승들의 기름에 배불렀고, 소와 양 그리고 염소의 피를 기뻐하지 않는다.
(12) 너희들이 내 앞에 나타날 때 나의 뜻을 짓밟기 위하여 누가 너희에게 이것을 요구하였느냐?
(13) 헛된 소제 물을 다시 가져오지 말라. 분향은 내게 가증한 것이다. 새달과 안식일과 대회로 모이는 것, 모임과 더불어 죄악을 내가 견디지 못하겠다.
(14) 너희의 새달과 너희의 절기를 내가 싫어하니 그들이 내게 짐이 되고 내가 지기에 피곤하다.
(15) 너희들이 손을 펼 때에는 나의 눈을 가리고 너희들이 많이 기도할지라도 내가 듣지 아니할 것이니 이는 너희들의 손에 피가 가득하기 때문이다.
(16) 너희 자신들을 깨끗이 하라. 너의 자신들을 씻어라.
내 앞에서 너희들 가운데 악을 제거하라.
악행을 그만 두라!
(17) 선한 일 하기를 배우라. 정의를 추구하라. 억압받는 자를 지켜주라. 고아를 신원하며 과부를 위해 변호하라.

〈의식 비평〉

이사야 1장은 의식문이 아니라 예언이다. 그러나 예언 가운데 나타나는 의식적 요소는 이 예언을 해석하는데 있어서 중요한 요인이다. 특별히 10-17절은 제사비평문으로 알려져 있다. 예언 자체가 제사 즉 의식을 비평하는 내용으로 가득 차 있다. 이사야 뿐 만 아니라 여러 예언자들이 제사를 비평하는 예언을 자주하고 있다. 따라서 고대 예언자들의 제사 즉 의식 비평을 눈여겨 보면서 예언서를 의식적 해석 방법을 통해 해석하고자 한다.

예언자 가운데 에스겔은 제사장 출신이며 예레미야는 제사장의 아들이었다. 이사야는 이사야 6장을 참고해 볼 때 지성소에 들어갈 수 있는 제사장의 역할도 겸하고 있었을 것으로 짐작된다. 고대 이스라엘의 야웨 신봉자들은 성전 중심의 신앙생활을 하고 있었다. 그리고 성전에서 집전되는 제사가 그들의 신앙생활의 핵심이었다. 따라서 예언자가 하나님의 말씀을 전달할 때 성전의 제사의식을 염두에 두면서 예언하는 경우가 많았으며 용어 역시 제사용어를 많이 사용하였다.

이사야의 예언 뿐 만 아니라 다른 예언자들의 예언을 보면 제사의식에 대해 혹독한 비판을 하고 있다. 예언자들이 제사의식을 비평할 때 과연 제사가 불필요하고 아무 소용없으므로 제거해야 한다는 취지로 예언한 것인가? 만일 그렇다면 희생제사 의식이 아닌 다른 의식을 제시하거나 지속적으로 제사에 대해 반기를 들어야 했을 것이다. 그러나 그렇지 않았다. 이사야는 여전히 제사가 진행되고 있는 성선을 출입했고 희생제사 의식이 극적으로 중지되거나 변화가 있었다는 기록도 없다. 희생제사 의식은 바벨론 포로에서 귀환한 후에도 계속되었고 성전과 성전의 제사의식을 중심으로 하는 신앙생활이 이어져 내려왔다.

일반적으로 예언자들이 제사 전체를 비판하고 있는 것으로 이해하고 있으나 사실 예언자들은 제사 가운데 잘못된 부분을 지적하고 시정을 요구한 것이었다. 즉 제사의식의 개혁을 위해 목소리를 높인 것이다. 근본적으로는 제사의식의 형식면보다 제사의식의 의미에 초점을 맞추었다. 즉 제사의식 비평문들을 살펴보면 예언자들은 번제와 소제 그리고 화목제 등 감사제사를 비판하고 있는 것이지 제사전체를 비판하는 것은 아니다. 예언자들은 죄문제를 해결하는 정화제사(속죄제)와 배상제사(속건제)를 비판하지는 않았다.

이사야를 살펴보자. 『한글개역성경』를 읽으면 11a절의 זבח(제바흐)와 13절의 מנחה(민하)를 일반적인 의미의 "제물"로 번역하여 마치 이사야 예언이 희생제사 전체를 반대하는 내용인양 유도하고 있다. 그러나 11a절의 '제바흐'는 '화목제'로 번역되는 זבח שְׁלמים(제바흐 셜라밈)의 준 말로 볼 수 있으며, 13절의 '민하'는 '소제'로 번역할 수 있다. 따라서 이사야는 화목제(11절), 번제(12절), 소제(13절) 등 감사제사들만 비판한 것이지 제사 전체를 비판한 것이 아니었다. 특히 죄 문제를 해결하는 정화제사와 배상제사는 비판하지 않았다. 또한 이사야가 감사제사들을 비판하고 있는 주된 이유는 하나님의 채찍을 맞은 사람들 즉 지진에서 살아남은 소위 '죄인들'이 죄문제는 해결하지 않고 감사제사만 드리고 있는 것을 비판하고 있는 것이다. 사실 지진 후에 살아남은 사람들은 의로운 사람이라서 하나님께서 살려둔 것이 아니라 죄인으로 하여금 회개할 수 있는 기회를 주기 위해서 살려둔 것이었다. 따라서 당연히 죄 문제를 해결하는 제사부터 드리고 그 다음 감사제사를 드려야 할 것이다. 그러나 많은 사람들이 죽고 다치고 수많은 건물들이 파괴된 가운데 다행하게도 살아남은 사람들은 그저 감사제사만 드리고 살아남은 기쁨만 누리려고 하였다. 이러한 잘못된 점을 지적하고 제사의 우선 순위를 올바로 지키도록 촉구한 것이다.

2) 세례의식과 마가복음 해석

마가복음의 경우 요단강의 세례의식이 복음서 전체를 휘감고 있음을 발견할 수 있다. 예수가 요단강에서 세례를 받을 때 하늘이 갈라지고 성령이 비둘기 같이 내려오며 하늘에서 소리가 들려오는 광경을 통해 하나님의 아들로 신분이 변화되는 모습이 나타난다(막 1:9-20).[255] 또한 베드로가 고백하는 "주는 그리스도시니이다"(막 8:29)라는 말 속에 신분변화의 요소를 발견할 수 있다. 또한 이 고백과 더불어 이어지는 십자가 사건 예고에도(막 8:31-9:1) 예수의 메시야적 정체성 즉 신분변화의 요소를 발견할 수 있다.[256] 마가복음의 마지막 광경인 부활의 광경(막 16:1-8)에도 신분변화의 절정을 발견할 수 있다. 동시에 지중해 연안 의식의 전통적 요소인 "영예(honor)-수치(shame)"라는 요소도 이 세 본문에 공통적으로 나타남을 발견할 수 있다.

3) 죽은 자를 위한 세례(고전 15:29)

수후 1세기 지중해 연안에서는 시집가기 전에 죽은 여성의 장례식 때 죽은 자와 결혼하는 의식을 거행하곤 하였으며 이러한 의식은 보편화되어 있었다.[257] 또한 죽은 자를 위해 세례를 베푸는 것도 그레코로만 세계에 널리 알려진 의식이었다. 따라서 고린도전서 15:29은 죽은 자를 위해 산 자가 대신해서 세례를 받는 것으로 보여진다.[258] 그리고

---

255) Mark McVann, "Reading Mark Ritually: Honor-Shame and the Ritual of Baptism," *Semeia* 67(1994) 186.

256) Mark McVann, "Reading Mark Ritually," 189.

257) Richard E. DeMaris, "Funerals and Baptisms, Ordinary and Otherwise: Ritual Criticism and Corinthian Rites," Biblical *Theology Bulletin* 29(1999) 26.

공동체에서 축출하는 의식에도 장례적 요소가 있었다(고전 5:1-5)

가상 장례식도 널리 알려져 있었다. 로마 상류층 사회에서는 가상적인 장례식을 하는 관습이 일반화 되어 있었다.[259] 로마서에는 다음과 같은 구절이 있다; "세례를 받아 그리스도 예수와 하나가 된 우리는 모두 세례를 받을 때에 그와 함께 죽었다는 것을 여러분은 알지 못합니까?"(롬 6:3-4). 이렇게 반문하는 것을 보면 이미 이러한 정도의 것은 누구나 알고 있었다는 것으로 짐작할 수 있다. 즉 가상 장례식이 널리 알려진 문화 속에서는 이러한 특이한 내용도 쉽게 이해될 수 있는 것이다.

6. 의식비평의 공헌과 한계

의식비평이란 특정 의식이 특정 문화적 상황에서 왜 그리고 어떻게 성공 혹은 실패하는가를 살피는 작업이다. 성경을 의식적으로 해석하는 해석방법론은 아직 발전될 여지가 많은 방법론이며 많은 열매를 기대할 수 있는 방법론이기도 하다. 특히 멀티미디어와 가상현실까지 활용되는 미디어의 발전과 연관하여 고려할 때, 사람의 다양한 감각을 일깨우는 의식은 종교 활동에 있어서 점차 그 중요도를 더해갈 것으로 보인다. 종교의식이 중요해질수록 성경을 의식적으로 해석하는 방법은 더 주목을 받을 수 있을 것이다.

의식비평을 실시하는데 있어서 당면하는 기본적인 어려움은 거룩한 의식을 해부하거나 비판할 수 없다는 통념이다. 그러나 비공식적

258) Richard E. DeMaris, "Funerals and Baptisms, Ordinary and Otherwise," 28.
259) Richard E. DeMaris, "Funerals and Baptisms, Ordinary and Otherwise," 28.

으로는 많은 사람들이 의식에 대해 비평하고 있다. 그리고 전문가 뿐만 아니라 일반인들도 비공식적인 의식 비평에 대거 참여하고 있음을 발견할 수 있다.

제5장

감성적 해석 (Emotional Interpretation)

우상은 살아있는 신(神)이 아니요 사람이 만든 조각품에 지나지 않는다는 뜻에서 다음과 같이 우상을 조롱하는 시가 시편에 기록되어 있다;

...우상은 은과 금이요 사람의 수공물이라
입이 있어도 말하지 못하며
눈이 있어도 보지 못하며
귀가 있어도 듣지 못하며
코가 있어도 맡지 못하며
손이 있어도 만지지 못하며
발이 있어도 걷지 못하며
목구멍으로 소리도 못하느니라 (시 115:4-7)

시편 기자는 각종 감각을 지각하지 못할 때 그리고 그 감각을 활용하지 못할 때 그것은 생명이 없는 것이요 힘을 행사할 수 없는 것이라 선언하고 있다. 역으로 말하면 이러한 다양한 감각을 효과적으로 활용하고 여러 감각을 지각할 수 있을 때 살아 생명력이 있는 것이라 말할 수 있다.

기독교인은 성경을 "살아있는 하나님의 말씀"이라 고백하며 성경을 읽는다. 그러나 과연 하나님의 말씀의 살아있음을 느끼면서 읽는지 반문할 필요가 있다. 물론 영적인 감동이 가장 중요하겠지만 영육이 어우러져있는 인간으로서는 다양한 감각기관을 통한 느낌과 감동이 또한 중요하다. 성경기자들은 이러한 면을 중요하게 여겨 다양한 감각언어를 정교하게 구사하는 놀라운 모습을 보여주고 있다.

오늘날 우리에게 주어진 성경은 문자라는 기호로 표현된 책이다. 그러나 문자화되기 이전에는 각종 감각으로 느낄 수 있는 종합적인 상황이 있었다. 그리고 현재 독자는 성경책을 읽으면서 상상 속에서 감각을 동원하여 성경의 상황을 이해하고 느끼려고 한다. 성경을 읽는 이유가, 예를 들어 "아브라함이 누구인가"라는 단순히 정보를 얻기 위해 읽는 것이 아니다. 무엇인가를 느끼고 싶고 체험하고 싶고 더 깊은 영적인 세계로 들어가고 싶은 희망을 가지고 성경을 읽는다. 느끼고 체험하고 싶어 하는 성경 독자에게 도움을 줄 수 있는 해석 방법이 무엇인가? 바로 성경 안에 있는 다양한 감각언어를 주목하고 성경 내용의 감각적 요소를 분석하고 감각언어를 해석의 단서로 활용하는 감각분석 기법이 유용한 방법론이 될 것이다.

감성적 해석방법은 감각분석(Sense Analysis) 기법을 활용한다.[260)]

---

260) D. J. A. Clines, *I, He, We, and They: A Literary Appreach to Isaiah 53* (JSOTSup 1; Sheffield: JSOT Sheffield, 1976) 40-43.

감각분석 기법은 해석 방법론 흐름의 세 번째 단계인 독자중심의 단계에 속한다고 볼 수 있지만 첫 번째 단계인 저자중심 해석과 두 번째의 단계인 본문 중심 해석과도 깊은 관련을 맺고 있다.

1. 감성적 해석 방법

고대 철학자는 인간의 감각을 영혼의 창이라 하였다. 인간의 감각을 전통적으로 다섯 가지 감각(시각, 청각, 촉각, 미각, 후각)으로 나누고 있지만 운동감각과 평형감각은 별도의 감각으로 분류하기도 한다.

요한 1서에는 생명의 말씀 즉 하나님의 말씀을 "우리가 들은 바요 눈으로 본 바요 주목하고 우리 손으로 만진 바라"(요한1서 1:1)라고 표현하고 있다. 물론 말씀이 육신이 된 예수 그리스도의 사건을 가리켜 한 말이지만 말씀이 청각, 시각, 촉각으로 느낄 수 있는 것임을 지적한 중요한 구절이다.

예언자들의 경우를 살펴보면 처음부터 문자를 활용한 것이 아니었음을 발견할 수 있다. 예언자들은 청중 앞에서 소리 높여 외치는 사람들이었다. 청각과 시각을 활용한 것이다. 때로는 상징적인 행동을 통해서 하나님의 마음을 전달하는 사람들이 예언자였다.[261] 예레미야는 줄과 멍에를 목에 매고 거리를 다니면서 앞으로 닥칠 재앙과 포로의 상황을 예언하였다(렘 27:1-22). 시각과 촉각과 운동감각을 활용한 것이다. 에스겔은 하나님의 말씀이 적힌 두루마리를 먹는 상징적 행동을 하였고(겔 3:1-3), 떨면서 음식을 먹고 놀라 근심하면서 물을 마시는

261) 참조; Kelvin Friebel, *Jeremiah and Ezekiel Sign-Acts : Rhetorical Nonverbal Communication* (JSOTS 283; Sheffield: Sheffield Academic Press, 1999).

행동을 함으로서 재난을 예언하기도 하였다(겔 12:17-20). 미각과 촉각과 시각, 그리고 운동감각을 활용한 것이다. 구약시대에 예언자들이 감각언어를 의도적으로 사용하였고 다양한 감각을 자극하는 상징적 행동을 통해 메시지를 전달하였다면 오늘날 성경 해석자들은 그 감각언어들을 당연히 주목하여야 할 것이다.

성경 안에서 감각언어를 주목하고 감각적 요소를 분석하여 해석단서로 활용하고자 하는 이유는 미디어의 변천과도 관련이 있다.[262] 미디어의 역사를 살펴보면 구전의 시대에서 문자의 시대로 그리고 멀티미디어(multimedia)의 시대로 변천되면서 이제는 가상현실(virtual reality)을 활용하는 새로운 미디어의 시대로 접어들었다. 성경도 책으로만 존재하는 것이 아니라 멀티미디어를 활용하는 영상성경, 그리고 가상현실을 활용하는 소위 가상성경을 개발할 시점에 이르렀다. 그리고 인터넷이 보편화 되면서 새로운 형태의 말씀이 즉각적으로 전달되고 있다. 더욱 중요한 것은 이제는 말씀이 일방 통행적으로 선포되는 것이 아니라 인터넷을 통해 쌍방형으로 주고받을 수 있는 환경이 조성되어 있다는 사실이다.

이러한 미디어의 변천을 살펴보면 문자 시대를 제외하면 대부분의 시대는 다양한 감각을 활용하는 미디어의 시대임을 알 수 있다. 탈문자 시대를 바라보는 현 시점에서 성경해석은 당연히 멀티미디어와 가상현실의 미디어를 염두에 두고 해석해야 한다. 따라서 이러한 미디어가 인간의 모든 감각을 활용한다면 이제 성경해석도 감각분석 기법을 활용하여 해석할 단계에 이르렀다.

구체적으로 감성적 성경 해석 방법의 내용을 살펴보면 시각언어 중

---

262) 참조; M. McLuhan, 박정규 역, **미디어의 이해: 인간의 확장** (서울: 커뮤니케이션북스, 2001).

심의 해석방법, 청각언어중심의 해석방법, 후각언어 중심의 해석방법, 촉각언어 중심의 해석방법, 미각언어 중심의 해석 방법 등으로 전개되며, 마지막 부분에서는 이 모든 감각언어들이 상호 연결되는 양상을 연구하고 소위 감각군(sensory cluster)을 중심한 성경해석 방법을 통해 종합하게 될 것이다.

오감에 대한 연구 가운데, 시각 즉 이미지에 대한 연구는 문학적 연구 형태와 영상학 연구의 형태로 상당히 발전되고 있으나 성경의 이미지에 대한 연구는 아직 미진한 상태이다. 이미지 연구 가운데는 색채 이미지 연구가 각광을 받고 있으나 이 역시 성경의 색채 이미지 연구면은 부진하기 그지없다.

청각 즉 성경에서 울리는 소리에 대한 연구는 미미하지만 구전에 관한 연구 형태로 진행되고 있다. 원래 고대 사람들, 아니 종교개혁 이전 까지도 일반 사람들은 성경을 쉽게 손에 넣을 수 없었으며 랍비나 신부가 읽어주는 성경을 귀로 들을 수 밖에 없었다. 그리고 성경을 저술한 저자도 이러한 면을 염두에 두면서 성경을 기록하였다. 따라서 성경을 해석할 때도 귀로 듣는 성경 즉 청각언어를 중심으로 해석할 필요가 있다. 소리의 다양성과 독특성에 대한 연구는 아직도 초보단계라 볼 수 있다.

성경에서 후각언어를 발견한다는 것이 어려울 것이라는 느낌이 있다. 틀린 말이 아니다. 왜냐하면 성경은 의도적으로 후각언어를 많이 사용하지 않으려는 경향이 있기 때문이다. 그러나 후각언어는 생명과 영성과도 깊이 관련이 있으며 인식과 예배의식과도 깊은 관련이 있다. 분향하고 제사 드리는 일들이 후각과 관련되어 있음은 익히 아는 일이다. 후각을 활용하여 신과 연결하려는 시도는 고대 종교에서 널리 볼 수 있는 현상이기도 하다.

촉각언어는 말 그대로 '피부로 느낄 수 있는 언어'이다. 촉각은 신생아가 태내에 있을 때 가장 먼저 경험하는 인간의 기본적 감각이다. 그리고 가상현실에서 가장 특징적으로 느낄 수 있는 감각이 바로 촉각이다. 그런데 성경에는 예상외로 촉각언어가 풍부하다. 그 이유는 말로써 표현되기는 하지만 촉각언어를 구사함으로써 좀 더 피부에 와 닿는 말씀이 되기 위해서 그리고 청중에서 좀 더 호소력 있는 말씀이 될 수 있도록 배려한 것이라 볼 수 있다.

미각은 사람의 신체 내부의 촉각이라고 말할 수도 있다. 그만큼 강렬한 감각이다. 그리고 미각은 음식과 관련 있으며 생명을 유지하는 양식과 연관되어 있다. 이러한 면을 주목하며 성경은 추상적인 개념 즉 '생명의 주인이요 생명을 유지시키는 하나님'이라는 개념을 양식제공자로서의 하나님으로 구체화시키는 것을 볼 수 있다. 미각을 통해 사랑을 경험하고 미각을 통해 공동체 구성원의 화목을 체험하는 것은 오늘날에도 흔히 있는 일이다. 성경은 이러한 면을 놓치지 않고 하나님과 사람의 관계 그리고 사람과 사람의 관계를 설정하고 그 진리는 가르칠 때 미각언어를 활용하여 핵심적인 메시지를 전달한다.

감각은 단독으로 느끼기보다 여러 가지 감각이 어우러져 종합적으로 느끼기 십상이다. 따라서 개별적인 감각언어를 분석할 필요도 있지만 여러 가지 감각이 어우러질 때 느낄 수 있는 감각군(sensory cluster)의 특별한 기능을 눈여겨보고 종합해야할 것이다.

2. 감성적 해석의 실제 – 감각군

감각 이미지들이 압축되어 있을 때 그 시는 풍요로워진다. 감각 이미지가 압축되어 있다는 것은 다양한 감각이 농축되어 있을 때 그리고 동일한 감각이라도 그 빈도가 높을 때 나타나는 현상이다. 특히 다양한 감각들이 집적되어 있으면 서로 영향을 주어 감각의 상승효과를 가져온다. 때로는 유사한 감각들이 서로 영향을 줄 수도 있고 때로는 대비되는 감각이 서로 경쟁을 하며 자극을 줄 수도 있다. 이렇게 감각 이미지가 압축되어 있는 시를 접하는 독자(청중)는 보다 더 생생한 이미지를 경험하게 된다.

헌터(Patrick N. Hunt)는 감각 이미지가 압축되어 감각군(sensory cluster)을 형성하게 되며 이러한 감각군이 많은 시가 생생한 이미지를 제공할 뿐 만 아니라 기억하기 쉬운 시라는 점을 강조하였다.[263] 또한 그는 감각의 신체적 근접성에 대해서도 언급하였다. 즉 중요한 다섯 가지 감각 가운데 시각이 신체에서 가장 먼 것을 지각할 수 있고 그다음 청각, 후각, 촉각, 미각 순으로 신체 가까이서 느낄 수 있는 감각이라고 하였다.[264]

감각기관을 통해 사물과 상황을 지각할 때 단연 눈을 통해 지각하는 것이 가장 광범위하며 많은 부분을 차지한다. 따라서 나타나는 감각 이미지의 빈도수를 보면 대부분 시(詩)에서 시각 이미지가 단연 으뜸을 차지하고 있다. 시각기관인 눈은 사물의 크기와 길이 그리고 넓이 등 입체적인 모습을 지각할 수 있게 하며 거리상 원근을 지각할 수 있게 하고 다양한 색채와 디자인의 조화를 경험할 수 있게 한다. 또한 눈을 통해 바라보면 순간적으로도 다양한 사물과 상황을 한꺼번에 종합적으로 느끼며 파악할 수 있어 효과적인 지각방법이라 할 수

263) Patrick N. Hunt, "Sensory images in Song of Songs 1:12-2:16," In Dort ziehen Schiffe dahin (Frankfurt am Main : Peter Lang, 1996) 69-70.

264) Patrick N. Hunt, "Sensory images in Song of Songs...," 70.

있다. 그리고 상상을 통해 자극을 느낄 때 가장 용이하게 마음에 떠오르는 이미지도 역시 시각 이미지이기 때문에 보편적이며 경제적인 지각방법이라 할 수 있다.

시에서 표현되는 빈도수만 보면 분명 청각 이미지는 시각 이미지보다 적게 나타난다. 그러나 표현 가운데 청각을 자극하는 특정한 표현이 있는데 예를 들어 “부르짖다” 혹은 “노래하다” 또는 “신음하다”와 “울다”라는 표현들이 청각적 표현이라 할 수 있다.

주목할 만한 것은 시각과 청각은 다른 감각들을 통제하는 기능도 가지고 있다는 사실이다. 시각의 경우, 문자로 기록된 성경을 읽고 있는 독자는 일차적으로 눈으로 문자를 보게 되는데 문자의 배열과 구조 및 단어 사용 등 문자적 표현에 따라 지각되는 것들이 상당히 많이 달라진다는 사실을 염두에 둘 필요가 있다. 청각의 경우 주목할 사항은 성경이 처음부터 문자로 쓰인 책으로 독자에게 다가 오지 않았다는 사실이다. 즉 입으로 선포되거나 입으로 전해지는 단계가 먼저 있었고 그 다음 문자로 기록된 것이 대부분이라는 점이다. 비록 문자로 기록되었다 하더라도 전달 될 때는 대부분 귀로 전달되었다.[265] 즉 한 사람이 두루마리 혹은 책으로 된 성경을 낭독하고 회중은 그 말씀을 귀로 듣는 형식이었다. 왜냐하면 불과 수백 년 전만 하더라도 책은 보편화되지 않았고 개인이 소장하기에는 너무 값비싼 물건이었기 때문이다. 따라서 성경은 귀로 듣는 말씀이기 때문에 모든 내용이 청각을 일차적으로 자극한다 해도 과언이 아니다. 그리고 내용을 말로 전달하는 전달자의 기교와 방법에 따라 다른 종류의 감각 언어들이 전달되는 정도가 차이를 보일 수 있다. 또한 말로 전달할 경우 소리의 다양

265) Edgar W. Conrad, “Heard but not seen: The representation of ‘Books’ in the Old Testament,” *JSOT* 54(1992) 59.

성 뿐 만 아니라 다양한 감정을 함께 표현할 수 있는 표정과 제스처도 있기 때문에 표현이 풍부할 수 있다.266)

후각은 기억력 회상에 도움을 주는 감각이며 인식과 진실성을 파악하는데도 기여하는 감각이다.267) 그리고 촉각은 직접 피부를 자극하는 감각이며 미각은 입과 혀 그리고 신체 내부의 소화기관을 통해서 느낄 수 있는 감각이기에 가장 가까이에서 느끼는 감각이라 할 수 있다.

감각군을 형성하는 다양한 감각언어들이 어떻게 상호작용하는가에 대한 연구를 시작하면서 우선 한 표현 속에 종류가 다른 감각들이 서로 중복되어 다중적인 지각을 하는 경우를 살펴 본다면 우선 "불고기"라는 감각언어를 들 수 있다. 맛있는 음식인 "불고기"라는 표현이 나타나는 경우 연한 살코기가 입에서 녹아 맛을 느끼는 미각 뿐 만 아니라 그 구수한 냄새는 후각을 자극하며 눈으로 보기에도 침이 돌 정도로 시각을 자극하기도 한다. 따라서 "불고기"라는 표현은 미각과 후각과 시각을 다중적으로 자극하는 표현이라 볼 수 있다.

성경에서 감각군(sensory cluster)이 나타나는 경우 가운데 우선 아가 1:14을 분석하면서 감각군에 가까이 가보자.268) 아가 1:14의 히브리어 본문과 번역을 보면 다음과 같다;

---

266) 정중호, "소리와 구약해석: 청중중심비평(Audience-Oriented Criticism)을 중심으로," **역사와 해석학: 호남신학대학교 2000년 학술발표회 논문 제4집**, 정기철 편, (호남신학대학교출판부. 한들출판사, 2000), 123-132.

267) 정중호, "해석 단서로서의 후각언어에 관한 연구," **구약논단** 14집 (2003) 145-150.

268) 아가 1:14 분석은 Patric N. Hunt의 연구를 참고하여 분석한 것이다; Patric N. Hunt, "Sensory images in Song of Songs...," 72-73.

אשכל הכפר דודי לי בכרמי עין גדי
My beloved to me a cluster of henna blossoms in the vineyards of En Gedi (RSV)
나의 사랑하는 자는 내게 엔게디 포도원의 고벨화 송이로구나(개역개정)

첫 단어 **אשכל**(에쉬콜)은 고벨 꽃들이 함께 많이 모여 송이를 이루어 있는 모습을 표현한 단어인데 이 단어는 포도송이를 가리키기도 한다.[269] 따라서 14b절의 '포도원'이라는 단어와 연결될 수 있는 단어이기도 하다. 고벨 꽃을 소개할 때 "포도송이같이 집단으로 서식하며 향기나는 흰 꽃"[270]이라 소개하기도 하고, 고벨 꽃이 "푸르고 노란 꽃으로 너무나도 촘촘하게 자라서 마치 여러 개의 포도송이같다"[271]고 하기도 하며 향기가 있고 힌두교신화에도 등장하는 꽃이라 소개하기도 한다. 따라서 "고벨화 송이"라는 표현은 희고 푸르고 노란 꽃으로 시각을 자극하는 단어이면서 동시에 꽃의 향기가 진동하여 후각을 자극하게 된다. 또한 '포도원'이라는 단어와 연결되면서 포도송이가 연상되어 미각을 자극하기도 한다.

"엔게디의 포도원"이라는 구절은 광야 한 가운데 있는 오아시스의

---

269) '에쉬콜'이라는 단어와 포도송이와의 연관성은 "에쉬콜 골짜기"라는 지명에서도 발견할 수 있다. 즉 이스라엘 백성이 출애굽한 후 바란 광야 가데스에서 12정탐군을 가나안 땅에 들여보냈는데 그들은 에쉬콜 골짜기에서 포도송이를 베어 메고 돌아왔다(민 13:21-24).

270) F. Brown, S. R. Drive, and C. A. Briggs, *Hebrew and English Lexicon.* (Oxford: Clarendon, 1907) 499.

271) M. Pope, *Song of Songs,* Vol. 7c, The Anchor Bible Translation and Commentary (New York: Doubleday, 1977) 352-353.

포도원을 가리킨다. 메마른 사막과 바위만 있는 삭막한 광야 가운데 물이 솟아 나오고 푸른 나무들이 그늘을 만들며 과일들이 주렁주렁 열리는 오아시스는 단연 시각을 자극하고 물은 목마름을 해갈하여 미각을 자극할 뿐 만 아니라 시원하게 목욕할 수 있어 촉각을 자극할 수 있다. 특히 포도원은 포도의 맛으로 미각을 자극하고 포도의 향기로 후각을 자극한다.

마지막으로 "나의 사랑하는 자는 내게"라는 구절이다. 이 구절은 연인들이 느끼는 뜨겁고도 진한 사랑을 전달하기에 촉각을 자극하며 연인의 모습은 시각을 자극한다. 구체적 느낌은 앞에서 분석한 "엔게디 포도원의 고벨화 송이"에서 밝혀 낸 각종 느낌과 유사하기에 은유법으로 표현한 것이다.

한 절의 시 속에도 시각언어 3회, 후각언어 2회, 촉각언어 2회, 미각언어 2회 등이 녹아 있는 것을 발견할 수 있다. 마치 포도송이처럼 "감각송이", 혹은 감각군(sensory cluster)이 형성되어 있는 것을 발견할 수 있으며 이미지들이 압축되어 있는 것을 알 수 있다. 하나의 송이 안에 압축되어 있는 이미지들은 서로 상호작용을 하며 감각의 상승효과를 가져오게 된다. 즉 사랑하는 연인을 진하게 그리고 풍요롭게 느낄 수 있게 만드는 것이다.

3. 감성적 해석의 공헌과 한계

다양한 감각언어의 상호작용을 주목하며 감각군을 중심으로 성경을 해석하는 감각분석 기법은 성경의 메시지를 명료하게 돌출시키며 성경을 생생하게 느낄 수 있게 만드는 효과적인 기법이다. 또한 이 해석방법은 성경해석전문가가 아니라도 쉽게 활용할 수 있는 방법이기에 대중적으로 널리 활용될 가능성이 있다.

또한 성경의 감각언어들을 중심으로 성경의 핵심적인 메시지를 발굴하고자 하는 감성적 성경 해석 방법은 오감이 전부 활용되는 가상 성경 제작에 기초적인 연구가 될 수 있다. 동시에 전문인 성경 해석가가 아니더라도 손쉽게 성경의 핵심적 메시지를 간파할 수 있는 길을 열어 놓았다.

그러나 성경의 감성적인 면을 모두 부각시킬 수는 없다. 언어로 표현된 감각언어를 통해서만 감성적인 면을 확인할 수 있기 때문에 제한적인 해석이 될 수밖에 없다. 다른 해석 방법과 공조하고 연결할 때 비로소 해석을 완성할 수 있을 것이다.

결론

이제까지 역사비평학에서 시작하여 다양한 해석방법들을 살펴보았다. 각 방법들은 성경해석에만 쓰여지는 방법이 아니라 대부분 일반 문학해석에도 사용되는 방법들이다. 따라서 해석방법을 대할 때 이 방법은 세속적이고 저 방법은 거룩하다고 구분하는 것은 거의 무의미하게 된다. 중요한 것은 기록된 하나님의 말씀이 우리 앞에 놓여져 있고 이 말씀을 살아계신 하나님의 말씀으로 구체화시키고 능력있는 말씀으로 다시 활동할 수 있게 하는 것이 우리의 할 일인 것이다. 이러한 노력에 필요한 도구로서 우리는 여러 해석 방법론들을 적절히 활용해야 할 것이다.

새로운 해석방법이 모든 어려운 점들을 풀어주는 만능 해결사는 결코 아니다. 이제까지 풀지 못했던 한부분이라도 풀어줄 수 있는 방법이라면 우리는 그 방법을 도외시할 필요가 없는 것이다. 성경해석에도 지혜와 용기와 모험이 필요하다. 하나님의 말씀이 분명히 오늘날에도 살아있다는 믿음의 터 위에 과감히 모험하고 개척하는 개척자 정신이 필요하다. 그리고 살아계셔서 날마다 만물을 새롭게 창조하시는 창조주 하나님과 함께 날마다 새로운 음성을 듣기 위해 귀를 여는 창의적인 정신이 필요하다.

중요한 것은 이렇게 다양한 해석방법들을 어떻게 활용할까 하는 질문이다. 성경의 특정한 본문을 해석할 때는 다음과 같은 순서로 진행하기를 제안한다.

1) 기도 혹은 마음 가다듬기

동양에서 경전을 대할 때는 의관을 정제하고 바른 자세로 경전을 읽는다. 마찬가지로 성경을 해석할 때는 해석하는 사람의 마음자세가 중요하기에 마음을 가다듬고 해석을 시작하기를 권한다. 신앙인일 경우 하나님께 기도하며 성령의 인도와 도우심을 바라는 것이 필요하다.

2) 해석 단위 결정

해석 단위의 범위를 결정하기 위해서는 해석할 본문 주위에 있는 큰 단락의 구조를 살펴야 한다. 예를 들면 이사야 1장을 해석하려고 할 때 이사야의 전체 구조를 먼저 보아야 한다. 1장 안에서도 1절은 이사야 전체를 이끄는 서문임을 발견할 수 있다. 그리고 21절 부터는 새로운 단락이 시작됨을 또한 발견한다. 그래서 최종적으로 2-10절을 해석단위로 결정하게 되는 것이다.

3) 본문을 여러 번 정독한다.

손쉽게 본문을 만날 수 있는 방법은 한글 번역본을 읽는 것이다. **개정판**이 일반적으로 많이 알려져 있기에 이 번역본부터 읽는 것도 한 가지 방법이다. 그리고 다른 번역본도 필요한데 **표준새번역개정판**을 권한다. 이 번역판은 가장 최근에 번역한 것으로 최근의 학문적 업적이 반영되어 있기 때문이며 현대말로 번역되어 있기 때문이다. 시간이 허용된다면 영어번역본도 도움이 된다. 예를 들면 NRSV, NEB 등이다.

이 단계에서 가장 중요한 것은 원문인 히브리어(아람어)와 헬라어로 본문을 읽는 것이다. 성경 원어에 대한 지식이 조금이라도 있다면 각종 참고서를 활용하여 본문을 읽는 것이 가장 중요하다. 원문과 번역문을 대조하는 대조성경도 도움이 되고, 각 단어를 분해한 분해 사전도 많은 도움이 된다.

원문을 읽어가면서 발견할 수 있는 것은 본문에 나타나는 문제점들이다. 사본 상 차이 나는 면도 있는데 특히 쿰란사본과 사마리아 오경을 주의하여 살펴보아야 한다. 그리고 중요한 고대 번역본, 특히 70인역(LXX)과 불가타, 그리고 페쉬타도 살펴보아야 한다. 이러한 비평 작업, 즉 본문비평을 하기 위해서는 히브리어 성경(MT)인 경우 비평장치란을 주의깊게 살펴보아야 한다. 그리고 좌우 여백에 기록된 것 들 중에 '읽기(Qere)'도 살펴보아야 한다.

원어 읽기 능력이 충분하지 않을 경우에는 각 주석서의 본문비평란을 참고하면 도움을 얻을 수 있다. 예를 들면 WBC 시리즈의 본문비평란이 도움이 된다.

4) 구조 분석

어떤 글을 대하든 그 글의 뼈대를 파악하는 것이 중요하다. 본문을 정독하는 가운데 발견한 구조를 간략하게 정리한다. 그리고 보다 더 상세한 구조 분석을 하기 위해서는 양식비평, 구조주의 비평, 이야기 비평, 수사비평 등의 방법이 동원될 수 있다. 이 경우 시간이 충분하지 않을 때는 해석시리즈 가운데 "구약문학의 양식"(The Forms of the Old Testament Literature)시리즈를 참고하면 도움을 얻을 수 있다.

5) 본문 분석

다른 해석서를 보기 전에 먼저 스스로 본문의 내용을 분석하는 단계를 거쳐야 한다. 이 단계에서 사용할 수 있는 해석 방법들은 본문중심 해석 방법들이다. 수사 비평, 경전 비평, 이야기 비평, 구조주의 비평 등의 방법론들이 유용하다. 먼저 스스로 본문을 분석한 후 그 본문을 깊이 연구한 해석서와 논문들을 참고할 필요가 있다. 논문의 경우 인터넷으로도 내용을 다운받아 사용할 수 있기 때문에 편리하게 활용할 수 있다. 국내의 경우 학술 DB를 활용하여 통합하여 논문을 검색할 수 있고, 외국의 논문을 보려면 ATLA 혹은 JSTOR(Art and Science III) 등의 DB를 활용하면 신속하게 논문을 읽을 수 있다.

6) 본문의 배경 연구

본문을 창으로 여기고 창 너머를 바라보는 역사비평학적인 방법들이 이 단계에서 동원된다. 저자와 당시의 상황 등을 살펴보고 구전 단계와 문서 단계를 거치는 전승 과정도 눈여겨 보아야 한다. 그리고 편집과정도 살펴야 한다. 이러한 연구를 위해서는 이스라엘 역사와 문화에 관한 정보가 필요하다.

7) 독자 중심 해석

본문을 분석하고 본문의 배경을 연구하면서 다양한 자료와 정보를 축적할 수 있다. 중요한 것은 본문을 해석하는 '나'는 이 본문을 어떠한 각도로 보고 어떠한 내용을 주목하고 있는가 하는 것이다. 독자 혹은 해석자의 특수한 입장에서 본문을 해석할 수밖에 없는데 이러한 면을 장점으로 여기고 적극 개발해야 한다는 것이다. 예를 들면 여성학적 비평도 가능하고 사회과학적 비평도 가능하다. 기본적인 방법론은 독자

반응 비평 방법에서 발견할 수 있다. 한국인이라면 한국의 전통과 한국의 상황 속에서 본문을 새롭게 해석할 수 있으며 당연히 필요한 것이다.

만일 설교자라면 설교자와 성도들의 상황을 염두에 두면서 새롭게 본문을 해석할 수도 있을 것이다.

8) 종합적 해석

해석 방법들은 다양하지만 모든 본문에 일률적으로 적용할 필요는 없다. 시편을 해석하는데 이야기 비평 방법을 굳이 적용할 필요는 없는 것이다. 특히 새롭게 등장한 해석 방법들을 사용할 때는 주의 하면서 사용할 필요가 있다. 예를 들면 해체주의 비평을 사용할 때는 조심스럽게 사용할 필요가 있다.

새로운 해석 방법들 가운데는 때로는 종합적인 해석을 가능하게 해주는 방법들이 있다. 예를 들면 이데올로기 비평은 종합적인 해석을 할 수 있도록 안내해주며 감성적 해석 방법은 틈새(gap)를 메워 주고 본문의 감성적인 부분을 돌출시켜 주어 해석의 완성도를 높여 준다.

이러한 해석 과정을 거쳐서 학문적 결론을 이끌어 낼 수도 있고, 본문의 신학적 메시지도 발견할 수 있을 것이다. 그리고 본눈에 나타나는 신학적 메시지가 본문 주위의 내용들 혹은 성경 전체의 신학들과 어떻게 연결 될 수 있는지 본문의 좌표를 또한 발견할 수 있을 것이다.

아마도 가장 중요한 순간은 이 모든 해석 과정을 종합하면서, 본문을 통해서 들려오는 하나님의 음성을 듣는 순간일 것이다. 오늘날 나를 향해서 혹은 오늘날 우리 교회 성도들을 향해서, 혹은 오늘날 우리 사회를 향해서 말씀하시는 하나님의 음성을 듣는 일이 참으로 중요하며 이것이 바로 해석의 열매라 할 수 있다.

참고문헌

강돈구, "종교의례 연구의 경향과 과제," **종교연구** 17 (1999) 1-19.

곽노순, "삼국유사와 성서," **한국의 문화와 신학,** 대한기독교서회, 1992, 277-306.

김상래, 이데올로기 비평으로 본 창 16장 -'성'(性)과 '계급'과 '인종'을 중심으로," **구약논단** 23집 (2007) 76-100.

______, "야훼의 '땅' 약속에 대한 아브라함의 믿음의 의미 재해석 - 히 11장 8-10의 해석에 대한 메타 주석," **구약논단** 30집 (2008) 85-102.

김영호, "鄭茶山의 **論語**解釋에 관한 硏究 - **論語古今注**를 中心으로" 박사학위논문, 성균관대, 1993.

김이곤, "호세아 2:2-23(4-25)의 수사비평적 연구 - 호세아의 고난 신학을 제창하며," **신학논단** 17(1987), 75-98.

김정준, "민중신학의 구약성서적 근거," **민중과 한국 신학,** NCC 신학 연구위원회편, 서울: 한국신학연구소, 1982, 29-57.

김정환, **김교신, 그 삶과 믿음과 소망,** 서울: 한국신학연구소, 1993

김종윤, "성서교육에 있어서의 이데올로기 비평의 유용 및 한계," 기독교와 교육 12호(2004) 17-29.

노세영, “이사야 43:1-7의 수사학적 연구,” **신학과 선교** 18(1993), 273-288.
노평구 편, **김교신 전집 4: 성서 연구,** 서울: 부키, 2001.
류성민, “한국 기독교 의례에 대한 역사적 고찰,” **종교연구** 16(1998), 109-140.
문명숙, “**동경대전**과 **용담유사**에 나타난 동학의 종교사상-최제우의 신 체험을 중심으로” **종교신학연구** 9(1996, 12) 9-44.
문희석 편저, **구약석의 방법론**, 대한기독교서회, 1982.
민영진, **히브리어에서 우리말로,** 도서출판 두란노, 1996.
박신배, “한국 문화적 성서 해석 방법론,” **신학사상** 140집 (2008 봄) 41-67.
박정세, **성서와 한국 민담의 비교 연구,** 서울: 연세대학교 출판부, 1996
박종수, **히브리 설화 연구: 한국인의 문화전통적 성경이해,** 안양: 도서출판 글터, 1995.
서남동, **민중 신학의 탐구**, 서울:한길사, 1983.
서인석, **성경과 언어 과학-구조 분석의 이론과 실제,** 서울 : 성바오로 출판사, 1984.
신규호, **한국 기독교 시가 연구,** 서울: 이회문화사, 1999.
신영섭, “성경 이야기(Biblical Narrative)에 관한 문학적 해석 방법론의 모델 연구: Robert Alter, Meier Sternberg와 Shimon Bar-Efrat의 방법론을 중심으로 한 룻기 연구,” 침례신학대학 대학원 박사학위 논문, 대전: 침례신학대학교, 1995.
안병무, **민중신학이야기,** 한국신학연구소, 1987.
안병무 편, **사회학적 성서해석,** 서울: 한국신학연구소, 1983.
안병휴, “17세기 조선조 유학의 경전 해석에 관한 연구-**中庸** 해석을 둘러싼 주자학파와 반주자적 해석 간의 갈등을 중심으로” 박사학위논문, 성균관대, 1991.
유동식, **風流道와 한국의 종교사상,** 연세대학교 출판부, 1997.

______, **한국신학의 광맥,** 서울, 전망사, 1982.
유세희, "조선조 종교가사 연구" 석사학위논문, 숭실대학교, 1990.
윤이흠, "종교와 의례 - 문화의 형성과 전수," **종교연구** 16(1998) 1-23.
오법안, **元曉의 和諍思想研究,** 서울: 홍법원, 1989.
이경재, **현대 문예 비평과 신학,** 서울: 도서출판 호산, 1996.
이동수, **구약 주석과 설교,** 서울: 장신대 출판부, 2000.
______, "수사비평의 의의 - 호세아서를 중심으로," **교회와 신학** 24(1992) 60-84.
______, **심판에서 구원으로 - 호세아 12-14장의 본문과 구조,** 서울: 장로회 신학대학 출판부, 1998.
이병수, **한국고대사연구,** 서울: 박영사, 1981, 31.
이상보, **한국 가사문학의 연구,** 서울: 형설출판사, 1979.
이성배, **유교와 그리스도교: 이벽의 한국적 신학의 원리,** 왜관: 분도 출판사, 1985.
이을호, **한국개신유학사시론,** 서울: 박영사, 1978.
이형원, **구약성서 비평학 입문,** 침례신학대학출판부, 2002.
임형택, "19세기 서학에 대한 경학의 대응 : 정약용과 심대윤의 경우", **韓國儒學思想論文選集,** 고양 : 불함문화사, 1993, 1-22.
일 연, 이민수역, **삼국유사** (상), 파주: 범우사, 1986.
장덕순, **설화문학개설,** 개정판, 서울: 반도출판사, 1994.
장일선, **히브리 설화의 문학적 연구,** 대한기독교출판사, 1985.
정기철, "해석학과 해체주의: 가다머와 데리다의 논쟁," **해석학은 무엇인가?** 한국해석학회 엮음, 지평문화사, 1995, 277-312.
정약용, **詩文集,** 與猶堂全書 1-3冊; 서울: 驪江出版社, 1985.
정인지 외, **용비어천가 1,** 이윤석 역, 솔출판사, 1997.
정중호, "가상현실 기법을 활용한 성서 해석 방법론에 관한 연구-에스겔을 중심으로" **구약논단** 13(2002) 7-33.
______, **가상현실 시대를 위한 새로운 성경해석,** 계명대출판부, 2007.
______, "나단신탁(삼하 7:1-17)에 관한 해석학적 연구," **계명신학** 제7집 (1992) 166-170.
______. "미가 6:1-8 연구," **계명신학** 제8집(1993) 63-86.
______. "붉은 색을 통해 본 색채 이미지 중심 해석의 가능성," **구약논단** 12집 (2002) 233-253.
______, "사이버 시대의 새로운 성서해석에 관한 연구," **구약논단** 9(2000) 337-358.
______, "새로운 성서해석을 위한 촉각언어 연구," **구약논단** 16 (2004) 77-99.
______, "새로운 토라 해석을 위한 음식 이미지 연구," **신학사상** (2004) 93-119.
______, "소리와 구약해석: 청중중심비평(Audience-Oriented Criticism)을 중심으로," **역사와 해석학: 호남신학대학교 2000년 학술발표회 논문 제4집**, 정기철 편, 호남신학대학교출판부, 한들출판사, 2000, 123-132.
______, "예언사의 이미지 활용에 관한 연구-영상 성서 개발을 위하여" **구약논단** 10 (2001) 38-62.
______, "애가 4:1-10에 나타나는 감각군(sensory cluster)에 관한 연구," **대학과 복음** 9(2004) 211-240.
______, "의식적(儀式的) 해석방법에 관한 연구," **구약논단** 15집(2003) 223-240.
______, "자유주의 신학과 성경해석," **목회와 신학** 통권 25호 (1991) 82-89.
______, "재난 속에서 살아남은 사람들을 위하여 - 사 1:2-20" **성경마당** 24호 (1997/4) 17-20.

_____, "한국적 성서해석에 관한 연구," **구약논단** 11집(2001) 111-130.

_____, "해석 단서로서의 후각언어에 관한 연구," **구약논**단 14집 (2003) 145-150.

정해왕, "주역의 해석방법에 관한 연구" 박사학위논문, 부산대, 1990.

조대현, "동학과 풍류도의 관계", **동학연구** 4호(1999) 69-99.

조성노 편, **민족신학의 모색,** 서울: 현대신학연구소, 1992.

최동희, "우리 전통신앙과 동학 -그 최고 신앙 대상을 중심으로", **한국사상** 21-22 (1997) 371-397.

최제우, **동경대전** 남만성 역, 서울: 을유문화사, 1975.

_____, **용담유사,** 윤석산 주해, 서울: 동학사, 1999.

최인기, "구약 수사비평의 방법론적 고찰" **구약논단** 9(2000), 359-381.

현경식, 이성호, **수사학적 성경해석의 이론과 실제,** 서울: 성경연구사, 1996.

Alexander, B. C. "An Afterword on Ritual in Biblical Studies," *Semeia* 67(1994) 209-226.

Alfaro, J. I. *Justice and Loyalty: A Commentary on the Book of Micah,* ITC; Grand Rapids: WM. B. Eerdmans, 1989.

Allen, R. J. *Contemporary Biblical Interpretation for Preaching,* Valley Forge: Judson Press, 1984.

Anderson, G. A. "The Praise of God as a Cultic Event," in *Priesthood and Cult in Ancient Israel,* Ed. A. Anderson and S. M. Olyan, JSOTS 125; Sheffield: JSOT Press, 1991, 15-33.

Apeiser, E. A. *Genesis,* The Anchor Bible, Garden City: Doubleday & Company, Inc., 1982.

Aristotle, *The "Art" of Rhetoric,* trans. H. W. Butler, Loeb Classical Library, Cambridge, Mass.: Havard, 1926.

Bal, M. "Sexuality, Sin and Sorrow: The Emergence of Female Character (A Reading of Genesis 1-3)," in *The Female Body in Western Culture: Contemporary Perspectives,* Rubin Suleiman ed., Harvard University Press, 1986, 317-335.

Balentine, S. E. *The Torah's Vision of Worship,* Minneapolis: Fortress Press, 1999.

Barr, J. *The Semantics of Biblical Language,* London: Oxford University Press, 1961.

Barton, J. *Reading the Old Testament,* Philadelphia: The Westminster Press, 1984.

______, 'Form Criticism(Old Testament)', *ABD* 2 (1992) 838-841.

______, "Redaction Criticism," *ABD* 5 (1992), 644-647.

______, "Source Criticism(OT)," *ABD* 6 (1992), 162-165.

______, "Structuralism," *ABD* 6 (1992) 214-217.

Berlin, A. "Parallelism," *ABD* 5 (1992) 155-162.

Biddle, M. E. "Redaction Criticism," *DBI,* K-Z. John H. Hayes, ed. Nashville: Abingdon Press, 1999, 373-376.

Bird, P. "Genesis 1-3 as a Source for a Contemporary Theology of Sexuality," *Ex Auditu* 3 (1987).

Bloch, R. "Midrash," Willaim S. Green(ed.), *Approaches to Anacient Judaism: Theory and Practice,* Missoula, Montana: Scholars Press, 1978.

Brotzman, E. R. Old *Testament Textual Criticism,* Grand Rapids: Baker, 1994.

Brown, F., S. R. Drive, and C. A. Briggs, *Hebrew and English Lexicon,* Oxford: Clarendon, 1907, 499.

Brueggemann, W. "Trajectories in Old Testament Literature and the Sociology of Ancient Israel," *JBL* 98 (1979) 161-185.

Buss, M. J. "Form Criticism, Hebrew Bible", *DBI,* A-J. John H. Hayes, ed. Nashville: Abingdon Press, 1999, 406-412.

Case, S. J. *The Evolution of Early Christianity,* Chicago: University of Chicago, 1914.

_______, *The Social Origins of Christianity,* Chicago: University of Chicago, 1923.

Cassuto, U. 배제민 역, **반문서설**, 서울:기독교문사, 1978.

Chalcraft, D. J, ed. *Social-Scientific Old Testament Criticism* The Biblical Seminar 47. Sheffield: Sheffield Academic Press, 1997.

Chatman, S. *Story and Discourse: Narrative Structure in Fiction and Film,* Ithaca, N. Y., and London: Cornell University Press, 1978.

Childs, B. S. "A Study of the Formula 'Until This Day,'" *JBL* 82(1963) 179-192.

_______, "Interpretation in Faith: The Theological Responsibility of an Old Testament Commentary," *Interpretation* 18(1964) 432-449.

_______, "Psalms Titles and Midrashic Exegesis" *JSS* 16(1971) 137-50.

_______, *The Book of Exodus,* OTL, Philadelphia:Westminster, 1974.

_______, 박문재 역, **구약신학**, 서울: 크리스챤다이제스트, 1992.

_______, 김갑동 역, **구약정경개론**, 서울: 대한기독교출판사, 1987.

_______, 유선명 역, **성서신학** 上下, 서울: 은성, 1995.

_______, 박문재 역, **성서신학의 위기**, 서울: 크리스챤다이제스트, 1992.

Clements, R. E. ed. 황승일역, **고대 이스라엘의 세계** 서울: 은성, 1996.

Clines, D. J. A,, Gunn, D. M. and Hauser, A J. (Eds.) *Art and Meaning: Rhetoric in Biblical Literature.* Sheffield: Sheffield Academy, 1982.

_______, *I, He, We, and They: A Literary Appreach to Isaiah 53,* JSOTSup 1; Sheffield: JSOT Sheffield, 1976, 40-43.

Clines, D. J. A, and J. C. Exum, "The New Literary Criticism," *The New Literary Criticism and the Hebrew Bible,* D. J. Clines and J. C. Exum ed. JSOTS 143, Sheffield: JSOTPress, 1993.

Coats, G. W. "Tradition Criticism, OT," *IDBS* (1976) 912-914.

_______, *Genesis,* FOTL, Grand Rapids: William B. Eerdmans, 1983.

Coetzee, J. H. "Close Reading of the Bible," *OTE* 7 (1994) 72-77.

Cohen, D. and Art Davidson eds., *The Circle of Life: Rituals from the Human Family Album,* New York: Harper Collins, 1991.

Conard, E. W. "Heard but not seen: The representation of 'Books' in the Old Testament," *JSOT* 54(1992), 45-59.

Coote, R B. "Tradition, oral, OT", *IDBS* (1976) 912-914.

______, *Amos among the Prophets: Composition and the Theology.* Philadelphia: Fortress, 1981.

Crossan, J. D. *Dark Interval: Toward a Theology of Story,* Allen, Texas: Argus Communications, 1975.

Culley, R. C. "Structural Analysis: Is It Done with Mirrors?," *INT* 28/2 (1974).

Danove, P. L. *The End of Mark's Story: A Methodological Study* , BIS, 3; Leiden: E. J. Brill, 1993.

Dawsey, J. M. *The Lucan Voice: Confusion and Irony in the Gospel of Luke,* Macon, Ga: Mercer University Press, 1986.

DeMaris, R. E. "Funerals and Baptisms, Ordinary and Otherwise: Ritual Criticism and Corinthian Rites," *Biblical Theology Bulletin* 29(1999) 23-34.

De Roche, M. "Yahweh's *rib* against Israel: A reassessment of the so-called 'Prophetic Lawsuit' in the preexilic prophets," *JBL* 102(1983) 563-574.

De Saussure, F. 오원교 역, **일반언어학 강의**, 서울: 형설출판사, 1982.

Dibelius, M. *From Tradition to Gospel,* London/New York : James Clarke & Co. Ltd/Charles Scribner's Sons, 1934/1965.

Dixon, P. 강대건 역, **수사법**, 문학비평총서 14, 서울: 서울대학교출판부, 1979.

Dozeman, T. B., "OT Rhetorical Criticism", *ABD* 5 (1992), 712-715.

Eichrodt, W. 박문재 역, **구약성서신학** I, 서울: 크리스챤 다이제스트, 1994.

______, 박문재 역, **구약성서신학** II, 서울: 크리스챤 다이제스트, 1994.

Elliott, J. H. "사회학적 성서해설 서설," **신학사상** 40(1983, 봄) 83-93.

Ewald, H. *Geschichte des Volkes Israel,* Göttingen 1843-1859.

_______, *Die Lehre der Bibel von Gott, order Theologie Alten und Neun Bundes* 4 vol., Leipzig, 1871-1876.

Exum, J. C. 김상래외 역, **산산이 부서진 여성들- 페미니즘 비평으로 본 성서의 여성들,** 서울: 한들, 2001.

Fiorenza, E. S. *Bread not Stone: The Challenge of Feminist Biblical Interpretation,* Boston: Beacon Press, 1995.

Fish, S. *Is There a Text in This Class? The Authority of Interpretive Communities,* Cambridge, MA: Harvard Ninversity Press, 1980.

Fishbane, M. "Inner Biblical Exegesis: Types and Strategies of Interpretation in Ancient Israel," *Midrash and literature,* G. H. Hartman and S. Budick eds., New Haven, Conn : Yale Univ. Pr, 1986, 19-37.

Fowler, R. *Let the Reader Understand - Reader-Response Criticism and the Gospel of Mark.,* Minneapolis: Fortress Press, 1991.

Fretheim, T. E. "Source Criticism, OT", *IDBS* (1976), 838-839.

Friebel, K. *Jeremiah and Ezekiel Sign-Acts : Rhetorical Nonverbal Communication,* JSOTS 283; Sheffield: Sheffield Academic Press, 1999.

George W. C. *Genesis,* FOTL, Grand Rapids: William B. Eerdmans, 1983.

Gitay, Y. "A Study of Amos's Art of Speech: A Rhetorical Analysis of Amos 3:1-15", *CBQ* 42 (1980) 293-309.

Gorman Jr., F. H. *The Ideology of Ritual: Space, Time and Status in the Priestly*

_______, "Ritual Studies and Biblical Studies: Assessment of the Past, Prospects for the Future," *Semeia* 67(1994) 13-36.

Goshen-Gottstein, M. "Textual Criticism, Hebrew Bible", *DBI,* K-Z. John H. Hayes, ed. Nashville: Abingdon Press, 1999, 541-546.

Gottwald, N. K. *The Tribes of Yahweh,* Maryknoll: Orbis Books, 1979.

_______, "Sociology(Ancient Israel)" *ABD.* 4. 1992, 79-89.

_______, "구약성서에 대한 사회학적 비평", **신학사상** 40(1983, 봄) 24-33.

_______, 김상기 역, **히브리성서: 사회문화적 연구**, 서울:한국신학연구소, 1987.

Gottwald, N. K. ed. *The Bible and Liberation: Political and Social Hermeneutics.* Revised Edition of a Radical Religion Reader. Maryknoll, New York: Orbis Books, 1983.

Gressmann, H. *Mose und seine zeit.,* FRLANT 18, Göttingen, 1913.

Greimas, A. J. *Sémantique Structurale: Recherche de méthode* Paris: Larousse, 1966.

Grimes, R. L. *Ritual Criticism: Case Studies in Its Practice, Essays on Its Theory,* Columbia: University of South Carolina, 1991.

Grobel, K. "Biblical Criticism", *IDE.* 407-413.

_______, "Form Criticism", *IDB* 2 (1962) 320-321.

Gunkel, H. *An Introduction to the Psalms:* The *Genres of the Religious Lyric of Israel.* Completed by Joachim Begrich and translated by James D. Nogalski. Macon, GA: Mercer University Press, 1988

_______, "The Israelite Prophecy from the Time of Amos," in *Twentieth Century Theology In the Making,* ed. J. Pelikan, New York: Harper& Row, 1969, 68-75.

_______, *The legend of Genesis,* Chicago, 1901.

Gunn, D. *The Story of King David,* Sheffield: JSOTpress, 1978.

Habel, N. *Literary Criticism of the Old Testament.,* Philadelphia: Fortress Press, 1971.

Hahn, H. F. *The Old Testament in Modern Research,* Philadelphia : Muhlenberg, 1954.

Halivni, D. W. *Peshat and Derash: Plain and Applied Meanin in Rabbinic Exegesis,*

New York/Oxford: Oxford University Press, 1991.

Harrelson, W. *From Fertility Cult to Worship,* New York: Doubleday, 1969.

Harrison, R. K., B. K. Waltke, D. Guthrie, G. D. 오화선, 오성일 역. **성서비평. 역사, 문학, 본문 비평,** 도서출판 참말, 1993.

Hayes, J. H *Amos, the Eighth-Century Prophet: His Time & His Preaching,* Nashville: Abingdon, 1988.

_______, *Understanding the Psalms,* Valley Forge: Judson Press, 1976.

_______, 이영근 역, **구약학 입문**, 크리스챤다이제스트, 1994.

Hayes, J. H. and C. R. Holladay, 김근수 역, **성경주석학**, 서울: 나단출판사, 1988.

Hayes, J. H and S. A. Irvine, *Isaiah, His Times & His Preaching: The Eighth-century Prophet,* Nashville: Abingdon Press, 1987.

Hayes, J. H and P. K. Hooker, 정중호 역, **이스라엘과 유다 역사-新年代記,** 서울: 대한기독교서회, 1991.

Hayes, J. H ed. *Old Testament Form Criticism,* Trinity University Press, 1974.

Haynes, S. R. and McKenzie, S. L. 김은규, 김수남 역, **성서 비평 방법론과 그 적용**, 대한기독교서회, 1997.

Holladay, W. L. 손석태, 이병덕 공역, **구약성서의 간추린 히브리어, 아람어 사전**, 서울: 도서출판 참말, 1994.

Hunt, P. N. "Sensory images in Song of Songs 1:12-2:16," In *Dort ziehen Schiffe dahin* Frankfurt am Main : Peter Lang, 1996, 69-78.

Iser, W. *The Implied Reader: Patterns of Communication in Prose Fiction from Bunyan to Beckett,* Baltimore: The Johns Hopkins University Press, 1974.

Jackson, J. J. and Martin Kessler, (Eds.) *Rhetorical Criticism Essays in Honor cf james Muilenburg.* PTMS 1. Pittsburgh, 1974.

Janson, A. R. "The Psalms," *OTMS*, 162-181.

Jobling, D. "Structuralism and Deconstruction", *DBI,* K-Z. John H. Hayes, ed. Nashville: Abingdon Press, 1999, 509-514.

Kaiser, O. and W. G. Kümmel. *Einführung in die exegetischen* Methoden. München: Kaiser Verlag, 1975, 1979, *Exegetical Method: A Student's Handbook*. Tr. By E. V. N. Gletschius and M J. O' Connell. New York: The Seabury Press, 1981, 1-5.

Kaiser Jr., W. C. *Toward an Exegetical Theology: Biblical Exegesis For Preaching and Teaching*. Grand Rapids, Michigan: Baker Book House, 1981, 43-47.

Kaufmann, Y. E. *Toledoth ha-emunah ha-yisralith* (히브리어) 8 vols, Tel Aviv : Bialik Institute, 1937-1956, *The Religion of Israel,* trans. by M. Greenberg, Chicago : University of Chicago Press, 1960.

Klein, R. W. *Textual Criticism of the Old Testament: The Septuagint qfter Qumran,* Philadelphia: Fortress, 1974, 김기찬 역, **구약본문비평**, 서울: 임마누엘, 1991.

Klein, W. W. 외, *Introduction to Biblical Interpretation* London: Word Publishing, 1993.

Knight, D. A. *Rediscovering the Traditions of Israel.* Rev. ed. SBLDS 9. Missoula, Montana: Society of Biblical Literature, 1975.

_______, "Tradition History", *ABD* 6 (1992), 633-638.

Knight, D. A. and Tucker, G. M, eds. 박문재 역, **히브리 성경과 현대의 해석자들**, 서울: 크리스챤다이제스트, 1996.

Koch, K. 허혁 역, **성서 주석의 제방법-양식사학이란 무엇인가?** 왜관: 분도출판사, 1975.

Krentz, E. 김상기 역, **역사적 비평 방법**, 한국신학연구소, 1988.

Kruger, H. A. J. "The Canon Critical Approach As a Means of Understanding the Old Testament", *OTE* 7(4) (1994), 181-197.

Lane, M, ed. *Introduction to Structuralism,* New York: Basic Books, 1970.

Leach, E. *Structuralist Interpretations of Biblical Myth,* 신인철 역, **성서구조 인류학**, 서울: 한길사, 1996.

Lee, A. C. C. "Biblical Interpretation in Asian Perspectives," *Asia Journal of Theology* 7 (1993) 35-39.

Levenson, J. D. *Creation and the Persistence of Evil*, The Jewish Drama of Divine Omnipotence, San Francisco: Harper & Row, 1988.

Limberg, J. "The root *rib* and the prophetic lawsuit speeches," *JBL* 88(1969) 291-304.

Lohfink, G. 허혁 역, **당신은 성서를 어떻게 이해하십니까? 평신도를 위한 양식 비평학**, 왜관: 분도출판사, 1977.

Long, B. O. "고대 이스라엘의 사회적 체계," **신학사상** 40(1983, 봄), 34-51.

Maier, G. 김성수 역, **역사비평학의 종말**, 서울: 여수룬, 1985.

Maier, W. A. *Form Criticism Reexamined,* Concordia Publishing House, 1973.

Majercik, R. "Rhetoric and Rhetorical Criticism", *ABD* 5 (1992) 710-712.

Malina, B. J. "사회과학과 성서 해석", **기독교사상** 301호 (1983,8), 210-226.

Mathews, S. *The Social Teaching of Jesus: An Essay in Christian Sociology,* New York: Macmillan, 1897.

McCarter Jr., P. K. *Textual Criticism: Recovering the Text of the Hebrew Bible.* Philadelphia: Fortress, 1986.

McLuhan, M. 박정규 역, **미디어의 이해: 인간의 확장,** 서울: 커뮤니케이션북스, 2001.

McVann, M. "Introduction," *Semeia* 67(1994) 7-12.

_______, "Reading Mark Ritually: Honor-Shame and the Ritual of Baptism," *Semeia* 67(1994).

Milgrom, J. *Leviticus 1-16,* Anchor Bible vol. 3; New York: Doubleday, 1991.

Moor, S. D. *Literary Criticism of the Gospels: The Theoretical Challenge,* New Haven, Conn.: Yale University Press, 1989.

Morgan. D. F. *Between Text and Community: The "Writings" in Canonical Interpretation,* Minneapolis: Fortress Press, 1990.

Mowinckel, S. "Tradition, oral", *IDB* 4 (1962), 683-685,

Muilenburg, J. "A Study in Hebrew Rhetoric: Repetition and Style", *VTSup* 1 (1953) 97-111.

_______, "Form Criticism and Beyond," *JBL* 88(1969) 1-18.

_______, "Poetry," *Encyclopedia judaica,* 13. Encyclopedia Judaica Jerusalem 1971, 670-693.

_______, "The Form and Structure of the Covenant Formulations," *VT* 9 (1959) 347-365.

_______, "The Linguistic and Rhetorical Usages of the Particle yk in the Old Testament," *Hebrew Union College Annual 32 (1961) 135-160.*

Noble, P. R. *The Canonical Approach,* Leiden: E. J. Brill, 1995.

Overholt, T. W. *Cultural Anthropology and the Old Testament,* Old Testament Series. Minneapolis: Fortress, 1996.

Park, J. "The Process of TransFormation between the Tale of the Two brothers and the Joseph Story in Genesis 39: From the Korean Perspective on a National Folktale," *Theology of Korean Culture*, Seoul: CLSK, 2002, 199-217.

Patrick, D. and Allen Scult. *Rhetoric and Biblical Interpretation* JSOTSup 82. Sheffield: The Almond Press, 1990.

Patte, D. 이승식 역, **구조주의적 성서해석이란 무엇인가?** 서울: 한국신학연구소, 1987.

Patte, D. and Aline Patte. *Structural Exegesis: From Theory To Practice,* Philadelphia:

Fortress, 1978.

Perrin, N. 황성규 역, **성서연구방법론**, 서울: 한국신학연구소, 1980,

Polzin, *Moses and the Deuteronomist,* New York: Seabury, 1980.

Pope, M. *Song of Songs,* Vol. 7c, The Anchor Bible Translation and Commentary, New York: Doubleday, 1977 352-353.

Powell, M. A. 이종록 역, **서사비평이란 무엇인가?,** 서울: 대한예수교장로회 총회교육부, 1993.

Propp, V. *Morphology of the Folktale,* tr. by L. Scott, Austine: University of Texas, 1968.

Pui-Lan, K. *Discovering the Bible in the Non-Biblical World,* Maryknoll: Orbis Books, 1995.

_______, "Racism and Ethnocentrism in Feminist Biblical Interpretation," in *Searching the Scriptures: Volume one: A Feminist Introduction,* E. S. Fiorenza ed., New York: Crossroad, 1993.

Rensburg, G. A. *The Redaction of Genesis.* Winona Lake: Eisenbrauns, 1986

Rhoads, D. and Donald Michie, 양재훈 역, **이야기 마가**, 서울: 이래서원, 2003.

Roth, W. M. W. "Rhetorical Criticism, Hebrew Bible", *DBI,* K-Z. John H. Hayes, ed. Nashville: Abingdon Press, 1999, 396-393.

Samartha, S. J. "Religion, language and Reality: Toward a Relational Hermeneutics," *Biblical Interpretation* 2 (1994) 340-362.

Sanders, J. *Canon and Community: A Guide to Canonical Criticism,* Philadelphia: Fortress, 1984.

_______, *From Sacred Story to Sacred Text,* Philadelphia:Fortress, 1987.

_______, *Torah and Canon,* Philadelphia: Fortress, 1972.

Schmithals, W. "양식비평학에 대한 비판", **신학사상** 32 (1981, 봄) 70-111

Schottroff, W. "시편 23편의 사회학적 성서주석", **새로운 성서해석**, 김창락 편, 1987, 119-157.

Scott, W. R. *A Simplified Guide to BHS With H P. Rüger, An English Key to the Latin Words and Abbreviations and the Symbols of Biblia Hebraica Stuttgartensia,* Berkeley, California, 1987.

Sheppard, G. T. "Canonical Criticism", *ABD* 1 (1992), 861-866.

_______, "Canonical Criticism", *DBI.* A-J John H. Hayes, ed. Nashville: Abingdon Press, 1999, 164-167.

Spivey, R. A. "Structuralism and Biblical Studies: The Uninvited Guest", *Interpretation* 28 (April, 1974) 133-145, "구조주의와 성서연구," **신학사상** 13(1976, 여름) 383-397.

Steinberg, N. "Social-Scientific Criticism", *DBI.* K-Z, H. Hayes, ed. Nashville: Abingdon Press, 1999. 478-481.

Stuart, D. 김의원 역, **성서해석 방법론**, 서울: 기독교문서선교회, 1987.

Sugirtharajah, R. S. "The Bible and Its Asian Readers," *Biblical Interpretation* 1 (1993) 54-66.

Thompson, J. A, "Textual Criticism, OT" in *IDBS (1976),* 886-91.

Tompson, T. L. "The Joseph-Moses Traditional and Pentateuchal Criticism," in *Israelite and Judaean History*, ed. J. H. Hayes and J. M. Miller, Philadelphia: Westminster Press, 1977.

Tov, E. *Textual Criticism of the Hebrew Bible,* Minneapolis: Fortress; Assen/Maastricht: Van Gorcum, 1992.

_______, "Textual Criticism(OT)", *ABD* 6 (1992) 394-412.

_______, *The Text-Critical Use of the Septuagint in Biblical Research. Jerusalem Biblical Studies.* Jerusalem: Simor, 1981.

Trible, P. "Form Criticism, OT," *IDBS* (1976) 342-345 .

Tucker, G. M. *Form Criticism of the Old Testament,* Philadelphia: Fortress Press, 1971.

Turner, N. *Handbook for Biblical Studies,* Philadelphia: Westminster, 1982

Van Iersel, B. M. F. *Mark: A Reader-Response Commentary,* JSNTSS 164; Sheffield: Sheffield Academic Press, 1998.

Vladimir P., *Morphology of the Folktale,* tr. by L. Scott, Austine: University of Texas, 1968.

Von Rad, G. *Das formgeschichtliche Problem des Hexateuch.* BWANT IV, 24, Stuttgart, 1938, *The Form-Critical Problem of the Hexateuch.* trans. by E. W. T. Dicken, London, 1965, 1-78.

Watson, D. F. and A J. Hauser. *Rhetorical Criticism of the Bible: A Comprehensive Bibliography with Notes on History and Methods.* Leiden: E. J. Brill, 1994.

Wellhausen, J. *Prolegomena to the History of Israel,* Edinburgh: A. & C. Black, 1885.

Westermann, C. *Basic Forms of Prophetic Speech,* Philadelphia: Westminster, 1967.

_______, 박문재 역, **구약해석학,** 서울: 크리스천 다이제스트, 1995

Wharton, J. A. "Redaction Criticism, OT" *IDBS* (1976) 729-732.

Whybray, R. N. *The Making of the Pentateuch; A Methodologirol Study,* JSOTSup 53; Sheffield: Sheffield Academic Press, 1987[1], 1989[2].

Williams, J. G. "Sacrifice and the Beginning of Kingship," *Semeia* 67(1994) 82-90.

Wilson, R. R. *Prophecy and Society in Ancient Israel,* Philadelphia: Fortress Press, 1984.

_______, *Sociological Approaches to the Old Testament,* Philadelphia: Fortress Press, 1984.

_______, "인류학과 구약 성서 연구," **신학사상** 29(1980, 여름) 251-264.

_______, 최종진 역, **고대 이스라엘의 예언과 사회: 예언의 사회학적 연구,** 서울: 예찬사, 1991.

Wolff, H. W. "구약해석학," 문희석 편, **구약성경해석학** 대한기독교서회, 1975, 210-215.

Wolff, H. W. and Brueggemann, W. 문희석 역, **구약성서중심사상** 서울: 대한기독교출판사, 1977.

Wonneberger, R. *Understanding BHS: A Manual for the Users of Biblia Hebraica Stuttgartensia* Tr. by D. R. Daniels, Rome: Biblical Institute press, 1984.

Würthwein, E. 방석종 역, **성서본문비평**, 서울: 대한기독교서회, 1987.

Yee, Gale A. *Composition and Tradition in the Book of Hosea: A Redactional Critical Investigation.* SBLDS 102. Atlanta, Georgia: Scholar's Press, 1987.

■ 저자 약력

지은이 **정중호**

저자는 계명대학교 구약학 교수이며 대한예수교 장로회 목사이다. 학회 활동으로는 한국 구약학회의 수석부회장, **구약논단**과 **한국신학논총**의 편집위원, 아시아기독교연구소 소장, 한국구약학연구소 기획위원으로 활동하고 있다.

장로회 신학대학원과 컬럼비아(Columbia) 신학대학원에서 수학하였으며 에모리(Emory) 대학원에서 박사학위(Ph.D)를 취득했다. 그동안 프린스틴(Princeton) 신학대학원과 미국 버클리에 있는 연합신학대학원(GTU)에서 연구하였으며, 계명대학교에서 교목실장, 연합신학대학원장, 대학교회 담임목사를 역임하였다.

저서로는 **이스라엘 역사**(1994), **열왕기하: 성서주석 11**(1995), **성서해설**(1998. 공저), **레위기: 만남과 나눔의 장**(1999), **성서와 과학의 대화**(2000. 공저), **이사야(Ⅱ): 성서주석 22**(2003), **구약개론**(2004. 공저), **의미있는 삶을 찾아서: 현대사회와 기독교**(2004, 공저), **구약성경해설: 시가서**(2004), **이스라엘 종교와 성전**(2005), **이스라엘의 국제관계와 예언자**(2005), ***Inages of Prophecy and Gospel***(2005), **설교자를 위한 호세아 해석**(2006), **새로운 성경해석과 설교를 위한 제사장신학**(2006), **고대 이스라엘 사회와 제사장**(2007), **가상현실 시대를 위한 새로운 성경해석**(2007), **이사야 Ⅰ: HOW 주석**(2008. 공저), **시편 Ⅰ: HOW 주석**(2008. 공저), **일제말기 영남지역 기독교인 항일운동**(2008. 공저), **민수기 Ⅰ**(2008), **민수기 Ⅱ**(2008), **잠언: HOW 주석**(2009. 공저), **이사야 1-23**(2009), **이사야 24-39**(2010) 등이 있으며, 역서로는 **이스라엘과 유다 역사-新年代記**(1991)가 있다. 연구논문으로는 "Were There Yahwistic Sanctuaries in Babylon?" *Asia Journal of Theology*를 비롯하여 55편의 논문이 있다.

이스라엘 역사와 성서해석 방법론을 연구하면서 토라와 예언서를 중심으로 성서해석을 계속하고 있다. 최근에는 새로운 시대를 위한 감성적 성서해석방법론과 한국적 성서해석에 초점을 맞추어 연구를 하고 있다. 연구실에는 "알기쉽고 능력있는 하나님의 말씀"이라는 표어가 걸려있고 말씀이 이 땅에 충만하기를 기도하면서 연구와 강의와 설교에 정진하고 있다. 홈페이지 http://bible.kmu.ac.kr

새로운 성경해석 한국적 해석 서론

2010년 6월 25일 | 초판1쇄 인쇄
2010년 6월 30일 | 초판1쇄 발행

지은이 | 정중호
펴낸이 | 신일희
펴낸곳 | 계명대학교출판부
704-701 대구시 달서구 달구벌대로 2800
전화 053-580-6233 팩스 053-583-5213
http://www.kmupress.com

등록 | 1970. 9. 1. (신고번호 제347-1998-1호)

ISBN 978-89-7585-509-2 93200

값 16,000원